理想要改变未来，不能屈从于现实

བོད་ལྗོངས་ 2050: འཆམ་མཐུན་དང་། སྐྲུ་ལྷུང་།
སྐྱོ་དགེ། དིང་རབས་ཅན་གྱི་འདུ་མ་སྐྱིང་སྐྱིང་ཉེ་གཙུ་མ་པ།

北京大学新结构经济学研究院西藏分院
西藏大学珠峰研究院
研究报告系列

西藏2050：

和谐、绿色、开放、现代化的世界第三极

杨丹 等 著

人民出版社

目　录

序 一

林毅夫

正如本书扉页上的文字"理想要改变未来，不能屈从于现实"，这是一本有理想有情怀的书。中国人民奋斗的历史和现实雄辩地证明，贫困不是一种命运，以习近平新时代中国特色社会主义思想为指引，通过有为政府和有效市场的双重作用，能够创造举世瞩目的"中国奇迹"，实现中华民族伟大复兴的中国梦。

西藏自然环境艰苦，气候恶劣，广大群众缺氧不缺精神。自和平解放以来，西藏实现了六十载跨越千年的"西藏奇迹"。杨丹教授作为中组部第八批援藏干部，在西藏亲身见证了西藏人民不屈从于现实的不懈努力，更相信未来"西藏奇迹"仍将延续。在历史与现实的观照中，本书缘起于致敬"西藏精神"，勾勒出西藏未来发展的蓝图——2050年西藏建成"和谐、绿色、开放、现代化"世界第三极核心区。这一宏伟愿景预示着西藏未来将肩负更多使命和责任，发挥引领示范辐射作用，迎接机遇与挑战，突破国界、种族的界限，共同致力于建设一个更加开放、包容、普惠、平衡、共赢的命运共同体。

《西藏2050：和谐、绿色、开放、现代化的世界第三极》作为一本远景展望的书，这本书既具有超越现实的想象力和时空穿透力，也具有基于历史和现实考量、科学而审慎的理性。首先，本书在总论中认为西藏未来的发展是有历史的必然：第一，全球化的变迁，必然需要西藏以开放的姿态来肩负未来经济增长极的重任；第二，"中国奇迹"的延续，必然需要构建一个现代化的西藏，以"西藏奇迹"支撑"中国奇迹"；第三，西藏历史变迁，必然需要西藏寻迹历史规律，通过制度与技术创新，实现独具人文关怀、资源环境友好、全面融入世界的愿景。然后，通过把脉西藏的经济社会发展阶段和自然资源禀赋条件，本书展望了 2050 年西藏的发展历程：西藏的内生驱动力将逐步实现从高高原自然历史资源禀赋驱动向高高原物质和人力资本禀赋驱动的转变，最终迈向高高原知识技术与生态文明禀赋驱动；西藏也将经历从区位劣势、资源禀赋约束和制度障碍的发展初级滞后状态，向充分发挥面向西部南部开放的区位优势、自然资源禀赋比较优势、民族特色文化比较优势、物质与人力资本比较优势、知识技术与生态文明比较优势、制度改革红利充分释放的状态转变；在驱动力转型和约束突破的双重作用下，西藏将最终实现西藏 2050 年的宏伟愿景。在此基础上，本书进一步根据"五位一体"的总体布局，统筹富强西藏、人文西藏、民生西藏、美丽西藏、开放西藏、和谐西藏、科技西藏、健康西藏、法治西藏和党建西藏十个部分，形成西藏 2020 年、2035 年和 2050 年三个阶段的总体愿景和十个发展分愿景。最后，本书以十章专题对应上述十个部分梳理了历史与现状，更加详细描绘了具有国际视野、中国本土特色、西藏当地特点的发展愿景，并提出具有针对性和可行性的发展路径。

《西藏 2050：和谐、绿色、开放、现代化的世界第三极》撰写团队由来自西藏大学和北京大学、天津大学、武汉大学、西南财经大学的多位学者构成。团队深厚的学术功底、高效的统筹管理以及对青藏高原浓厚且热烈的情感成为此书得以顺利完成的保障。西藏的发展牵动着全国人民的心，西藏的未来必将成为一个和谐、绿色、开放、现代化的世界第三极核心区。此书开辟了西藏未来学的研究领域，愿此书能够点燃西藏绚丽梦想，把脉西藏全面发展，指引西藏美好未来。

是为序。

林毅夫教授

第十三届全国政协常务委员、经济委员会副主任

国务院参事

北京大学新结构经济学研究院院长

2018 年 5 月

序 二

王一鸣

党的十九大绘制了我国社会主义现代化建设的宏伟蓝图，提出了新的"两步走"战略目标，到 2035 年基本实现社会主义现代化，到本世纪中叶把我国建成富强民主文明和谐美丽的社会主义现代化强国。党中央"两个一百年"奋斗目标的战略部署，对西藏发出了全面建设社会主义现代化新西藏的动员令。

西藏这片雪域高原古老而神奇，在经济、政治、文化、社会、生态等方面均独具特色。西藏和平解放以来，从黑暗走向光明，从落后走向进步，从贫穷走向富裕，从封闭走向开放，书写了建设社会主义新西藏的崭新篇章。面向未来，西藏将在全国决胜全面建成小康社会、开启全面建设社会主义现代化国家新征程中，加快跟上全国的发展步伐，全面建成社会主义现代化新西藏。

《西藏 2050》以全球视野、战略眼光和历史逻辑，勾勒了建设社会主义现代化新西藏的时间表和路线图：2020 年与全国各族人民同步全面建成小康社会；2025 年进一步提高经济社会发展质量、实现可持续发展；2035 年基本建成社会主义现代化新西藏；2050 年全面建成社会主义现代化新西藏，成为和谐、绿色、开放、现代化的世界第三极。

《西藏2050》基于新发展理念，结合西藏特点，按照中央对西藏"重要的国家安全屏障，重要的国家生态安全屏障；重要的战略资源储备基地，重要的高原特色农牧产品基地，重要的中华民族特色文化保护和传承基地，重要的世界旅游目的地；面向南亚开放大通道；反分裂斗争的最前沿"的定位，以西藏2050年的宏伟愿景为总领，提出了富强西藏、人文西藏、民生西藏、美丽西藏、开放西藏、和谐西藏、科技西藏、健康西藏、法治西藏、党建西藏等十大领域的分愿景，提出具有可行性的发展路径和保障措施，对西藏制订面向2050年的发展战略具有重要参考意义。

《西藏2050》融合经济学、管理学、政治学、地理学、民族学、藏学等多学科理论和知识，在系统梳理西藏历史、现状的基础上，大胆假设、科学求证，提出未来发展各阶段的愿景和实施路径，是一个兼具前瞻性、战略性、系统性的研究成果，是迄今不多见的关于西藏未来发展构想的系统研究成果，也是西藏发展问题研究的一次新飞跃。

本书领著者杨丹教授，是中组部第八批援藏干部，对西藏饱含着热烈浓厚的情感，将奉献党和国家事业建设、为西藏人民谋幸福贯穿到援藏工作的实践中。"援藏既提升能力改变客观世界，也洗涤心灵改造主观世界，援藏也许会减少生命的长度，但一定会增加人生的厚度，提高生命的高度。"他援藏总结的这句话不仅是他援藏工作的感悟，也是这本书"厚度"和"使命感"的印证。相信本书的出版将带动西藏未来学领域的深入研究和探索，为西藏开启社会主义现代化新征程、谱写"中国梦"西藏篇章提供更多理论支撑。

是为序。

王一鸣教授

国务院发展研究中心副主任

第十三届全国政协委员

2018年8月

总　论

约 1500 年前，吐蕃贤王松赞干布曾许下大愿：我想要穷者远离饥荒，我想要病者远离忧伤；我想要老者远离衰老，我想要死者从容安详。1500 年后，这位历史上著名藏王未了的梦想，在中国共产党领导的社会主义新西藏已变为现实，西藏各族人民过上了老有所终、壮有所用、幼有所长、鳏寡孤独废疾者皆有所养的社会主义小康生活。

千百年后，这片雪域高原已成为中国西南边陲的重要门户，总面积 120 多万平方千米，土地资源丰富，水能、地热能、太阳能、风能等自然资源蕴藏丰富。独特的高原生态文化、历史文化、宗教文化和民族文化，使西藏有着多样性的文化旅游资源。西藏不仅物质资源极大丰富，文化文明兴盛繁荣，幸福美好生活的梦想深入人心，雪域高原已成为公认地理上的"高地"——世界第三极，西藏也将成为未来世界发展的"高地"和"重心"。

基于世界发展趋势、中国发展战略和西藏特殊的地位，从现在到 2050 年，西藏将通过 2020、2025、2035、2050 四个重要时点，逐步实现"和谐、绿色、开放、现代化"世界第三极核心区的宏大愿景。

历史必然：世界空间重塑、中国发展奇迹与西藏历史变迁

经济全球化重塑世界经济地理，一方面带来"世界是平的"，各国模糊其经济边界、打破行政分割，进入世界市场，形成具有规模经济和比较优势的产业生态圈；另一方面，全球化让人类发现"世界是不平的"，各国经济的差异不断扩大，经济发展日益不平衡（世界银行，2009）。幸运的是，经济全球化也带来人类理念的改革，不平衡的经济发展可以与和谐发展并行不悖。人类将突破国界、种族的界限，共同致力于建设一个更加开放、包容、普惠、平衡、共赢的命运共同体。伴随着经济空间重塑，世界经济重心也在变迁。Quah（2011）研究发现，从罗马帝国到20世纪中叶，随着欧洲和北美迅速的工业化进程推进，经济重心向西移动；此后，随着亚洲和其他地区新兴市场的崛起，经济重心开始转回东部和南部；1980年，经济重心移到大西洋中部；2008年，经济重心转移到赫尔辛基和布加勒斯特以东。他通过预测全球近700个地区的经济增长，认为2049年全球经济重心将在印度和中国之间。这一发展历程正好契合了2050年西藏愿景。

自工业革命以来，西方发达国家用了200多年的时间实现大多数人摆脱贫困的经济发展过程。日本将这一过程需要的时间缩短到100年，亚洲新兴工业化国家和地区又将这个过程缩短到不到40年[1]。改革开放以来，中国将这一过程进一步缩短。通过一系列从农村到城市的制度创新和改革，实现了自中华人民共和国成立以来最快的经济增长，达到"亚洲四小龙"在快速发展时期的增长速度（林毅夫、姚洋，2009）。这一快速发展是有为政府和有效市场双管齐下的作用，这一作用也实现了

---

[1] 林毅夫为《发展经济学》所写的序言。[日] 速水佑次郎、神门善久：《发展经济学》，李周译，社会科学文献出版社2003年版。

长三角、珠三角地区的快速繁荣发展，还带动西部地区经济的高速增长以及特色产业的跨越发展。中国人民奋斗的历史和现实雄辩地证明，贫困不是一种命运，以习近平新时代中国特色社会主义思想为指引，通过有为政府和有效市场的双重作用，能够创造举世瞩目的"中国奇迹"，实现中华民族伟大复兴的中国梦。西藏作为中国不可分割的一部分，也将遵循和助推"中国奇迹"。历史与现实的观照中，西藏正在新时代释放出前所未有的发展活力。在有为中央和地方政府的作用基础上，充分统筹国内和国外两个市场，创造"西藏奇迹"是"中国奇迹"延续发展的必然逻辑。

回顾西藏历史，早在3800多年前的象雄文明时期，西藏已开始探寻自己的发展道路，形成牧场兴旺发达、农田肥沃、盛产黄金的部落联盟聚居区。这是西藏文明最早打破地理条件和自然环境约束，从原始的狩猎方式跨越到可持续的农牧业的技术创新。1951年，西藏和平解放。西藏各族人民结束了遭受帝国主义、殖民主义侵略的历史。1959年，中国共产党领导西藏各族人民进行民主改革，开启西藏从落后走向进步、从贫穷走向富裕、从专制走向民主、从封闭走向开放的新时代。通过制度改革，西藏打破了封建农奴主土地所有制及农奴和奴隶对封建农奴主的人身依附关系，激发了内生发展动力。1965年，西藏自治区成立，初步建立起基层人民民主政权组织和个体所有制经济制度，拉开西藏地区社会主义革命和建设事业序幕。20世纪70年代末，西藏同全国一道进入改革开放新时代，中央西藏工作座谈会的召开落实了针对西藏的一系列优惠政策和民族宗教政策。西藏发展历史和人类社会发展的一般规律表明，只要打破现实约束，通过制度和技术创新，激发内生发展动力，就能实现西藏经济社会的长足发展，实现未来愿景。

全球化的变迁事实、"中国奇迹"的延续路径与西藏历史的演进规律都昭示着西藏未来发展愿景：第一，全球化的变迁，必然需要西藏以开放的姿态来肩负未来经济增长极的重任，引领环喜马拉雅地区的增长，进而对世界第三极的和谐发展作出贡献；第二，"中国奇迹"的延续，必然需要西藏构建一个和谐、绿色的西藏，凸显作为重要的国家安全屏障、重要的生态安全屏障的战略地位，也需要构建一个现代化的西藏，以"西藏奇迹"支撑"中国奇迹"；第三，西藏历史变迁，必然需要西藏寻迹历史规律，不屈于现实约束，通过制度与技术创新，探索独具人文关怀、资源环境友好、全面融入世界的"和谐、绿色、开放、现代化"的世界第三极。

西藏机遇：人类命运共同体、中国特色社会主义进入新时代与"治边稳藏"

构建人类命运共同体、中国特色社会主义进入新时代和"治边稳藏"将从国际、中国、地区层面带来西藏发展的三大机遇，为实现愿景打下坚实基础。

构建人类命运共同体重塑全球价值观。2018 年，我国宪法修正案将宪法中"发展同各国的外交关系和经济、文化的交流"修改为"发展同各国的外交关系和经济、文化交流，推动构建人类命运共同体"。强调了区域的发展必须着眼全球的共同发展，坚持开放共享发展理念。特别是"一带一路"倡议开启了中国新一轮开放战略，突破了原有东南开放的战略，转变为全面深度开放。这对于深处内陆的西藏而言，突破了原有区位劣势，成为向西和向南开放的前沿，有利于西藏发挥连接祖国内地与南亚的区位优势和纽带作用，为建设面向南亚开放的重要通道，加快对内对外经济贸易和人文交流提供广阔空间，共同推动构建人类命运共同体。

中国特色社会主义进入新时代，为西藏发展树立自信。"新时代属于每一个人，每一个人都是新时代的见证者、开创者、建设者。"① 对于西藏发展而言，新时代带来了千载难逢的发展机遇，更将为西藏带来前所未有的发展动力和发展自信。西藏将全面融入全国的现代化经济发展体系，实现更好的经济分工和承接东部产业转移，深度挖掘西藏产业发展的比较优势和区域特色；西藏将与全国一道共享更加健全的社会主义制度体系和现代社会治理格局带来的福利，民族文化将更加发挥其特色和价值，民族自信得到极大提升；西藏成为美丽中国的重要组成部分，重要的生态安全屏障战略地位更加凸显。

"治边稳藏"战略释放政策红利。中央第六次西藏工作座谈会上，习近平总书记总结了 60 多年来党的治藏方略，立足西藏工作重要地位和特殊情况，强调新形势下的西藏工作要始终坚持"依法治藏、富民兴藏、长期建藏、凝聚人心、夯实基础"的重要原则。对于西藏而言，这体现了以习近平同志为核心的党中央始终心系西藏、重视西藏、支持西藏，从国家战略高度更加明确了"治边稳藏"在国家的能源安全、生态安全、文化安全和国防安全等方面的重要地位，为西藏长治久安提供根本遵循。这将全面释放援藏政策红利，继续实施一系列特殊优惠政策，推进西藏全面发展。

现实挑战：脱贫攻坚、区域协调与社会治理

诸多条件和事实验证了 2050 年西藏建成"和谐、绿色、开放、现代化"世界第三极核心区的历史和现实必然性，然而不可否认，西藏要实现该愿景还面临不少挑战。

深度贫困陷阱。中国已进入脱贫攻坚决胜阶段，不仅是要打赢脱贫攻坚战，更要为脱贫地区和脱贫户找到一条长效的发展道路，真正实现

---

① 习近平：《在十三届全国人民代表大会第一次会议上的讲话》，人民出版社 2018 年版，第 13—14 页。

"扶真贫""真扶贫"到"脱真贫""真脱贫"的转变。西藏是全国最大的集中连片贫困地区，贫困人口分布广、深度贫困人口多、少数民族聚集多、自然条件较差、生态保护任务繁重。复杂而敏感的民族问题和宗教问题进一步增加了西藏脱贫攻坚的难度。因此，西藏脱贫难、返贫易的特征将伴随着西藏未来几年甚至更长期的发展过程。

区域协调发展。中国已进入探索经济高质量发展阶段，西藏经济发展仍然处于追赶阶段，经济总量较小，市场主体发育滞后、体系不健全、结构性矛盾突出，经济发展的初级性、依赖性特征明显。一方面，西藏发展要准确把握国家战略全局发展，将区域发展融入全局发展。统筹区域协调发展，推进兴边富民、守土固边，统筹新型城镇化和乡村振兴战略。另一方面，西藏是国家重要的生态安全屏障和战略资源储备基地，其发展需要在最严格的生态环境保护制度背景下，探索兼具比较优势又能够实现资源环境友好的发展战略。同时，在与全国同步建成小康社会之后，西藏发展的重点将从摆脱"贫困陷阱"转向突破"中等收入陷阱"，这更加需要现代经济社会发展体系的建立。

区域社会治理。民族、边疆以及发展问题交织，使得西藏社会治理面临着加强民族团结、巩固祖国边防、维护国家统一、反分裂斗争、增进中外睦邻友好、促进经济社会发展等多重要求。各族人民同以达赖集团为代表的分裂势力之间的特殊矛盾也将长期存在，这也决定了西藏的发展与社会稳定将是长期的艰巨任务。特别是伴随"一带一路"倡议带来的对外开放进一步深化，加强民族团结，确保边疆安全和西藏长治久安任务更加艰巨。

未来愿景：系统解构与科学路径

2020 年是西藏与全国各族人民同步全面建成小康社会的重要时点。2020 年到 2025 年是西藏全面小康巩固提升阶段，在与全国一道全面建成小康社会之后，西藏还需要进一步强化已有的改革成果，增强内在发展动力，提高经济社会发展质量，实现可持续的全面发展。2035 年是西藏自治区成立 70 周年，将基本建成现代化西藏。2050 年是全国各族人民实现第二个百年目标，实现中华民族伟大复兴的重要时点，也是西藏民主改革 90 周年，将全面建成现代化西藏。把握 2020、2025、2035 和 2050 四个重要时点，更是为了稳步推进西藏的阶段性发展目标，实现到 2050 年建成"和谐、绿色、开放、现代化"世界第三极核心区的远景目标。

一、系统解构

"和谐"意味着西藏的发展将是人与人之间、区域之间的和谐发展。通过观念、制度、政策的不断创新和完善，实现经济的包容性增长，经济发展成为社会稳定、民族团结的有力支撑，人民获得感、幸福感、安全感不断增强。

到 2020 年，西藏各族人民将进一步实现文化融合和兼容并包态势，农区、牧区和城镇融合发展进一步加强。农牧区较城镇地区的不平衡不充分发展得到缓解，逐步打破城乡二元经济社会结构，基本公共服务实现均等化，农牧区贫困问题得到根本解决。到 2035 年，中等收入群体比例明显上升，城乡区域发展差距进一步缩小，城乡融合发展初步成型。从社会发展的特殊性来看，各民族的差异化发展成为西藏独具民族特色和本土特色的发展态势。到 2050 年，在保障和改善民生基础上，进一步提升人民生活品质，构建和谐社会，提高人民获得感、幸福感、安全感。民族文化成为社会发展的调和剂，各区域既留住了藏区地域环境、文化特色、建筑风格等"基因"，又融合了现代化大城市的生活功能。

"绿色"意味着西藏将形成人与自然和谐发展的现代化建设新格局。形成多样化、健康、稳定的高原生态系统；人与自然和谐共生，成为环喜马拉雅地区绿色生活引领者；全面实现生态文明治理体系和治理能力现代化，为世界第三极生态文明和可持续发展提供示范。全面建成现代化生态经济和节能减排体系，实现最严格的环境保护制度与经济发展相得益彰。

到 2020 年，环境保护意识和制度不断加强，经济实现绿色发展，经济转型加速推进。生态文明建设不断推进，可持续发展观念和生活方式在藏区进一步普及和推广，人与自然和谐发展的现代化建设新格局初步形成。到 2035 年，本土生态观与现代生态文明理念融合发展深入人心，形成经济、社会和生态相协调的可持续发展模式。建立环境和自然资源有偿使用机制和价格形成机制，建立制度化、规范化、市场化的生态补偿机制。到 2050 年，西藏将成为环喜马拉雅地区绿色生活引领者，为世界第三极生态文明和可持续发展提供示范。通过生态环境保护和科学技术的革新，西藏自然条件得到改善。西藏各族人民形成良好的简约适度、绿色低碳生活方式，生态消费观念深入人心。生产空间、生活空间、生态空间三者密切结合，实现生产空间集约高效、生活空间宜居适度、生态空间山清水秀，真正实现人与自然和谐友好发展。

"开放"意味着西藏发展在三个空间维度向内地和世界全面开放。在西藏自治区层面，形成功能相互协调的主体功能区分布，自治区范围内各地产业协调发展，产业经济地理优化布局。在全国层面，成为具有区域产业基础和产业特色的西部地区产业强省。在世界范围内，西藏成为向西和向南开放的重要窗口，对外开放改革红利进一步释放，对外贸易总额持续增长。对外开放平台更加完善，国际经济合作成效显著，口岸功能与设施更加完备，边境货物贸易稳步发展，服务贸易增长明显加快，边境经济合作区、跨境经济合作区等开发开放平台的辐射和示范作用增强，合作层次和水平进一步提升。

深入实施和推进"一带一路"倡议，西藏彻底转变原来的区位劣势，成为中国向西和向南开放的窗口。通过交通等基础设施的不断发展以及"互联网 +"推进的互联互通，西藏进一步缩短与国内外各地区的经济距离。西藏通过融入全球经济分工，加强区域合作，打破经济分割，进一步重塑西藏产业经济地理，完善产业发展的组织化和推进产业的专业化、差异化发展。到 2050 年，将全面形成具有西藏未来高度、中国本土深度、国际视野广度的现代化观念和制度体系，将成为环喜马拉雅地区经贸、文化和创新中心。

"现代化"意味着西藏将建成全面融入全球经济的现代化环喜马拉雅经贸中心。形成布局合理、分工明确的产业圈，特色优势现代产业体系更加健全，建成一批能源资源、生物资源、民族文化资源、农产品加工基地和区域性商贸物流中心及旅游集散中心，自我发展能力进一步增强。传统农牧业不断转型升级，以智慧产业为代表的新兴产业带动力明显增强，产业体系形成平台化、品牌化、国际化、信息化、集群化发展局面。

到 2020 年，西藏将成为中国西南经济增长排头兵。西藏经济总量将缩小与其他省区市的差距，经济增速保持全国前列，人均 GDP 达到西部地区平均水平。到 2035 年，西藏将成为中国西南经济新极点。西藏经济总量与全国其他省市平均水平的差距进一步缩小，经济增速持续保持全国前列。到 2050 年，西藏将全面融入全球经济，建成绿色、和谐、现代化的环喜马拉雅地区经贸中心。经济总量达到全国平均水平，人均 GDP 达到全国前列。

"世界第三极"核心区意味着西藏社会经济发展成为环喜马拉雅地区引领者，为世界第三极地区提供示范，对世界的发展贡献中国智慧和西藏经验。西藏不仅是地理上的第三极核心区，更将成为经济高地、人文高地和社会治理高地。西藏将成为和谐、绿色、现代化的环喜马拉雅地区经贸中心、人文交流中心、科技创新中心，生态文明建设和可持续发展引领者，形成"中国特色、西藏特点"的全面从严治党模式，法治建设经验为环喜马拉雅地区提供示范，西藏的国际影响力不断扩大。

展望西藏未来 30 多年的发展，将是一段通过驱动力的加速推进和响应的突破性变化实现最终发展状态实质变化的"驱动力—状态—响应（Driving Forces-State-Responses）"发展，这段发展历程将通过不断"破"和"立"印证西藏各族人民在中共中央的坚强领导下不屈从于现实，着力改变未来的发展。未来 30 多年，西藏的内生驱动力将逐步实现从高高原自然历史资源禀赋驱动向高高原物质和人力资本禀赋驱动的转变，最终迈向高高原知识技术与生态文明禀赋驱动；西藏也将经历从区位劣势、资源禀赋约束和制度障碍的发展初级滞后状态，向充分发挥面向西向南开放的区位优势、自然资源禀赋比较优势、民族特色文化比较优势、物质与人力资本比较优势、知识技术与生态文明比较优势、制度改革红利充分释放的状态转变；在驱动力转型和约束突破的双重作用下，西藏将从实现与全国同步小康的初级目标向建成"和谐、绿色、开放、现代化"的第三极核心区跨越（见图 0-1）。

围绕"驱动力—状态—响应"发展，西藏将经历 2020 年全面建成小康西藏、2035 年基本建成现代化西藏、2050 年全面建成现代化西藏三阶段。这一过程也是伴随着经济建设、政治建设、文化建设、社会建设、生态文明建设"五位一体"全面发展的过程，具体包括富强西藏、人文西藏、民生西藏、美丽西藏、开放西藏、和谐西藏、科技西藏、健康西藏、法治西藏和党建西藏等十个部分。根据"驱动力—状态—响应"的分析模型，结合政府、学界、实业界的观点，形成西藏三个阶段的总体愿景和十个发展分愿景，见表 0-1。

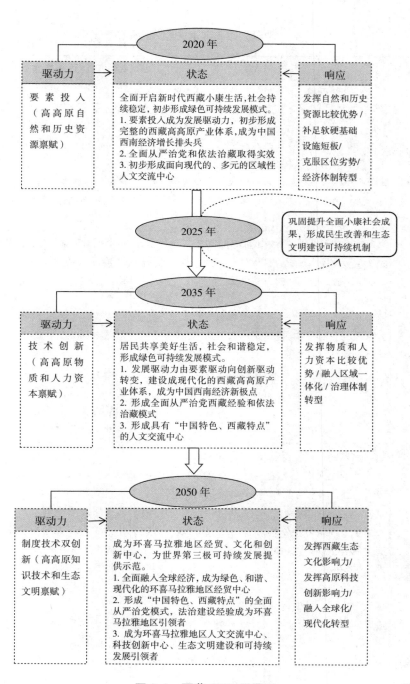

图 0-1 西藏 2050 愿景图

表 0-1　西藏未来发展分愿景

阶段 愿景	2020 年全面建成 小康西藏	2035 年基本建成 现代化西藏	2050 年全面建成现代化西藏，成为和谐、绿色、开放、现代化的世界第三极核心区
富强西藏	1. 基础设施不断完善 2. 经济总量全面提升，成为中国西南经济增长的排头兵 3. 开启高高原经济发展理论与实践探索	1. 基础设施基本现代化 2. 经济结构调整优化，成为中国西南经济新极点 3. 形成高高原经济发展理论和实践体系	1. 基础设施全面现代化 2. 全面融入全球经济，建成和谐、绿色、现代化的环喜马拉雅地区经贸中心 3. 成为高高原经济发展研究和实践的引领者
人文西藏	1. 基本公共教育服务体系实现全覆盖 2. 初步形成面向现代的、多元的、区域性人文交流中心 3. 宗教与新时代中国特色社会主义社会相适应程度不断提升	1. 形成优质公共教育服务体系，充分实现教育内涵式发展 2. 形成具有"中国特色、西藏特点"的西部人文交流中心 3. 基本实现宗教与新时代中国特色社会主义社会相适应	1. 全面建成高水平的现代化教育体系，成为环喜马拉雅地区重要学术交流目的地 2. 成为环喜马拉雅地区人文交流中心 3. 全面实现宗教与新时代中国特色社会主义社会相适应，不同宗教和信仰和谐共存，中华文化影响力彰显
民生西藏	1. 消除贫困，严控返贫风险，居民人均可支配收入接近全国平均水平 2. 人居环境明显改善 3. 基本公共服务及公共安全主要指标达到西部地区平均水平 4. 社会治理能力和治理体系现代化建设取得新进展	1. 居民人均可支配收入达到全国平均水平，中等收入群体比例明显上升 2. 人居环境基本实现现代化，居民共享美好和谐生活 3. 基本公共服务及公共安全主要指标达到全国平均水平 4. 社会治理能力显著提升，基本建成具有"中国特色、西藏特点"的现代社会治理体系	1. 居民人均可支配收入达到全国中高水平，充分满足居民美好生活需要 2. 人居环境全面实现现代化，成为环喜马拉雅地区现代生活引领者 3. 基本公共服务及公共安全主要指标达到全国中高水平 4. 社会治理能力和治理体系全面实现现代化

续表

阶段 愿景	2020 年全面建成 小康西藏	2035 年基本建成 现代化西藏	2050 年全面建成现代化西 藏，成为和谐、绿色、开放、 现代化的世界第三极核心区
美丽 西藏	1.高原生物多样性得到有效保护，高原生态系统稳定性加强 2.环境保护意识和制度不断加强，初步探索本土化的可持续发展模式 3.生态环境保护和生态文明建设全面提升	1.高原生物多样性及生态系统稳定性显著提升 2.本土生态观与现代生态文明理念融合发展、深入人心，形成经济、社会和生态相协调的可持续发展模式 3.基本实现生态文明治理体系与治理能力的现代化，为民族地区生态文明建设提供示范	1.形成多样化、健康、稳定的高原生态系统 2.人与自然和谐共生，成为环喜马拉雅地区绿色生活引领者 3.全面实现生态文明治理体系和治理能力现代化，为世界第三极生态文明和可持续发展提供示范
开放 西藏	1.开放发展意识与能力不断提升 2.边境边贸基础设施不断完善，对外合作条件显著改善 3.对外开放合作全方位快速发展	1.开放发展理念深入人心，现代化对外开放合作体系基本建成 2.基本建成现代化对外开放合作的基础设施和制度体系 3.成为中国对外开放合作新前沿	1.人类命运共同体观念成为地区共识 2.全面建成现代化对外开放合作的基础设施和制度体系 3.实现全方位高质量的对外开放合作，成为环喜马拉雅地区国际合作交流引领者
和谐 西藏	1.各族群众获得感、幸福感明显提高 2.各族群众交往交流交融不断深入，“五个认同”不断加强 3.社会稳定，民族和谐不断巩固	1.各族群众事实平等基本实现 2.各族群众交往交流交融不断深入，中华民族命运共同体意识显著增强 3.反对民族分裂、维护社会和谐稳定取得全面胜利	1.各族群众共同富裕的和谐社会全面建成 2.中华民族精神得到国际社会普遍认可 3.民族和谐发展，成为环喜马拉雅地区示范，为世界多民族国家提供中国智慧和中国方案

续表

阶段 愿景	2020年全面建成 小康西藏	2035年基本建成 现代化西藏	2050年全面建成现代化西藏，成为和谐、绿色、开放、现代化的世界第三极核心区
科技西藏	1. 创新驱动重要性成为社会共识，科技投入明显增强，基本建成符合西藏实际的科技创新体系 2. 科技创新对经济增长、民生改善和生态文明建设的贡献度显著提高	1. 创新驱动成为社会共识，科技创新能力大幅增强，基本建成具有西藏特点的高原科技自主创新和应用推广体系 2. 科技创新成为经济社会发展重要驱动力，科技西藏为民族地区创新发展提供新示范	1. 全面建成现代化创新型社会 2. 成为国内高原科技创新的重要基地，引领环喜马拉雅地区科技创新的重镇
健康西藏	1. 医疗卫生事业投入不断加大，公共卫生体系明显改善，医疗资源布局基本合理 2. 初步建成现代医学教育体系 3. 高原医学研究与实践扎实推进 4. 藏医药事业取得新发展，基本形成藏医药保护传承体系	1. 基本建成现代公共卫生体系，优质医疗资源初具规模 2. 现代医学教育体系基本建成并不断完善 3. 初步建成国内一流的高原医学研究和诊疗中心 4. 藏医药和现代医学初步融合，形成完善的藏医药保护传承创新体系	1. 全面建成现代公共卫生体系，优质医疗资源丰富，成为环喜马拉雅地区现代医疗中心 2. 全面建成先进的现代医学教育体系，成为环喜马拉雅地区医学人才培养中心 3. 全面建成世界一流的高原医学研究和诊疗中心 4. 藏医药和现代医学高度融合，引领环喜马拉雅地区藏医药事业发展
法治西藏	1. 法治西藏的法规制度体系不断完善，法治政府建设加快推进 2. 依法治藏深入人心，司法公正得到各族群众认同	1. 西藏的立法、司法、执法、宣传教育和对外交流体系基本实现现代化 2. 法治西藏成为民族地区示范	1. 西藏的立法、司法、执法、宣传教育和对外交流体系全面实现现代化，为西藏长治久安提供坚实保障 2. 为环喜马拉雅地区法治现代化建设提供示范

续表

阶段 愿景	2020 年全面建成 小康西藏	2035 年基本建成 现代化西藏	2050 年全面建成现代化西藏，成为和谐、绿色、开放、现代化的世界第三极核心区
党建 西藏	1.党的建设进一步加强，全面从严治党取得实效 2.党的先进性和纯洁性得到彰显，党群关系融洽 3.党对西藏各项工作的领导进一步加强	1.党的建设显著增强，形成全面从严治党西藏经验 2.党的先进性和纯洁性进一步彰显，党群关系更加坚实 3.西藏党的工作在民族地区发挥示范引领作用	1.党的建设全面加强，形成"中国特色、西藏特点"的全面从严治党模式 2.党的先进性和纯洁性充分彰显，党群关系水乳交融 3.西藏党的工作在全国发挥示范引领作用

二、实现路径

西藏未来 30 多年的发展将依据经济建设、政治建设、文化建设、社会建设、生态文明建设"五位一体"总体布局，统筹建设富强西藏、人文西藏、民生西藏、美丽西藏、开放西藏、和谐西藏、科技西藏、健康西藏、法治西藏和党建西藏，勾画西藏实现 2050 年愿景的行动坐标，提出发展路径（见图 0-2）。

（一）富强西藏：着眼"空间—产业—规模"，通过优化区域主体功能、培育区域发展极核和重塑产业发展体系，实现西藏经济创新跨越发展

优化区域主体功能。以建设重要的国家安全屏障、生态安全屏障、战略资源储备基地、高原特色农产品基地、中华民族特色文化保护地和世界旅游目的地为总体目标，划分具有全局高度、区域协调、地方特色的主体功能区，构建全国重要的农林畜产品生产加工、藏药产业、旅游、文化和矿产资源基地。

培育区域发展极核。破除"唯 GDP 论英雄"，积极推进资源环境友好的产业发展路径，重塑区域经济地理，大力发展绿色产业，促进传

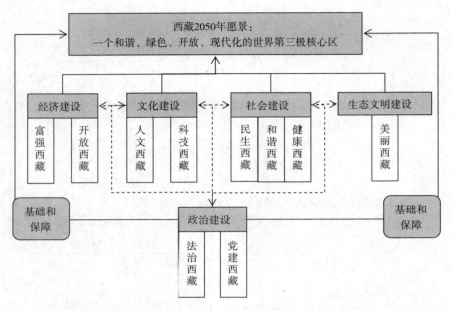

图 0-2　依据"五位一体"总体布局统筹西藏十项工作

统产业绿色化。按照"一产上水平、二产抓重点、三产大发展"的经济发展战略，培育主导产业，培育具有比较优势的产业和市场竞争力的品牌。

重塑产业发展体系。构建具有国际竞争力的现代产业体系，推进产业向中高端发展，提升产业价值链和价值体系。根据西藏地区资源禀赋、区位优势、产业基础、生态条件以及与周边国家和地区的互补性，建设能源资源加工基地、出口加工园区、区域性国际商贸物流中心，健全市场体系。打造一批国家级特色产业园区和基地，推动西藏与内地合作共建产业园区，探索发展飞地经济。

（二）人文西藏：统筹教育、艺术、宗教三方面发展，实现文化事业和文化产业繁荣发展

加快教育事业发展。构建切合实际的政策保障体系，健全经费扶持

机制，保障西藏教育事业快速、健康发展。加快教育立法，切实保障西藏各族人民受教育权利。贯彻并落实民族语文教学和双语教学相结合的教育模式。建立盟校共同体，共享教育资源，采取异地办学模式，为西藏培养各方面人才。除了推进现有的内地西藏班建设，还要鼓励高海拔地区在地理环境相对优越的地区建立学校，加快西藏高校的现代化发展进程。

加快艺术事业发展。坚持以藏文化艺术创作为核心，以满足人民群众日益增长的美好生活需要为出发点，以丰富人民群众的精神文化生活为落脚点，以深入实施各类艺术创作为切入点，以艺术人才培养和艺术队伍建设为基础，全面推动西藏艺术事业繁荣发展。加强文艺体制改革，积极利用现代信息技术，促进艺术创作、研究与推广。加强对艺术市场及艺术企业的培育，以市场的力量推动艺术事业的可持续发展。

规范宗教事务管理。构建和完善西藏特点的宗教事务治理体系，引导信徒从爱教升华到爱国爱教，引导宗教和社会主义相适应。弘扬藏传佛教中的爱国主义传统，从爱国统一战线的原则出发，大力发展当地民族文化。坚持和维护祖国统一、反对分裂，拥护党的宗教政策，依法管理宗教事务，以宗教政策和法律法规为基础，树立正确的宗教观和法律观。

（三）民生西藏：着力完善社会保障体系、夯实社会治理微观基础、带动区域城乡平衡发展，提升西藏各族人民的生活品质

完善全覆盖、高水平、可持续的社会保障体系。以养老保险、医疗保险为主要保障内容，加快实现对城镇居民、农牧民、僧侣等群体实施全覆盖参保。提升群众的自我保障意识，提供非基础、更高水平的保障服务，完善城乡居民养老、医疗保险多缴多得、长缴长享等激励机制。充分发挥政府的资金引导作用，将社会资本引入社会保障体系，鼓励商业保险作为社会保险的补充。

夯实社会基础治理。坚持把改善民生作为第一要务，把保稳定作为第一责任，建立长效机制，以改善民生和增进居民获得感夯实社会治理微观基础。将寺庙纳入社会公共服务范围，保障僧尼与其他公民享有同等待遇。激发全体群众维稳的内生动力，促使各族人民珍惜稳定局面、自发构建和谐社会的防控体系。坚持依法治理、主动治理、综合治理、源头治理相结合。建立科学合理的绩效评估体系，实行专项考核制度。

带动区域城乡平衡发展。推进人口的合理分布、适度聚集，引导人口从农牧区向适宜、就近的城镇合理有序转移。注重农牧民迁移后的城市适应问题，提高产业对农牧区转移人口的吸纳和支撑能力，建立完善公平的社会保障体系，提高公共服务供给能力。稳妥推进乡村振兴和城镇化发展，通过平衡发展、错位发展、差异化发展，实现城乡间均衡发展。

（四）美丽西藏：推进生态屏障保护建设、适度发展生态经济、加强环境综合治理，实现生态保护与开发同步推进

推进生态屏障保护建设。坚持绿色发展理念，实行最严格的环境保护制度。对接国家战略总体布局，立足西藏地域特色，按照生产空间集约高效、生活空间宜居适度、生态空间山清水秀总体要求，根据不同区域的资源环境承载能力、现有开发强度和发展潜力，优化主体功能区。强化江河源头地区的生态环境保护，强化生态林的保护，严格限制导致生态功能退化的开发活动。

适度开发生态经济。牢固树立保护生态环境就是保护生产力、绿水青山就是金山银山的理念，积极发展生态农牧业，并在发展中充分挖掘西藏民族文化特色。明确经济发展不能以牺牲自然资源环境生态为代价，把发展建立在生态安全基础上，严守生态安全底线、红线，突出保

障国家生态安全等重要任务，探索资源环境友好的经济发展模式。

加强环境综合治理。建立西藏资源环境承载能力预警机制，严格控制高耗能、高排放项目。综合运用法律法规、产业政策、节能减排、安全生产等手段，着力化解产能过剩矛盾。大力发展节能环保产业，制订重大节能、环保、资源循环利用等技术装备产业化工程实施方案。改革现有生产工艺，积极发展新型节水技术和工艺，降低产品生产过程用水量，减少废水的产生和排放。

（五）开放西藏：搭建对外开放平台、加强外向型旅游产业发展、促进人文合作交流，引领环喜马拉雅地区国际合作交流

搭建对外开放平台。与多方面广泛协商，建立良好贸易通道。规划建设若干边贸互市和边境小额贸易区域，建设经贸合作园区。努力营造良好的营商环境，促进不同性质的企业公平发展。通过编制西藏发展战略产业目录，引导西藏急缺产业的招商引资。鼓励企业抱团"走出去"，形成对外投资的产业园区。

加强外向型旅游产业发展。完善旅游管理服务，改善住宿餐饮条件，提供更多深度旅游选择。着眼于延长旺季时间，打造精品，确定不同旅游资源区域功能划分。注重突出雪域高原的地方特色和民族特色，着力开发建设一批品牌形象突出的国家级和世界级名牌旅游产品，以及高原特色的地理旅游、科研探索旅游。提升西藏在国际旅游市场上的吸引力与竞争力，构建多元、立体、可交互的旅游平台。

促进人文合作交流。积极主动保护西藏优秀文化，做好藏语文化资源的汉语和其他语言翻译。积极承办和参加国际论坛、会展和贸易洽谈会，扩大工业、商业、贸易、企业技术从业人员的往来，增进西藏与世界各国和地区的相互了解。鼓励国际人员共同开展西藏文化的联合保护。鼓励西藏高校和各类研究机构人员出国留学，面向世界各国特别是周边国家和地区招收留学人员。

（六）和谐西藏：在确保中国共产党领导、坚持民族区域自治制度、加强"五个认同"基础上，构建民心所向、民心凝聚的和谐西藏

确保国家安全和长治久安、确保经济社会持续健康发展、确保各族人民物质文化生活水平不断提高、确保生态环境良好、确保民族团结、确保宗教和睦、确保社会和谐，中国共产党的领导是根本保证。

坚持民族区域自治制度。坚持和完善民族区域自治制度，做到"两个结合"：坚持统一和自治相结合；坚持民族因素和区域因素相结合。在确保国家统一的前提下，尊重民族差异，以制度化的形式保证各族人民充分享有自主管理本民族本地区事务的权利。

加强"五个认同"。积极培养中华民族共同体意识。高度重视各族干部群众对伟大祖国的认同、对中华民族的认同、对中华文化的认同、对中国共产党的认同、对中国特色社会主义的认同。调动各族人民的积极性，促进各族人民和谐共生，共享改革发展成果，提升各族人民的获得感。

（七）科技西藏：加快科技企业孵化体系建设、完善科技协同合作机制，凸显科学技术第一生产力的作用

加快科技企业孵化体系建设。鼓励社会资本设立科技创新孵化基金，实施科技企业孵化器倍增行动计划，引导各类主体开展孵化器建设，推进实施孵化机构登记管理制度，完善孵化器数据库，加强动态监测和跟踪服务，增强创业孵化服务能力，提高科技成果转化率和在孵企业毕业率。

完善科技协同合作机制。鼓励省外科研院所、高校、企业与西藏相应单位建立对口帮扶和合作机制，强化先进适用技术在基层的转化、示范、推广和应用。探索建立适用于西藏不同类型生态系统功能恢复

和持续改善的技术模式。推广科技精准扶贫模式，支持文化旅游发展，通过联合支持的方式建设一批高原现代科技生态园，让科技成果惠及民生。

实施云计算和大数据平台战略。根据地广人稀的地区特点，大力建设和发展智慧西藏，大力培育业务应用和行业需求，发展云计算和大数据产业。推进"互联网+"战略，打造智慧旅游，适度开发智慧农业项目。着力推进"智慧城市"建设，集中实施一批智慧医疗、智慧教育、智慧环保、智慧交通项目。促进智慧城市与大数据产业融合发展，加强公共信息平台建设，推广运用云计算、物联网技术。

（八）健康西藏：完善公共卫生体系、提供优质高效医疗服务、优化健康保障体系，铺设以人民为中心的"健康之路"

完善公共卫生体系。加强疾病预防控制、妇幼保健、采供血、综合监督执法、食品安全技术支持等专业公共卫生服务体系建设，完善突发事件卫生应急体系。配足配齐公共卫生机构技术人员，加大公共卫生人才培养力度。加强慢性病、地方病高危人群预防性干预工作。开展社区综合防治工作，完善传染病监测预警机制。引导和培养居民健康行为。

提供优质高效全面医疗服务。完善优质高效全面的医疗服务体系，优化区域布局，实现区域均衡发展。针对不同人群，建立以预防为主的健康导向机制。推动惠及各族群众的健康信息服务和智慧医疗服务。构建和谐医患关系，依法严厉打击涉医违法犯罪行为。建设医疗质量管理与控制信息化平台，推进医疗质量管理与控制标准化。

构建完善健康保障体系。实现信息网络一体化，完善保障机制，打破参保人员的户籍限制，不断提高统筹层次、基金统一调剂。建立自治区调剂基金制度，合理划分个人与政府筹资责任，确保全民医疗保险制度平稳运行。实现基本医保、城乡居民保险、商业保险与医疗救助等有效衔接，不断降低个人自付比例，实现全民医疗保障的公平性和规范性。

（九）法治西藏：建立健全行政决策机制、规范行政执法行为、提升政府工作人员依法行政能力，为环喜马拉雅地区法治现代化建设提供示范

建立健全行政决策机制。严格决策责任追究制度。推行政府法律顾问业务能力水平评价制度和年度工作考核制度。

规范行政执法行为。健全行政执法程序，规范执法流程，形成统一的行政处罚系统。推进行政执法的人性化、合法化、规范化。对重大具体行政行为和委托行政执法行为建立备案审查、行政执法案卷评查制度。建立政府法制监督与行政执法检察监督、监察监督、司法监督协作机制。

提升政府工作人员依法行政能力。落实领导干部和公务员任前考试、年度述法和学法考试制度，抓好"关键少数"的法治宣传教育。将公务人员全部纳入学法范围，完善公务人员学法用法的评估、考查机制。加强公职律师队伍建设，鼓励行政机关中从事法律工作的人员加入公职律师队伍。建设政府、部门、街道的法制机构，充实法制机构人员力量。

（十）党建西藏：坚持全面从严治党、加强基层党组织建设、加强干部人才队伍建设，实现党的工作在全国发挥示范引领作用

坚持全面从严治党。牢固树立全面从严治党思想，加强和改善党的领导，加强思想理论建设、领导班子和干部队伍建设、基层组织建设、党风廉政建设，严格落实党风廉政建设主体责任和监督责任，健全作风建设长效机制，构建不敢腐、不能腐、不想腐的有效机制，为经济社会持续健康发展提供根本政治保证。

　　加强基层党组织建设。结合乡村振兴战略和新型城镇化发展战略，落实基层管党治党责任、提升基层组织政治功能、建强服务型基层党组织。在实现党的组织和工作全覆盖基础上，对软弱涣散基层党组织进行集中整顿。以强化政治功能为主，加强农村、城市社区、非公有制经济组织、社会组织及产业园区等基层党组织建设，全面提升基层党建工作科学化水平。

　　加强干部人才队伍建设。牢牢把握新时期好干部标准，严格干部选拔标准。强化党组织的领导作用，突出把好政治关。

参考文献

[1] Danny Quah, The Global Economy's Shifting Centre of Gravity, *Global Policy*, 2011.

[2] 林毅夫、姚洋：《中国奇迹》，北京大学出版社 2009 年版。

[3] 世界银行：《2009 年世界发展报告：重塑世界经济地理》，清华大学出版社 2009 年版。

[4] 世界银行国务院发展研究中心联合课题组：《2030 年的中国》，中国财政经济出版社 2013 年版。

第 一 章

富强西藏

　　和平解放以来，在党中央坚强领导以及中央和国家机关、对口支援省市、中央企业大力支持下，西藏经济社会得到全面提升，基础设施不断完善，各项事业取得显著成绩。今天的西藏，经济发展、政治进步、文化繁荣、社会和谐、生态良好、人民生活幸福安康，一个传统与现代交相辉映的新西藏正呈现在世人面前。但由于诸多原因，目前，西藏自然资源开采利用不足，文化产业发展相对落后，区位优势还未在经济发展中突显，整体经济发展处于全国较低水平。

　　回顾西藏经济发展历史，分析西藏经济发展现状及面临的主要困境，对于西藏各族人民在新时代继续推动社会经济向前发展具有重要意义。西藏未来仍需继续努力，建设成为现代化环喜马拉雅经贸中心，真正实现富强西藏。

第一节　经济发展：历史与现状

　　和平解放前，落后的社会制度严重制约着西藏的经济发展。和平解放以来，西藏先后经历了 1959 年的民主改革、1965 年的西藏自治区成立、1978 年与全国一道进入改革开放的社会主义新时期，以及"一个转折点、两个里程碑"等一系列历史进程，实现了经济的跨越式发展、社会的全面进步、人民生活水平的显著提高。过去 60 多年，西藏走完了人类社会需要几百年甚至上千年才能走完的历程，书写了人类历史上壮丽的篇章。

一、历史

（一）象雄文明时期

在距今数万年前的旧石器时代晚期，西藏已有人类活动迹象，先民所创造的旧石器文化、游牧文化、农耕文化与甘青高原、西南山地等有着紧密的关联。到新石器时代与早期金属器时代，西藏和周边地区的社会交往、易货贸易日益频繁。根据汉、藏典籍记载，3800 多年前象雄文明时期，象雄王国兵力强盛、文明发达、疆域辽阔，包括阿里、康巴、日喀则、那曲，以及巴基斯坦、印度的一部分地区，总人口近百万。①

在阿里"穹窿银城"城堡遗址考古发掘了 120 多组古代建筑遗迹，从出土的大量陶器、石器、铁器、铜器、骨雕来看，这里既是一块牧场兴旺发达、农田肥沃、盛产黄金的部落联盟聚居区，也是一片易货贸易发达的宝地。当时，翻过喜马拉雅山脉，穿过撒哈拉沙漠的麝香之路、食盐之路、黄金之路、玉石之路为周边国家和地区各民族带来了互市贸易、互惠互利的福祉。从卡若遗址来看，西藏先民不仅与北方、东方地区保持着密切的互市贸易关系，并穿越横断山脉与内地西南许多原始部落深层交往。在川西高原、滇西北高原民族的原始文化当中折射出许多鲜明的卡若文化烙印和各民族友好相处的痕迹。

---

① 张雅宾：《探寻象雄文明　繁荣中华文化》，《北京日报》2012 年 12 月 6 日。

（二）吐蕃文明时期

史载："七赤天王时期，当王子能骑马时，父王即逝归天界。"当时以"会骑马"作为成年人的重要标志，是游牧社会惯用的做法，间接反映出吐蕃初期的牧业经济社会形态。考古发现"作为生产资料的牧场，基本上属于部落共有，放牧的牛、羊、马等牲畜大部分属于家族私有"。到布德贡杰时期，茹列杰"烧木为炭，炼矿石而为金、银、铜、铁；钻木为孔，制作犁及牛轭；开垦土地，引溪水灌溉；犁地耦耕，垦草原平滩而为田亩；在不能渡过的河上建造桥梁；由耕种而得谷物即始于此时"。因开创了新型农耕方式，茹列杰被后人尊称为"吐蕃七贤臣"之首。

吐蕃初期农耕经济的兴起、形成和推广，既为松赞干布制定颁布度量衡法、经济赔偿、赋税劳役、财政制度等奠定了基础，也为开拓出以畜牧业为主，农业为辅的经济社会发展模式营造了良好氛围。公元 7 世纪初，藏王朗日伦赞时从汉地传来历算，将一年分为春夏秋冬四季，每季又分为首月、中月、季月。松赞干布时期，派人到长安学习大唐的历算，将十二生肖与金、木、水、火、土相结合，又将五行分成阴阳十数，替代天干，以十二生肖代替十二地支，与汉历一样，形成 60 年为一个甲子的历法。从此，拉开了与大唐在医药、建筑、茶叶、陶釉、瓷器、玉石、酒、纸、佛教、雕刻艺术、军事、马球、农耕和商贸等交流传播的帷幕。正是这个时期，源于先秦时期的"唐蕃古道"得以延续拓展，并在"高原丝绸之路""茶马古道"上传来中华民族相互包容、协同发展的许多佳话。

（三）分裂割据时期

公元 842 年，吐蕃赞普朗达玛被刺身亡。从此，吐蕃贵族分裂为许多对立集团，兵燹连年，民不聊生，频频爆发的奴隶平民大起义活动，导致吐蕃政权崩溃瓦解。原吐蕃王室王子维松的后裔纷纷与各地氏族势力联合，先后形成了贡塘、雅隆觉卧、古格、拉达克、亚泽等地方领主政权。同时，原有贵族的后裔款氏、嘎氏、朗氏、居热氏分别又和萨迦派、蔡巴噶举派、帕竹噶举派、直贡噶举派结盟，初步形成了"政教合一"的雏形。随着封建经济形态的初创与蔓延，逐渐演变成以家族为中心的地方封建领主割据势力，吐蕃时期的土地国有制和平均分配方式彻底瓦解。9 世纪中叶至 13 世纪中叶吐蕃政权崩溃到萨迦政权建立的 400 余年间，整个西藏大大小小的割据势力各霸一方，导致西藏政局长期处于分散混乱的分裂割据状态。

从 10 世纪初到 12 世纪，西藏地区土地买卖日益活跃。随着生产资料所有制形式的演变发展，虽然极少部分平民靠勤奋自耕起家逐步上升为农奴主，但是大部分农民由于丧失土地而沦落为农奴，西藏社会首次出现了早期农奴和新兴封建农奴主阶级。分裂割据时期土地拥有方式的转变，不但促进了农牧业生产发展，而且也促使经济社会繁荣发展。东嘎·洛桑赤列曾在《论西藏政教合一制度》一文中指出："到了西藏分裂割据中期，封建的经济制度已经在西藏从根本上树立起来，农牧业生产有了较大发展，手工业和商业也同时得到了发展，在上部的定日、聂拉木，后藏的拉孜、冲堆、固尔莫等处，商业集会开始形成，在阿里古格和藏北洛定（罗顶）地方开发了金矿，在山南和昂仁两地，推广了釉陶技术，那时一匹马的价格是四克青稞。"可见，这一时期的西藏地区处于由奴隶制经济形态向领主占有制为基础的封建农奴制过渡期，由于政治四分五裂、权势各霸一方、宗教各派林立，尤其是社会两极分化突出而导致贫富差距巨大，奴隶主聚敛民财、弱肉强食，引起诸多贫民暴动和骚乱事件。

（四）元明清时期

公元 12 世纪末到 13 世纪初，中国历史经过宋、辽、金、西夏的长期纷争，进入一个大转折时期，一个新的力量走上中国历史舞台。1206
年成吉思汗统一蒙古各部建立了蒙古汗国，凭借其强大的军事力量，逐
渐攻灭诸侯割据政权，形成了中国各民族、各地区空前大统一的新王
朝。这一历史巨变使得青藏高原的广大藏族地区也先后融入中国大统一
的港湾，先是归附于蒙古汗国，其后成为继承蒙古汗国的元朝统治下的
中国疆域的一部分（陈庆英、高淑芬，2003）。至此，西藏地区加入这
一中国走向统一的历史进程，先后经历了元朝、明朝、清朝三个历史
时期。

元朝统一西藏后，扶植萨迦派掌握西藏地方政权并建立西藏行政体
制的同时，明确和加强了农奴对封建领主的隶属和人身依附关系，进一
步确立和巩固了封建农奴制。俗人民户（米德）和寺属民户（拉德）的
划分在法律和制度上明确了封建领主对农奴的占有关系，同时各级封建
领主和农奴向元朝中央政府和萨迦地方政权承担政治和经济义务，建立
起稳固的封建农奴制的社会秩序，客观上推动了社会经济生产的发展。
明朝在西藏所采取的设置卫所、封授地方僧俗首领的措施，为西藏地方
同祖国内地的经济文化交流创造了有利条件，有力地推动了进贡、回
赐、茶马互市等方面经济文化交流的发展。清代，在国家政治统一和社
会安定的环境下，西藏地区封建农奴制度得到进一步巩固和发展。长期
的封建农奴制度使得西藏整个社会经济停滞不前，人民大众生活在水深
火热之中。

至 1951 年西藏和平解放以前，总人口占比不到 5% 的贵族阶层拥
有西藏大部分的草场、土地以及绝大部分的牲畜，同时掌握着占总人口
95% 以上农奴的人身自由。政教合一的制度使得寺院不仅控制西藏民众
的思想意识，而且占有西藏全部土地的 30% 左右。占人口绝大多数农
奴的人身自由被紧紧拴在农奴主的手中，毫无权利。内部的封建农奴
制，再加国外侵略者不断渗透，西藏整个社会半殖民地、封建农奴制性
质特别突出。

（五）民主改革时期

伴随着中国共产党领导的反帝反封建的新民主主义革命的胜利，西藏历史进入一个崭新的时期。1950 年 1 月，毛泽东同志和中央军委决定解放西藏。1951 年 5 月，《中央人民政府和西藏地方政府关于和平解放西藏办法的协议》（一般简称为"十七条协议"）在北京签订，标志着西藏和平解放。1952 年 2 月西藏军事管理委员会宣告成立，3 月成立中共西藏工作委员会。1952 年 4 月，《关于西藏工作方针的指示》中指出："要用一切努力和适当办法，争取达赖及其上层集团的大多数，孤立少数坏分子，达到不流血地在多年内逐步地改革西藏经济政治的目的。"遵照毛泽东同志提出的"慎重稳定"的工作方针，进藏部队在进军西藏的同时开展经济建设和生产活动。1951 年 12 月，西藏工委财经委员会正式成立。1952 年 2 月，中国人民银行驻拉萨办事处挂牌成立。同年 7 月，中华人民共和国邮电部拉萨邮电局开始营业。随后昌都、日喀则、那曲、丁青、江孜、波密、噶大克、亚东等各地也先后建立了银行、邮电的分支机构，这是西藏建立的第一批国营、国有经济。中央政府于 1954 年和 1955 年分别与印度、尼泊尔签订了贸易与通商协定，增强了同南亚相邻国家的相互了解和贸易往来，西藏积极开展对外贸易。中央对西藏经济社会发展也给予了大量的支援和帮助。据统计，1952—1958 年期间，西藏地方财政获得中央人民政府财政支持 35717 万元，占西藏地方财政总收入的 91%。但是，西藏和平解放后仍处于两种社会制度、两种政权并存的特殊时期，社会的主体制度依旧是封建农奴制。新中国第一个五年计划完成之际，全国经济社会取得重大成就，然而西藏的社会阶级结构、统治状况却没得到有效改善。1959 年 3 月，西藏地方反动政治集团，无视人民群众的利益，公然撕毁和中央人民政府签订的"十七条协议"，发动了旨在分裂祖国的武装叛乱。为了维护祖国统一、捍卫民族团结以及实现西藏广大人民的彻底解放，中共中央决定在西藏全区内"彻底平息叛乱，充分发动群众，实行民主改革"。

始于 1959 年的民主改革，不但把旧西藏社会形态下的封建农奴主土地所有制彻底废止，而且彻底解放了农奴、奴隶，废除了他们和封建农奴主间的人身依附关系，极大提高了社会生产力水平，为西藏的现代化发展开辟了道路。经过 1959—1965 年的平叛改革和稳定个体经济发展以及 1965—1978 年的社会主义改造和社会主义建设两个时期，西藏的经济社会获得快速发展。经过平叛改革和稳定个体经济发展，到 1965 年，西藏工农业总产值达 3.38 亿元，比 1959 年增长 82.7%，年均增长 10.62%；粮食总产量达 2.9 亿公斤，比民主改革前的 1958 年增长 88.7%，年均增长 12.7%；牲畜年末存栏 1791.1 万头（只），比 1958 年增长 54.1%，年均增长 7.74%。农牧业的高速增长，百万农奴的生活有了显著改善和提高。从 1959 年至 1965 年，基建投资总额 29070 万元，年均增长 10.5%。这期间地方财政收入 26547.4 万元，财政支出 76913.4 万元，财政自给率为 34.5%，是当时西藏地方财政收入最好的时期之一。①

经过社会主义改造和社会主义建设，到 1979 年西藏已建立以社会主义经济和半社会主义为主的经济制度，基本上进入初级社会主义社会。1979 年与 1966 年相比，粮食产量由 31394 万公斤增加到 42324 万公斤，增长 34.8%；牲畜头数由 1817 万头（只）增加到 2349 万头（只），增长 29.3%。截至 1967 年 5 月，在各方努力下中尼公路全线贯通。1973 年 10 月，滇藏公路全线顺利贯通。1976 年新建成的公路里程总长度达 1.58 万公里，完成的公路通车里程比 1965 年延长近 10%，西藏绝大部分的县通了公路，客运量、货运量大幅度提升。邮电通信事业成绩

---

① 杨亚波：《西藏和平解放以来特别是改革开放 30 年以来社会经济的巨大变迁》，2010 年 2 月 9 日，见 http://www.xzass.org/html/news997.html。

卓著，同 1965 年相比，1976 年西藏全区邮电局（所）增加近 17.7%，全区市内电报线路、电话线路实现成倍增加，邮路总长度相较于十年之前增加近 4 倍。[①]

（六）改革开放以来

1978 年，中国共产党在北京召开了具有划时代意义的十一届三中全会，开启了中国改革开放的新纪元。以此为背景，西藏亦步入以经济建设为中心、实行改革开放的社会主义建设新时期。改革开放以来，西藏各族人民在党中央和自治区党委的坚强领导下，在条件异常艰难的情况下，进行了一场意义空前的伟大改革，积累了丰富的改革经验，取得了伟大的发展成就。为西藏今后进一步推进改革开放、确保国家安全和长治久安，确保经济持续健康发展，并同全国人民一道全面走向小康社会，实现中华民族伟大复兴打下坚实基础。

1. 改革开放的酝酿阶段（1978 年至 1984 年）

1978 年，党的十一届三中全会胜利召开。与全国一道，西藏拉开了思想上拨乱反正工作的序幕。但由于西藏特殊的历史和社会条件，西藏的改革开放脚步相对慢一些，它需要一个更长的启动、酝酿时间。

1980 年 4 月，中央第一次西藏工作座谈会在北京召开。1980 年 5 月，为了落实西藏工作座谈会的精神，胡耀邦同志、万里同志等率中央工作组到西藏各地市实地考察，同时宣布给予西藏包括 3 到 5 年内实行免征、免购的农业税收政策等一系列休养生息的特殊优惠政策。根据中央的指示精神，西藏全面开展了经济领域的改革。开始全面推行包产到户、包干到户的责任制。按照"调整、改革、整顿、提高"的指导方针和企业改革整顿的五项要求，分期分批次对西藏全区企业展开整顿，以此为基

---

① 杨亚波：《西藏和平解放以来特别是改革开放 30 年以来社会经济的巨大变迁》，2010 年 2 月 9 日，见 http://www.xzass.org/html/news997.html。

础，逐渐展开企业自主权的试点工作。在商业外贸领域，只对关系到西藏人民生活的主要产品实行指令性计划，而对社会零售品总额、进出口总额仅仅下达指导性计划。同时，要求在西藏农牧区的国营商业只搞批发，让利于民。1979 年 12 月底，西藏自治区组建了旅行游览事业管理局和中国国际旅行社拉萨分社，标志着西藏旅游业起步。20 世纪 80 年代，中国人民银行西藏分行、中国银行拉萨分行、国家外汇管理局西藏分局先后在西藏落地生根，金融业逐渐起步。这一系列政策的扶持与执行使西藏经济有了突破性进展。1985 年西藏地区人均国内生产总值（GDP）为 894 元，为 1980 年西藏人均 GDP 的 1.89 倍。[①]

2. 改革步伐加速阶段（1984 年至 1989 年）

1984 年，中央第二次西藏工作座谈会在北京召开。会议强调要对西藏的特殊性进行再认识，并研究了进一步放宽政策，让西藏人民尽快富裕起来的问题。会议重申"中心是把经济工作搞上去，使西藏人民尽快富裕起来"，要求进一步解放改革思路，把西藏经济社会各项工作继续向前推进。会议认为"一定要认清西藏的特殊环境条件，千方百计地把经济搞上去"。1984 年 8 月，为贯彻中央第二次西藏工作座谈会的会议精神，中共中央再次选派工作组进驻西藏各地进行实地调研。在与西藏自治区党委统一认识基础上，中央工作组提出要坚持"土地归农牧户使用，自主经营政策长期不变；牲畜归户，私有私养自主经营长期不变"的"两个长期不变"和按照西藏生产力发展水平以及人民意愿"在坚持土地、森林、草场公有制的前提下，实行以家庭经营为主和以市场调节为主"的"两个为主"的工作指导方针，为西藏经济社会的改革打下坚实基础。此外，这次会议上中央安排一些沿海发达省市及四川省为自治区成立 20 周年援建"43 项工程"。据统计，1984 年到 1994 年间，西藏自治区 GDP 从 10.4 亿元增长到 30.53 亿元，GDP 年均增长

---

① 西藏自治区统计局：《西藏统计年鉴》，中国统计出版社 2000 年版。

10.3%，1989 年西藏人均 GDP 首次突破千元大关 ①。

3. 调整提高阶段（1989 年至 1994 年）

在国外反动势力的怂恿和支持下，叛逃国外的达赖集团在 1987 年至 1989 年间，在拉萨有组织、有预谋地策划了多起恶性社会骚乱事件，西藏人民的生命财产安全遭受巨大损失，阻碍了西藏经济社会改革顺利进行。为了迅速平定西藏乱局，减少西藏民众的损失，1988 年 12 月，中共中央决定任命胡锦涛同志担任中共西藏自治区党委书记。自此，西藏社会局势基本走向稳定，西藏各类经济社会的建设有序进行，由国家投资建设的包括"一江两河综合开发建设工程，青藏、川藏、中尼、黑昌、墨脱公路的整治和改造，羊卓雍湖抽水蓄能电站工程，改建邦达机场以及扩建拉萨贡嘎机场"等一批重大项目相继开工建设。

1990 年 7 月，江泽民同志深入西藏各地基层开展考察。之后，在会见西藏自治区县级以上党政干部大会上，江泽民同志指出："坚持以经济建设为中心，紧紧抓住稳定局势和发展经济两件大事，确保全区社会的长治久安，确保经济的持续、稳定、协调发展，确保人民群众生活水平的明显提高"，为西藏经济社会工作提出了基本指导方针，即"一个中心、两件大事、三个确保"，进一步推动西藏经济社会改革。1992年，中共十四大在北京顺利召开，按照中共中央关于在全国范围内建设社会主义市场经济体制的总体方案，西藏自治区党委开展了一场社会主义市场经济体制构建的伟大尝试。西藏自治区社会主义市场经济体制逐步完善，经济社会发展充满活力，1993 年西藏 GDP 达 374200 万元，相较于 1988 年 GDP 增长 84.8%，年均增长 13.1%。②

4. 全面提升和跨越式发展阶段（1994 年至 2000 年）

1994 年 7 月，中共中央在北京召开了第三次西藏工作座谈会。此

---

① 西藏自治区统计局：《西藏统计年鉴》，中国统计出版社 2000 年版。

② 狄方耀、曹佛宝：《光辉的历程 巨大的成就——西藏改革开放 30 年的巨大变化与宝贵经验》，《西藏民族大学学报（哲学社会科学版）》2009 年第 1 期。

次西藏工作会议是新时期西藏工作的一个里程碑。会议确定加快西藏自治区经济发展，主要从三点入手：其一，坚持以经济建设为中心，一手抓经济发展，一手抓社会稳定，实现两手抓两手都要硬；其二，迈开改革开放的步伐，逐步建立完善新体制，为西藏经济发展提供动力保障；其三，充分利用全国人民对西藏经济社会建设大扶持的契机，不断提高西藏各地自我造血的能力，坚定不移地把西藏基础设施建设搞上去，为西藏经济跨越式发展夯实基础，不断增强西藏经济社会发展后劲。此次会议后，中央和援藏省份的对口援藏力度显著加大，最终明确了由中央国家机关和 15 个省市联合援藏，坚持各援藏单位和西藏各地市之间"分片负责，对口支援，定期轮换"的援藏方针。

为了彻底改变西藏基础设施严重落后制约经济社会发展的状况，中央部委和援藏省市合计分工承担了 62 项援藏建设工程，总投资 48.6 亿元。另外，15 个援藏省市无偿援助西藏建设 576 个项目，投资合计 22.37 亿元，国家各部委援藏项目 140 个，投资近 10 亿元，援藏项目涉及农牧业、工业、市政、水电、文化、教育、广播电视、医疗卫生等民生领域。援藏项目建成后，对改善西藏农牧区生产生活条件以及改善西藏城市面貌都有积极的促进作用。资料显示，从 1994 年到 2001 年，西藏 GDP 年均增速达 14.8%，高于同期全国平均 GDP 增速（9.2%）。[①]

5. 跨越式发展阶段（2001 年至今）

2001 年 6 月，中央第四次西藏工作座谈会在北京召开。这是新时期西藏经济社会工作又一个里程碑。此次会议进一步完善和明确了西藏经济社会工作遵循的"一个中心、两件大事、三个确保"指导方针，把西藏自治区列为西部大开发的重点地区。中央第四次西藏工作座谈会之后的 8 年时间，西藏的 GDP 都以 12% 以上的速度增长，高于同期的全国平均水平。

----

① 依据《西藏统计年鉴》，中国统计出版社 1994—2001 年版，1994 年至 2001 年计算。

2010 年 1 月，中央第五次西藏工作座谈会在北京举行。这是在西藏跨越式发展进入关键阶段召开的一次重要会议。截至 2014 年底，西藏 GDP 连续 5 年百亿级增长，国有及国有控股企业营业收入、利润总额、缴纳税金同比增长高于全国平均增速，非公经济成为西藏发展的重要力量，城乡居民收入显著提高。

2015 年 8 月，中央第六次西藏工作座谈会在北京召开，明确提出"坚持依法治藏、富民兴藏、长期建藏、凝聚人心、夯实基础的重要原则"。中央第六次西藏工作座谈会是在推动促进西藏自治区社会长治久安和西藏自治区经济持续健康发展关键时期召开的一次十分重要的会议，是党的西藏工作新的里程碑，开辟了中共治藏方略的新篇章。此次会议专门制定了关于进一步推进西藏自治区经济发展和社会长治久安的意见。

二、现状

2010 年中央第五次西藏工作座谈会以来，在党中央坚强领导以及中央和国家机关、对口支援省市、中央企业大力支持下，西藏自治区党委和政府团结带领全区各族干部群众，认真贯彻落实中央决策部署，各项事业取得显著成绩。

（一）经济社会全面提升

经济总量不断扩大，产业结构不断优化。2015 年西藏 GDP 突破千亿元大关，2016 年 GDP 达 1150.07 亿元，五年年均 GDP 增长约 11%，人均 GDP 年均增长 9.1%。GDP 增长速度连续 20 年保持两位数（见图 1-1）。随着 GDP 的增长，西藏三次产业结构也不断优化，从以一产就业为主导转变为以第二产业、第三产业就业为主导，三次产业关联度也进一步提升。如图 1-2 所示，近 20 年西藏第一产业在 GDP 中的比重呈显著下降趋势，从 1996 年的 41.9% 下降至 2015 年的 9.6%；第二

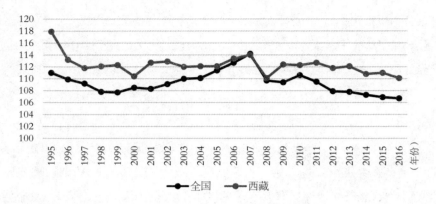

图 1-1　1995—2016 年西藏 GDP 指数

资料来源：国家统计局网站。

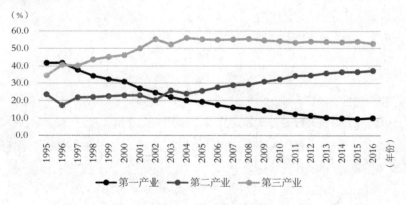

图 1-2　西藏三大产业在 GDP 中所占比重

资料来源：国家统计局网站。

产业在 GDP 中的比重持续上升，从 1996 年的 17.4% 上升至 2015 年的 36.7%；第三产业所占比重在 2002 年之前呈快速上升趋势，2002 年达 55%，此后虽有所下降，但总体较稳定，仍高于 50%。

　　投资拉动经济发展成效显著。根据西藏经济社会发展的实际需要，国家对西藏自治区的投资力度不断加大，近几年举全国之力相继安排了一大批影响深远的重大项目工程。西藏也充分利用国家投资强劲的带动作用，不断优化投资结构、努力拓宽融资渠道、创新融资方式，固定资产投资持续大幅增长，成为有效拉动西藏经济快速增长的引擎。2016年，西藏固定资产投资增长高达 20%。随着中央财政对西藏地方财政的无偿转移支付力度的不断强化，西藏实施中期财政规划管理，财政收入逐年增长，财政支出规模也持续扩大，重点支出领域在民生、支农、社会事业和生态文明等方面。2016 年，地方财政支出突破 1600 亿元，投入民生领域资金达 1266 亿元，占财政总支出的 79.8%。①

农牧业基础不断夯实。2016 年，西藏自治区政府继续实施支农强农惠农政策，持续加大"三农"领域投入和完善科技推广体系，保障农牧业实现增产增效增收。在全区范围内推广"藏青 2000"等农作物改良新品种多达 177 万亩，改良畜种达 39.7 万头。西藏粮食产量为 102.7 万吨，蔬菜产量为 87.3 万吨，肉奶产量为 68.3 万吨。农牧民专业合作组织（专业合作社）达 6076 家，增长 34.9%，农畜产品加工企业总产值实现 33.3 亿元，增长 47.4%。农牧业产业化经营率达 42%，农牧业综合生产能力显著提升，基本实现了农牧业现代化。2016 年旁多水利枢纽建成并按照设计规划要求投入运行，实现新增灌溉面积达 36.6 万亩、改善灌溉面积达 28.68 万亩，年均增产约 25.5 万吨。2016 年西藏农牧民人均可支配收入为 9094 元，城镇居民人均可支配收入为 27802 元。随着城乡居民人均收入的快速增长，居民消费结构呈现出多样化，彩电、冰箱、洗衣机、电脑、手机、汽车等产品走进了寻常百姓家。2016 年社会消费品零售总额为 459.41 亿元，对西藏经济增长贡献不断增强。

（二）基础设施日渐完善

西藏综合交通运输体系初步形成，公路、铁路、航空、管道基本覆盖全区。公路方面，新藏公路、川藏公路西藏段实现全线黑色化。

---

① 《2017 年西藏自治区政府工作报告》，西藏自治区人民政府网，http://www.xizang.gov.cn/zwgk/zfgzbg/201702/t20170213_120405.html。

拉贡机场专用公路建成并通车，贡嘎机场至泽当高等级公路通车运营，拉萨至林芝高等级公路全线通车，改变了西藏无高等级公路的局面，墨脱公路全线通车，连接了全国最后一个不通公路的县。截至 2016 年底，西藏在建和已经建成的高等级公路达 739 公里，公路通车总里程达 8.25 万公里，比 2011 年增长了近 30%。铁路方面，截至 2016 年底，铁路运营总里程长达 954 公里，青藏铁路全线通车运营，川藏铁路拉林段开工建设，给西藏经济社会发展带来强劲动力。民航方面，有 5 个通航机场，初步形成以贡嘎机场为中心，林芝米林机场、昌都邦达机场、日喀则和平机场以及阿里昆莎机场为支线的五大民用机场网络。2016 年在藏运营的航空公司 9 家，开通航线 71 条，通航城市 41 个。①

以水电为主，风能、太阳能、地热能等多种能源互补的新型能源体系初步形成。拉萨市城关区实现天然气供暖全覆盖，阿里地区狮泉河镇、那曲地区那曲镇的试点集中供暖工程建成并投入使用。2014 年西藏基本实现电力供需平衡，截至 2016 年底，西藏全区电力装机容量达 266.6 万千瓦，比 2011 年装机容量增长近 1.29 倍。一大批水利项目设施落成并投入使用，骨干水利工程进度迅速，大型灌区体系初步形成，水利基础设施保障能力显著提升。西藏主要江河治理以及城市防洪工程进一步加强，农牧区饮水安全问题基本得到解决。

西藏通信网络和内地省份同步发展，初步建立以卫星、光缆、网络为主的现代通信网络体系。截至 2016 年底，基本实现西藏全区各乡镇全部通光缆，各行政村移动信号全覆盖，铁路、机场、国道、省道高速移动通信网络的覆盖率分别达 90%、100%、90%、64%，实现 A 级及以上景区的移动通信网络全覆盖，所有西藏边境县、乡、站、村的移动通信网络实现全覆盖。3G 网络覆盖西藏所有市地、县城和乡镇，

---

① 刘倩茹：《一份漂亮的成绩单》，《西藏日报（汉）》2017 年 10 月 20 日。

83.6% 的行政村通宽带，开发搭建自治区农村综合信息服务平台，广大群众充分享受到信息化发展成果。①

（三）优势特色产业发展迅速

青藏高原特色农牧业的基础得到不断夯实。西藏自治区各级政府积极落实支农强农惠农政策，保障"三农"资金投入和农牧业科技普及力度，沿着农牧业供给侧结构性改革这条主线，着力推动高原农畜产品基地建设，全区大力推广良种良畜，拉萨城关区、桑珠孜区、米林县三个区县的三次产业融合示范区建设积极推进，确保了农牧产品产量、产值稳定持续增长，农牧业综合生产能力得到稳步提高，农牧业现代化进程加快。粮食产量连年获得大丰收，2015 年粮食产量达 100 万吨。

特色优势产业不断壮大。西藏自治区政府大力培育特色优势以及战略支撑产业，特色优势产业不断升级改造，同时不断加大对藏医药业、绿色食饮品、民族手工业、清洁能源以及优势矿产业等特色优势产业的资金、技术支持力度，鼓励企业建立和相关科研机构共用平台，产研结合促进传统企业升级改造。西藏特色工业规模逐年扩大，产业链深度和广度不断延伸，主要工业产品产量较为稳定，产销衔接较好，2016 年实现工业增加值 88.69 亿元，比 2012 年工业增加值增长 55.9%，年均增长率达 11.7%。

特色旅游业得到迅速发展。作为发展最快的新兴产业，西藏旅游业受到中央高度重视，中央明确表示要将西藏建设成为世界重要旅游目的地。西藏自治区政府不断强化旅游合作，深化旅游推广，着力打造一些高端、精品、特色的旅游产品，科学制定区域旅游发展规划，提升西藏旅游业的知名度，全面扩大西藏旅游市场的规模，提升西藏旅游业发展

---

① 刘倩茹：《一份漂亮的成绩单》，《西藏日报（汉）》2017 年 10 月 20 日。

水平，旅游业成为促进西藏经济发展的重要特色产业。2016 年，西藏全区接待国内外游客 2315.94 万人次，全年实现旅游总收入 330.75 亿元，对经济增长贡献率超过 20%。[①]

（四）改革开放成绩卓著

改革开放的红利不断释放。西藏自治区政府大力推进简政放权，加速推动"多证合一"等制度改革，为企业登记注册提供便利，截至 2016 年底，全区各类市场主体达 20.95 万户。西藏自治区政府不断推动农牧业的供给侧结构性改革向纵深延伸，到 2016 年底，全区农牧业产业化经营的龙头企业合计 125 家，其中自治区级以上规模的龙头企业 29 家。积极推进价格体制改革，深入税收体制改革，深化林权制度改革，逐渐推进国有企业改革重组。

对口援藏机制不断完善。西藏自治区不断加强和内地各对口援藏省市的协调，探索并挖掘对口援藏内涵，不断尝试和援藏省市间的协同发展、产业合作以及援藏工作管理新模式，统筹融合经济援藏、产业援藏、人才援藏、科技援藏、就业援藏、干部援藏以及扶贫援藏，开阔思路变"输血"式援藏模式为"造血"式援藏模式，不断强化西藏的自我发展能力。2013 年到 2016 年，累计实施 1463 个援藏项目，落实援藏资金 114.83 亿元。西藏自治区政府坚持把对口援藏资金向基层、向农牧区倾斜，80% 的资金流向西藏基层和民生，集中力量建设了一批惠民工程。[②]

对外合作开放水平持续提升。渝藏、川藏区域经济合作不断加强，西藏经济融入川渝经济区、长江经济带，同内地兄弟省市在不同领域实现合作共赢。西藏自治区政府连续举办三届"中国西藏旅游文化国际博览会"，文化搭台经济唱戏，搭建了一个西藏旅游文化对外开放的综合

---

① 西藏自治区人民政府《2016 年西藏接待游客超 2300 万人次 同比增长 14.8%》，西藏自治区人民政府网，http://www.xizang.gov.cn/xzly/lydt/201703/t20170310_12 2493.html。

② 刘倩茹：《一份漂亮的成绩单》，《西藏日报（汉）》2017 年 10 月 20 日。

性平台。西藏自治区积极融入"一带一路"建设，科学编制西藏面向南亚地区通道建设规划，积极推进吉隆口岸对外经济贸易区建设，夯实建设面向南亚开放的立体大通道。

第二节 经济发展：2050 愿景

当今世界各个国家和地区都面临着巨大的挑战，经济发展不平衡，财富、收入差距拉大和权利不平等等一系列问题日益凸显。一部分国家面临着自然资源枯竭以及环境日益恶化的不利影响，以及干旱和不可逆的气候恶化问题，这将威胁到整个人类生存和地球自身安全。中国正在迈向富强、民主、文明、和谐、美丽的社会主义现代化强国，西藏要在实践创新、协调、绿色、开放、共享新发展理念下，造就大国崛起的创新活力、实现人口大国的和谐稳定，以及在人口城市化、生态环境治理、强化经济发展与社会、人文等发展的互补与协调等方面进行探索和创新，为中华文明的复兴，为世界文明的进步作出更多的贡献，这些都应成为西藏经济发展重要的战略使命。基于这样的认识，西藏未来的经济发展要认清面临的挑战，把握国家崛起和中华民族复兴的重大机遇，把握新一轮科技革命和世界文明进步的重大趋势，增强道路自信、理论自信、制度自信和文化自信。

西藏经济发展按"三步走"安排，到 2020 年，成为西南经济增长排头兵；到 2035 年，成为中国西南经济增长新极点；到 2050 年，成为环喜马拉雅经贸中心。

一、2020 愿景：西南经济增长排头兵

（一）基础设施不断完善

西藏自治区成立 50 多年来，基础设施从无到有。中央先后召开六

次西藏工作座谈会，累计安排 600 多项重大工程。西藏自治区综合交通运输体系初步形成，公路、铁路、航空基本覆盖全区；以水电为主，风能、太阳能、地热能等多种能源互补的新型能源体系初步形成；初步建立以卫星、光缆、网络为主的现代通信网络体系。总体来看，西藏的基础设施取得了巨大成就，但基础设施整体水平依然不高，西藏经济发展基础弱、底子薄，长期以来经济发展仍主要依靠投资拉动。到 2020 年，西藏基础设施投资力度将持续加大，在保证安全与质量的前提下，大力推进铁路、高等级公路、水利等重点工程项目建设，基础设施不断完善。同时，响应国家"一带一路"倡议，利用地缘优势，加快推进面向南亚开放的陆路大通道建设，不断完善该通道上的基础设施建设。

（二）经济总量全面提升，成为中国西南经济增长排头兵

经济发展是一个创造财富并不断积累的过程，在长期政策扶持与经济快速增长条件下，西藏经济已进入打赢脱贫攻坚战、保障如期实现全面小康社会的决胜时期。以习近平同志为核心的党中央心系西藏，进一步明确了西藏定位，丰富与发展了党的治藏方略，为西藏经济发展与长治久安提供基本保障。2015 年中央第六次西藏工作座谈会更是制定了一系列特殊的优惠政策，为推动西藏经济发展提供了强大动力。西藏自治区要利用国家"一带一路"倡议的重要机遇，充分利用面向南亚大通道的区位优势，加快经济发展。加快发展现代农牧业，深入推进农牧业供给侧结构性改革，促进农牧业提质增效、农牧民增收。要加大农牧业示范区以及高原特色农畜产品基地的建设力度，确保区域粮食安全和重要农产品的有效供给，加强牲畜养殖场建设，开展标准化规模养殖场示范创建活动，推进现代畜牧业发展。加大对特色优势产业的投资力度，支持天然饮用水、清洁能源、民族手工业、藏药业、新型建材和矿产业等比较优势明显、市场前景广阔、符合政策导

向的产业做大做强。把握"一带一路"倡议新契机,利用地理位置的特殊性、自然景观的多样性与民族文化的丰富性,加大对旅游产业的投资力度,开发旅游资源,推动旅游产业发展壮大,使旅游业成为经济发展的支柱产业。

到 2020 年,西藏地区三次产业协调发展,特色优势产业实力显著增强,要素驱动成效显著,自我发展能力明显增强,城镇化水平进一步提升。西藏地区生产总值保持两位数增长,全社会固定资产投资持续增长,城乡居民人均可支配收入接近全国平均水平,居民消费水平显著提升,与全国一道实现全面小康的奋斗目标,成为西南经济增长排头兵。

(三)开启高高原经济发展理论与实践探索

西藏自治区地处高寒地区,经济社会发展具有特殊性,传统经济理论在某些方面不能很好地解释西藏经济发展,需要一套完整的、适合西藏实际的高高原经济发展理论,指导西藏经济社会走向富强。目前关于高高原地区经济如何发展,没有一套完整的经济学理论。

到 2020 年,组建高高原经济研究团队,借鉴世界其他高高原地区经济发展模式,对高高原经济发展理论进行总结,提出符合西藏实际的经济发展路径。扩大高高原研究团队在青藏高原的影响力,到 2020 年把研究团队打造成西藏经济发展智库,为富强西藏打下坚实基础。邀请国内外经济学者,不定期举办高高原经济发展论坛,不断提升高高原经济研究在国内、国际的影响力。逐渐细化高高原经济学学科分支,根据西藏经济社会实际情况,确定高高原经济学科群。不断丰富高高原经济学科群,以富强西藏为目标,学科群服务于西藏经济社会发展。到 2020 年,高高原经济发展理论体系初步形成。整合西藏各研究机构学术力量,会同国际高高原经济研究团队,合作开展西藏高高原经济理论体系研究,并应用于西藏经济社会建设。

二、2035 愿景：中国西南经济增长新极点

（一）基础设施基本现代化

到 2035 年，在综合考虑人口分布、产业布局、城镇空间格局等前提下，交通、能源、水利等重大项目基本建成，基础设施基本实现现代化。四通八达的综合交通运输网络基本建成，区内国省道实现高等级化，所有县城通油路、所有建制村通公路；航空运载力显著提升；城乡邮政与快递物流等基础设施基本完善；高效综合立体的进出藏交通运输体系基本建成。民生用能条件得到根本改善，基本建成以水电为主，多能并举、互联互通的稳定、清洁、经济、可持续发展的综合能源体系。水利基础设施基本完善，水资源利用效率显著提升，惠及民生的水利问题得到有效解决。

（二）经济结构调整优化，成为中国西南经济增长新极点

从经济发展历史经验来看，创新驱动更加符合经济规律，"创新是引领发展的第一动力"。依据欧洲社会的发展理念，创新驱动可有效解决经济发展中的社会问题，创新驱动有利于缓解经济发展中人与自然的矛盾，从而实现经济的绿色、可持续、均衡发展，创新驱动也有利于调节人与人的矛盾，实现社会的和谐公正与有序竞争。伴随经济发展，调整经济结构，转变经济发展方式，将是西藏寻求未来更高发展的根本途径。西藏经济发展根本上还是要从夯实经济发展基础着眼，实现经济发展驱动力转向科技创新。到 2035 年，西藏自治区产学研合作不断深化，自主创新能力明显提升，高新技术产业发展较快，人才支撑不断强化，经济发展驱动力由传统要素驱动逐渐转向科技创新驱动。

在国家供给侧结构性改革大背景下，选择优先领域进行改革，支持

战略新兴产业和现代服务业发展，增强高质量社会产品与服务的供给，通过改革获得经济发展的持久动力。在调整优化产业结构，转变经济发展驱动力基础上，打赢供给侧结构性改革攻坚战。到 2035 年供给侧结构性改革的红利得到充分释放，西藏成为中国西南经济增长新极点；人均 GDP 领先于西南地区平均水平；城乡居民收入差距进一步缩小，居民生活质量显著提升。

（三）形成高高原经济发展理论和实践体系

高高原经济发展理论应用于西藏经济社会发展，不断修正理论应用于实践，经过 15 年的发展，到 2035 年，进一步完善和发展高高原经济发展理论，充分挖掘、发挥西藏比较优势，把西藏打造成为中国西南经济增长新极点。

完善高高原经济发展理论体系，对西藏经济发展，乃至西南地区经济发展的促进作用不可估量。高高原经济学科群的完善对于西藏经济社会发展各个方面都有涉及，全面支撑西藏经济发展，为西藏各地均衡发展夯实基础，并激发西南其他省份、南亚地区经济发展活力。

高高原经济发展理论体系的完善，丰富了经济学的内涵，到 2035 年，高高原经济发展理论将成为青藏高原地区、南亚地区经济社会发展重要参考，把西藏打造为中国西南经济的增长极，拉萨将成为中国经济西南核心城市之一。

三、2050 愿景：环喜马拉雅地区经贸中心

（一）基础设施全面现代化

到 2050 年，包括交通、基础能源、通信、物流等在内的各项基础设施达到现代化标准，西藏全面建成现代化的基础设施体系。统筹公路、铁路、航空，全面打通各个出省大通道和完善区内交通体系，西藏

全区建成现代化智能交通设施体系；以水电为主，多能并举、互联互通的稳定、清洁、经济、可持续发展的能源保障体系得到充分完善；太阳能、风能、地热能等能源开发技术水平处于全国领先地位，在满足区内能源需求的同时，服务于整个环喜马拉雅经贸区；高速移动通信网络覆盖西藏全区，实现城乡通信网络一体化；西藏物流仓储设施、运载设施等基础设施水平实现现代化，满足环喜马拉雅经济圈物流需求。

（二）全面融入全球经济，建成和谐、绿色、现代化的环喜马拉雅地区经贸中心

到 2050 年，西藏的科技和制度创新水平处于全国先进行列，科技和制度创新驱动成为西藏经济发展的核心动力和核心竞争力。依靠科技创新，加强工业生产领域的优质供给，提高有效供给，调整全区供给结构的灵活性、适应性，提升全要素生产率。依靠制度创新提供经济发展的原动力，形成相对稳定的宏观政策，为经济发展营造稳定的宏观环境；形成稳定的产业政策，明确的产业发展目录，扶持特色优势产业，对落后产业制定出明确的淘汰时点；形成能激发企业活力与消费者潜力的微观政策；形成能落实到地的改革；形成能有效保障民生的社会政策。

西藏对外开放水平得到显著提升，把环喜马拉雅经济合作带建设作为工作重点积极推进，并深度参与孟中印缅经济走廊建设。着眼面向南亚地区开放的通道建设，并实现和南亚各国家和地区间基础设施的互联互通，不断推进日喀则到吉隆口岸以及日喀则至亚东口岸的铁路建设。不断加快与尼泊尔油气通道、高压电力以及光缆通信等一系列基础设施互联互通方面的建设，并不断完善吉隆边境对外经济贸易合作区的建设。充分利用国家关于国际间产能合作、装备"走出去"等一系列对外开放的新举措，鼓励符合条件的西藏本土企业走出西藏，参与到尼泊尔、印度等西藏周边国家经贸往来，积极展开产能与投资等方面的深度合作。到 2050 年，西藏的经济发展将更加包容：对内，西藏经济强劲

动力将带动整个西南地区经济发展；对外，西藏和南亚国家的旅游、贸易往来更加充分，西藏将建成全面融入全球经济、资源环境友好、有力支撑和谐社会的现代化环喜马拉雅经贸中心。

（三）成为高高原经济发展研究和实践的引领者

富强西藏 2050 愿景的实现，离不开高高原经济发展理论的指导，西藏将成为高高原经济发展理论的践行者，西藏富强的过程也是高高原经济理论发展的过程，同时也会涌现出一批世界知名的高高原经济学家。富强西藏愿景的实现过程也是高高原经济发展理论成长的过程，高高原经济发展理论研究团队也日臻成熟，成为研究西藏经济、南亚经济、中国西南经济的国际知名研究团队，引领国际高高原经济研究的发展方向，成为全球高高原经济研究的核心力量。高高原经济各学科分支成熟，涉及经济、社会、环境、资源、政治生态等经济社会发展的各个方面，为西藏经济社会稳定、高效、均衡发展夯实基础。西藏的繁荣富强将辐射到中国西南各省、南亚各国家和地区，成为经济发展的领头羊。

到 2050 年，高高原经济研究成果极大丰富，西藏成为全球高高原经济发展研究和实践的引领者。

第三节 经济发展：路径与保障

富强西藏 2050 愿景的实现，需要统筹考虑优化区域主体功能、优化经济结构、培育区域极核、推进要素保障建设、完善设施支撑体系、深化重点领域改革等。

一、优化区域主体功能

统筹基本公共服务均衡发展，大力支持优势区域率先发展。重点扶持特色优势产业率先发展，强化拉萨—日喀则—山南经济圈建设；促使藏中、藏南经济带崛起，凸显藏中、藏南经济的引领带动作用；统筹安排藏东、藏西、藏北经济区协调发展，不断加强基础设施建设，实现与周边地区互联互通，达到优势互补、分工协作的区域协同发展格局。

促进城乡协调发展。加快推进新型城镇化建设和新农村建设步伐，使经济增长惠及全区各地市、县、乡、村；推动基础设施投资、公共服务建设向农牧区倾斜延伸，逐渐缩小地区、城乡经济发展差距；发挥核心城市的辐射作用，在拉萨首府城市的带动下，推动人口适度集聚，提升城镇化水平；重视其他地市城镇建设工作，形成以拉萨市为中心、以其他6地市所在城镇为中轴、以中心县城为支点、以边疆和民族小镇为发展特色的西藏城乡协调发展网络，逐渐建立辐射力强、层次有序、结构合理、功能互补的西藏小城镇体系和小城市群。

促进物质文明建设和精神文明建设协调发展。坚持开展社会主义、爱国主义、集体主义思想教育，积极培育和践行社会主义核心价值，弘扬"两路精神""老西藏精神"以及民族精神。在全区范围内多渠道开展诚信文化宣传，逐渐完善社会信用征信体系。多渠道开展城市与农村精神文明建设，丰富社会基层精神文化生活。通过意识形态的引导，坚持正确的舆论导向，传播正能量，实现物质文明与精神文明同步提升。

二、优化产业空间布局

增长极布局模式。每一地市在经济发展过程中，不同的产业会有不同的增长速度，一些地区性主导产业以及新型产业会在一定时期内优先发展和集聚，之后会形成对周边地区经济的辐射带动作用。全区要以"一产上水平、二产抓重点、三产大发展"经济发展战略为指导，充分利用高原特色资源优势，引导优势产业聚集与融合，积极培育具有地方特色、比较优势，以及有较强市场竞争力的产业集群，不断落实产业强区的富民强民工程。综合考量西藏各地市不同的资源特点和人文自然环境来决定产业发展模式。

点轴布局模式。点轴布局是增长极布局模式的进一步延伸，随着西藏经济的不断发展，经济增长点也会逐年增多。西藏铁路、公路等基础交通设施发展迅速，道路沿线经济带形成点轴式产业布局，并不断对周边产业形成集聚效应，进而形成点轴系统的雏形，实现区域经济协同发展。推进西藏农牧业的现代化，以提高农牧民收入为目的，优化农牧业生产空间布局，实现现代农牧业示范区建设和高原特色农畜林产品产业链，保障农畜产品有效供给。扶持一批农牧业龙头企业以及具有代表性的农牧业专业化合作社，提升农牧业生产的组织化程度，推动特色农畜产品向精深加工方向发展，做强一批特色农畜产品使之发挥地理标志作用。努力做大做强旅游业，将旅游业打造为西藏经济发展的支柱产业，带动第一、第二产业发展。不断开发新的有文化内涵的旅游项目，促使西藏旅游业持续转型升级，打造"人间圣地·天上西藏"旅游目的地形象，将西藏建成世界重要旅游目的地。提升旅游基础设施和公共服务水平，确保 3A 级以上景区全面实现通油路、通水、通电、通无线网络、通宽带、有环卫设施、有咨询服务中心，完善应急救援机制，借助网络通信技术大力发展智慧旅游。积极推进藏羌彝文化产业走廊建设，重点扶持饮用水、唐卡、藏毯、藏装、藏饰、藏文化演艺等特色优势产业。西藏天然饮用水产业具有得天独厚的优势，把"西藏好水"推向全世界，打造西藏好水的国际化品牌。将西藏旅游产业与优秀的藏族民间民俗文化、藏医药文化以及宗教文化等具有藏文化烙印产业融合，实现产业间的协调互动。加强产业园区建设，着重发展生态型产业。不断完善产业园区基础设施配套，加大在财税、土地等方面对产业园区的扶持，优化产业园区的发展环境，充分发挥产业园区的集聚效应，打造若干个示范性经济开发区。借助现代信息技术，开创"众创、众筹、众智、众包"新型创新创业模式。鼓励西藏传统特色企业借助现代科技，通过创新经营模式、改革商业模式等形式提升产业品质。加强互联网金融监管，促进金融业安全、健康发展从而更好地服务于西藏高端服务业。围绕铁路、公路、航运等交通干线以及南亚大通道建设方案，完善西藏整体物流基础设施，着重打造以拉萨物流为中枢，并配以昌都、那曲、日喀则三个区域性物流中心的基本物流体系，引导商贸物流持续向西藏农牧区延伸。

做好产业梯度布局。增长极布局模式和点轴式布局模式有效融合后，形成网络布局模式，产业集聚之后会发挥规模效应和扩散效应的作用，导致西藏各区域间的经济发展走向不均衡，各区域间的产业分布格局也会不平衡，在特定区域内势必形成经济技术梯度，这种产业梯度的形成会导致资金向高梯度区域流动，一定程度上制约低梯度区域的发展。要积极推进资源环境友好的产业发展路径，重塑区域经济地理，培育主导产业，推动特色优势产业向"高起点、规模化、长链条"方向发展，培育具有比较优势的产业和市场竞争力的品牌，逐渐形成分工明确、梯度清晰的产业发展格局。

三、培育区域发展极核

坚持"引进来"和"走出去"相结合，使合作交流更顺畅。坚持以开放姿态，促进西藏发展与社会稳定，全心打造一个资金、人才、技术等要素自由流动、高效配置的大环境。逐渐扩大西藏对外开放区域，形成以铁路、公路、航路等交通沿线城镇、村庄的特色旅游项目为重点，打造一个有重点、多层级模式的开放新格局。全面打造市场化、法治化、国际化的开放包容市场环境，吸引国内和国外资本走进西藏，助力西藏各地经济发展、惠及各地群众。在国家给予的外贸优惠政策的基础上，在拉萨、日喀则等地筹备设立综合保税区，提高西藏整体对外贸易水平。

培育西藏经济发展增长极。将拉萨建设成国际性文化旅游城市，以及南亚大通道上的中心城市。在增强拉萨首府城市功能的同时，促进拉萨—山南经济一体化发展，不断增强拉萨的城市规模效应。逐渐将日喀则打造成为面向南亚地区的前沿阵地以及重要的经贸物流中心。发挥林芝的自然资源优势，打造成国际性生态旅游区。依据昌都优越的地理位置，建成西藏、四川、云南、青海四省区域性经济中心以及"西电东输"枢纽，深度挖掘传统食盐之路、茶马古道的经济价值。把那曲建设成为青藏高原上的生态畜牧业基地，并扩展、延伸产业链条。打造冈底斯综合旅游区域，配以朝圣之路黄金招牌，促进阿里经济增长。

加大对历史文化名镇名村、传统村落民居，以及民族聚居村落的保护力度，继承与弘扬西藏各地优秀文化传统。整合各县县域资源、人力资本以及产业优势，根据各县实际培育出各自的特色优势产业，积极发展县域经济。支持具有发展条件的县形成产业集群，提升各县产业发展能力以促进就业。加大县域经济合作支持力度，从而在西藏各县域内部实现资源优势互补。

积极融入陕甘青宁经济圈、川渝经济圈、大香格里拉经济圈。加大对交界地带基础设施建设投资力度，实现与相邻经济圈的互联互通。建立并完善与周边经济圈的定期交流磋商机制，开展适合西藏的经济发展合作模式，在经济、人才、技术等多方面与周边省市深入开展合作。继续增强青藏铁路对经济发展的辐射带动作用，推进滇藏、川藏大通道建设，完善318国道沿途旅游资源整合。整合康巴风情、茶马古道等文化资源，塑造青藏铁路沿线地域的旅游品牌。

完善对口援藏机制。充分利用中央部委和各援藏省市支援西藏经济社会发展的契机，利用好国家给予的各项优惠政策，统筹包括经济援藏、就业援藏、教育援藏、人才援藏、科技援藏等多种援藏方式，充分挖掘援藏红利。同时，引导援藏资金、项目、人才、技术等更多地向基层、向地理偏远的农牧区、向贫困连片区域倾斜，利用好每份援藏资源。不断探索和对口援藏省市间的产业合作新模式，开展和对口援助省市间产业合作示范区建设。在现代互联网、物联网技术带动下，寻求新技术、新产业的全新发展模式，形成经济社会发展的新动力。鼓励区内企业"走出去"，积极探索与中央企业和对口援藏省市企业的多方位合作模式。进一步完善卫生、教育领域的组团式、订单式援藏模式，出台政策吸引援藏技术人员长期留藏工作。

四、推进要素保障建设

构建符合西藏实际的发展机制。在西藏全区全面展开深化改革，坚持政府引导的前提下，让市场在资源配置中起决定性作用。加快政府职能转变，完善制度体系为经济发展提供制度保障，营造一个能够充分发挥市场机制、促进全社会生产要素自由流动的环境。

优化西藏投融资模式。用好中央对西藏的各项金融优惠政策，发挥银行的间接融资作用。积极鼓励有条件的企业通过上市、发行债券等方式，利用多层次的资本市场进行有效融资。在发挥自治区政府对投资资金全面指引作用下，积极尊重市场机制对民间资本以及可利用的国内外资本的调配作用。探索政府和社会资本深度融合的模式，在确保资本市场稳定的前提下，适当降低资本市场门槛，对于有特色的特许经营政策要在西藏全区范围内进行推广。在合法合规的前提下，积极探索有力调动社会资本有效参与的融资模式。进一步完善西藏地方性税制建设，积极落实西藏地方财税优惠政策。

推行政府购买公共服务，有收益的公益性项目逐步推动市场化改革。深化西藏财税体制改革，明确各级政府的财政支出责任，建立并完善财权、事权相统一的财税制度体系。实现政府部门预算制度规范、透明，接受全社会监督，不断完善西藏全区财政支出的绩效评估机制以及财政支出问责机制。不断优化西藏全区财政支出结构，逐渐完善转移支付体系，政府采购优先考虑使用创新型绿色产品和服务。

加快西藏创新型人才队伍建设。持续贯彻落实中央人民政府推出的各类人才项目，把握好全国范围内科学技术、人才对口支援的大好机遇，优化人才进藏的激励政策和方式方法，对于科技、教育、卫生、体育、藏医药、清洁能源、文化创意、农畜产品加工等各领域的人才要积极扶持和培育，建立一套完整的中青年人才骨干队伍扶持、培养体系，打造出一支能用得上、留得下的强大行业领军人才队伍。通过多渠道努力甄别、培养和集聚各行业迫切需要的专业技术人才、掌握现代企业经营管理理念的人才以及能够长期扎根农牧区的实用型人才。摸索符合西藏实际的人才评价机制、激励机制以及相应的人才服务保障体系，确保在西藏全区各城乡、区域、行业间的人才实现有效配置。

提升西藏科技创新水平。全区范围内不断深化科技体制改革，深化落实创新驱动的经济社会发展战略。政府牵头，并与市场配合引导科技跨领域、跨行业合作，继续推进西藏和对口援藏省市的创新创业合作平台建设。积极推进拉萨市科技孵化园试点工作，继续加大对青稞种子改良及牦牛繁育国家重点实验室的资金、人才、政策的扶持力度，继续加大对国家藏文化传播重点实验室建设的扶持。继续大力扶持西藏特色、重点产业领域的科技创新活动，统筹多方力量支持西藏特色农牧产品研发、藏药材培育以及藏医药研制、清洁能源开发利用、天然矿物质饮用水开发、高原病医疗和健康保健、高原高寒建筑节能设计等多个行业领域的技术创新，引导科技单位开展原始创新、集成创新以及协同创新等，使科技创新成为支撑西藏民族特色产业发展的原始动力，提高科学技术在西藏 GDP 中的贡献率。加快推进具有西藏民族特色的产业、产品行业标准制定工作。激发西藏本土企业的科技创新意识，加强同区内外高等院校、科研院所在技术研发方面的深层次合作，探索科技创新研发和创新孵化基地联盟等多种技术研发合作模式，明确企业、高校和科研院所各方在科技创新过程中的主体地位，积极推进企业创新实验平台建设引导工作，加快最新科技成果应用性转化效率。在西藏各行业内鼓励创客空间建设，掀起大众创业、万众创新的浪潮。

加快信息化建设步伐。西藏农牧区电子商务发展相对滞后，农牧区新鲜农产品未能及时流向市场。深入落实"互联网＋"走进西藏民众日常经济生活的行动，推进西藏信息化水平。加快西藏农牧区信息网络基础设施的铺设工作，落实"宽带西藏"惠民项目，确保光纤通到村通到户。逐步实现移动通信网络全覆盖，消除移动通信盲区，提升应急通信保障能力。积极布局"三网融合"工程，加快西藏自治区的云计算、大数据服务平台的建设工作，把物联网技术应用到各领域。推进西藏各级政府部门电子政务工程建设，实现政府公务基础信息资源高效利用。把西藏 7 地市打造成智慧型城市，对农牧区的信息网络进行升级改造，引导西藏自治区各行业、各地区的信息化和工业化进一步融合，构建统一的电子商务工程，确保西藏特色民族产品"网上天路"的畅通。大力扶持软件和信息技术服务行业，争取短时间内实现快速发展，引导藏语言信息化核心技术的研发和推广使用，在西藏全区范围内实现网络安全和信息安全。

主动融入国内外市场，打造一条面向南亚的重要经济贸易走廊。西藏要积极参与"一带一路"建设，积极融入中孟印缅经济贸易走廊建设，全面打通面向南亚地区的经济贸易通道。积极展开与印度、尼泊尔、不丹等国家和地区的经济贸易往来，强化西藏与周边国家或地区的经济贸易友好互联互通。建设、改造一批西藏对外口岸，提升西藏对外口岸的基础设施建设水平，把吉隆口岸、樟木口岸、普兰口岸等打造成西藏对外贸易的窗口，持续提升拉萨航空口岸功能。鼓励企业积极开展边境贸易，坚持经济文化"走出去"的方针。进一步加强和东部沿海地区的经济贸易合作，互利共赢，给予合作企业税收等优惠政策，合理引进内地发达省份的资金、人才、技术，助力西藏经济发展。积极引导西藏本土企业主动开拓内地市场，鼓励西藏各族群众前往内地发达省份务工、求学、经商，和周边省份互通有无，加强合作。

五、完善设施支撑体系

提升城市公共服务和管理能力。加大旧城区、棚户区改造，加快构建社区便民利民服务网络。加大对西藏全区包括公共交通、城镇供水、地下管网、垃圾处理、防灾应急等城镇市政公共基础设施、公共服务设施的投资力度。

推动公共设施和公共服务逐渐向农牧区延伸。推进农牧区危房改造、建筑节能改造等民生工程。解决好农牧区农牧民生活垃圾、生活污水的治理，以及畜禽养殖污染的综合治理工作。积极实施包括太阳能公共照明、乡村道路硬化、排水管网、农牧区供电、通信等民生工程。

深化金融领域改革，有效增加金融服务供给。鼓励并支持符合条件的企业与金融机构在藏设立金融分支机构或发起组建银行、证券、保险、基金、融资担保等各类金融介质。加强信用体系、普惠金融和资本市场建设。鼓励设立村镇银行，推进西藏的金融机构网点深入农牧区各乡镇，对于脱贫攻坚、绿色生态、富民兴藏的央企、国有控股龙头企业与非公经济金融有效供给不足给予充分考虑。鼓励并支持有条件的本土企业用好多层次资本市场融资体系。加快推进农业再保险以及巨灾保险体系建设。积极引导援藏资金、金融机构资金流向县域经济建设领域。

提升基础设施建设水平。加快国省道骨干道路建设，打造西藏综合交通运输体系。加快农牧区公路硬化工程进度，力争实现西藏全区各县城全部通油路，具备条件的乡镇和行政村力争确保道路硬化，有条件的自然村和寺庙力争通公路。实施公路安全生命防护工程，完善西藏交通运输以及公路养护制度。不断提升西藏全区的清洁能源供应保障能力，持续加大对基础能源研发的投资力度，全面推广太阳能、风能、地热能、水能等具有可再生特点的清洁性能源的深度开发利用。坚持西藏本地能源合理开发与利用区外优质能源相结合的能源格局，以实现区内外清洁能源能够互联互济，确保西藏绿水青山。加快推进川藏联网延伸工程以及辅助工程的建设步伐，建立并完善西藏全区统一的电网系统。加强西藏全区水利基础设施建设，合理优化水资源配置，统筹布局水利基础设施，构建并完善水利保障体系。全面实施农村饮水安全提升工程，确保城乡用水安全。有序推进重点骨干工程建设脚步，加快拉洛水利枢纽工程建设，推进水库、应急抗旱基础设施建设，加强西藏重点地市以及城镇防洪防涝工程建设。

六、深化重点领域改革

深化旅游业改革。在资源、环境安全和社会稳定承载力许可的情况下，全面放开境内外旅游人口数量限制，实现区内旅游行业合理化、合法化、规范化、规模化经营。

推进户籍制度改革，全面实施居住证制度。对于人口偏少的地市，鼓励发展当地人口和进行人口移民；对于人口较多的地市，鼓励人口向区内其他区域迁移。

持续推动深化国有企业改革。不断完善现代企业制度、健全现代产权制度、健全企业法人治理结构、规范国有资本运作、探索国有资本授权经营。建立并完善国有资产的监管体系，完善国有资本保值增效的战略布局。积极促进混合所有制经济发展，推进国有企业、中央骨干企业同西藏大型民营企业开展深度合作，推动中央企业在藏设立子公司。

推动西藏全区非公经济发展。针对西藏全区非公经济，确立公开透明的市场准入机制，全面实施企业负面清单制，推动"五放、六支持"政策在全区非公企业内执行，完善政府关于非公经济的财税支持政策，不断提升西藏全区的金融服务水平，稳定西藏非公企业的公共服务环境，给西藏非公企业快速发展提供良好的制度环境。落实中小企业素质全面提升工程，鼓励并大力支持具备发展空间的非公企业建立完善的现代企业制度。

深化农牧区土地制度改革。稳定和完善西藏农牧区土地、草场承包经营关系并保持长期不变，坚持耕地、宅基地集体所有权，稳定农牧户对耕地、牧场的承包权，放活土地、草场的经营权，实现承包权和经营权分离。不断健全西藏农牧区集体"三资"的管理监督制度和相应的收益分配制度。稳妥推进西藏农牧区耕地的承包经营权确权登记颁证工作和农牧区草原确权承包登记工作，建立健全承包经营权流转二级市场。积极开展农牧区宅基地全面改革的试点工作，持续稳慎推进农牧民的宅基地用于物权抵押、担保以及转让工作，建立健全农牧民宅基地的信用担保体系。

参考文献

[1] 巴俄·祖拉陈瓦：《贤者喜宴（藏文版）》，民族出版社 2005 年版。

[2] 陈庆英、高淑芬：《西藏通史》，中州古籍出版社 2003 年版。

[3] 陈庆英：《中国西藏的历史沿革》，2008 年 3 月 21 日，见 http://news.guoxue. com/article.php?articleid=15316。

[4] 车明怀：《改革开放时期西藏"一个转折点"的形成与经验总结》，《中国藏学》 2009 年第 3 期。

[5] 狄方耀、曹佛宝：《光辉的历程巨大的成就——西藏改革开放 30 年的巨大变化与宝贵经验》，《西藏民族大学学报（哲学社会科学版）》2009 年第 1 期。

[6] 韩庆军：《改革开放以来中央对西藏经济政策的发展和演变》，《西藏大学学报》 2004 年第 4 期。

[7] 贺新元：《透过六十年历史客观看待西藏经济社会发展的曲折性——纪念建党 90 周年与西藏和平解放 60 周年》，《西藏研究》2011 年第 4 期。

[8] 李养弟：《党的三代领导核心关于西藏工作的重要论述与决策回顾》，《当代中国史研究》2001 年第 4 期。

[9] 宋月红：《集中力量使西藏实现跨越式发展》，《中国民族报》2010 年 3 月 26 日。

[10] 杨亚波：《西藏和平解放以来特别是改革开放 30 年以来社会经济的巨大变迁》， 2010 年 2 月 9 日，见 http://www.xzass.org/html/news997.html。

[11] 刘倩茹：《一份漂亮的成绩单》，《西藏日报（汉）》2017 年 10 月 20 日。

[12] 西藏研究丛论编委会：《藏学研究论丛——第 2 辑》，西藏人民出版社 1990 年版。

[13] 玉珍：《发展新理念　澎湃新动力》，《西藏日报（汉）》2017 年 10 月 6 日。

[14] 西藏自治区人民政府：《西藏自治区"十三五"时期国民经济和社会发展规划 纲 要》， 见 http://www.xdrc.gov.cn/index.php?m=Show&a=index&cid=141&id=151。

[15] 中共西藏自治区委员会：《中共西藏自治区委员会关于制定"十三五"时期国民经济和社会发展规划的建议》，《西藏日报（汉）》2015 年 12 月 31 日。

[16] 中华人民共和国国务院新闻办公室：《西藏和平解放 60 年》，人民出版社 2011 年版。

[17] 中华人民共和国国务院新闻办公室：《西藏的发展与进步》，人民出版社 2013 年版。

第二章

人文西藏

文化是一个国家、一个民族的灵魂。文化兴国运兴，文化强民族强。民族文化的存在形式是动态的，总是在不断发展、变化着，正如人类总在不停地发展、变化一样，不会永远停滞在一个固定的阶段上。只有开放的、面向未来的文化，才是最具有生命力的文化。2050 年，西藏将成为环喜马拉雅地区人文交流中心。为了达成这一宏大目标，必须以前瞻性、战略性眼光，谋划文化领域的长远发展，本章将以西藏教育、艺术和宗教三大领域为重点，回顾历史、分析现状、展望未来，为铸就 2050 西藏人文新辉煌指明方向。

第一节 教 育

党的十九大报告提出："建设教育强国是中华民族伟大复兴的基础工程，必须把教育事业放在优先位置，加快教育现代化，办好人民满意的教育。"[①] 中华民族的伟大复兴，必然包含 56 个民族的共同复兴。教

---

① 《决胜全面建成小康社会 夺取新时代中国特色社会主义伟大胜利——在中国共产党第十九次全国代表大会上的报告》，人民出版社 2017 年版，第 45 页。

育的现代化是中华民族伟大复兴的基础和前提。

1951 年，随着西藏和平解放，现代教育在西藏滥觞。西藏自治区于 1965 年成立后，一步跨越千年，经济社会发展对教育的需求，促成西藏教育的较快发展。改革开放以来，西藏教育进入新的发展时期，中央多次召开关于西藏教育工作的座谈会，将教育问题列为重要议题。围绕西藏教育发展，中央先后出台一系列政策，教育事业进入稳步提升和深度调整时期。

现代教育在西藏落地以来，就存在师资、教材、教学语言、学校布局等一系列需要解决和克服的问题。西藏教育的特殊性在于：它是脱胎于传统宗教教育的现代教育；它既是民族教育，也是国民教育；它既有人才培养功能、社会服务功能，更有基于特殊文化和政治背景下的文化整合功能、民族团结功能和社会稳定功能。因此，西藏教育既是地方性教育，也是全国性教育；既连接着过去、承载着现在，更是面向未来的教育。

2050 年的西藏教育，不是对现有教育的简单延续或量的累加，而是在发展过程中的不断超越和升华，从量变到质变，最终实现成为环喜马拉雅地区人文交流中心和重要学术交流目的地的宏伟目标。

一、教育：历史与现状

（一）教育发展历史

西藏教育的发展可以分为古代、近代和现代三个时期。

古代西藏教育有多种形式。传统教育分为："仲"（讲故事形式的教育）、"德乌"（如隐歌、难题、谜语等开发人智力方式的教育）和"苯"（祭祀、祈祷、占卜、驱鬼等宗教方式的教育）；新式教育包括：家庭教育、留学教育和吐蕃境内办学校（最为典型的是学经院与桑耶寺）。此外，等级包括：王室教育（官办教育）、寺院教育和民间教育（私塾教育）；学科分为：藏医药教育、天文历算、书法绘画等教育形式。总的来看，古代西藏教育的产生与发展基于如下背景：一是以藏传佛教为主的文化背景，二是落后的社会生产水平，三是森严的社会层级分层。基于此，古代西藏教育体现出鲜明的宗教性、层级性，但教育的生产性相对不足。

近代以来，英帝国主义于 1888 年、1904 年先后两次发动侵藏战争，西藏地方政府虽然奋起抵抗，但均以失败告终。在这样的国际形势之下，必须学习西方先进科学技术和文化，提高文化素质和军事力量，抵抗外来侵略。教育是一个民族或地区发展和振兴的大计，当时西藏便掀起了一场"教育救藏"思想热潮。与此同时，驻藏大臣张荫棠和联豫也在西藏推行近代教育改革。清政府在西藏兴办的近代式普通教育，是西藏历史上的第一次，也是有史以来最深刻的一次教育改革，它给西藏封建农奴制腐化的社会带来了近代新式文明因素，近代式教育的文明之花从此在西藏萌芽。此外，留学教育在当时也引起了噶厦政府的重视，噶厦政府多次派学者到国外学习。民国时期，教育有了一定发展，但还是相对落后，不能完全满足西藏社会发展的需求。

1951 年 5 月 23 日，中央人民政府和西藏地方政府签订了《关于和平解放西藏办法的协议》（"十七条协议"），西藏和平解放。根据"十七条协议"中"依据西藏的实际情况，逐步发展西藏民族的语言、文字和学校教育"的精神，西藏现代教育开始起步。具体表现为：首先，创办现代中小学，先后创办了昌都小学、拉萨中学，除了公办学校外，在一定范围内，还允许民办小学的存在，这为西藏基础教育的发展奠定了基础；其次，大力兴办以为培养民族干部和技术人才为主的干部教育、成人教育，1958 年 9 月，在陕西咸阳创办了被誉为"西藏干部摇篮"的西藏公学，与此同时，不同形式的成人教育也蓬勃兴起，为新西藏的发展提供了重要的人才支撑。

1965 年西藏自治区成立后，中央政府十分重视西藏教育的发展，在国家财政资源紧张的情况下，依然投入大量财力物力人力建设现代学校，推广现代教育制度，充分保障西藏人民平等接受教育的权利。1984年，为进一步提升西藏教育整体水平，党中央作出"在内地创建西藏学校和举办西藏班"的重大战略决策，内地办学成为西藏教育的重要补充。2011年，西藏自治区全面完成"两基"攻坚任务，义务教育普及率、巩固率大幅提高。

（二）教育发展现状

在中央政府的亲切关怀下，在西藏自治区党委、政府的正确领导下，西藏将科教兴藏和人才强区作为发展战略，始终将教育作为优先发展的头等大事。通过全区各族人民的共同奋斗，建立起以区内办学为主、区内外教育相结合的较为完善的社会主义现代民族教育体系。

成就令人欣慰，但西藏教育发展过程中的深层次矛盾依然存在，教育发展中不平衡不充分的因素不可不察。主要表现为：第一，西藏自然生态的特殊性对西藏教育进一步发展的影响愈发突出。高海拔对于学生的生理和心理的影响不容忽视，特殊的地理地貌条件给儿童接受教育的稳定性带来很大影响。第二，西藏教育发展的有效性依然不高，教育对西藏经济发展的贡献率不足，教育的经济转化率和科技贡献率不足，教育和产业结构之间的关系较为松散，需要进一步强化；产业结构的升级与劳动者素质相对不高之间的矛盾依然突出。第三，教育对民族团结的凝聚融合功能没有得到充分释放。西藏学校教育中不同民族间的跨文化交往能力和交往意识不足，学生之间的融合度不够；学校民族团结教育中缺少中华民族的"共同性符号"，从而导致民族团结教育问题上的刚性力量有余，柔性力量不足。第四，人口素质的结构性差异对教育结构的改善提出新诉求。第五，西藏教育与教育现代化不适应的问题依然突出。比如：教学方法较为陈旧，传统的教学模式依然在课堂教学中占据主导地位；教师专业素养有待进一步提高；教育教学的信息化水平较低；

学生学习的负担较重，教学过程对学生的内在幸福关注不足。学校发展缺乏外在压力和内在动力，活力不足，部分学校存在"等、靠、要、懒、拖"思想，没有发挥好学校办学的自主性；部分学校管理的方式较为落后，以罚代管的现象突出。第六，教育的国际化程度有待进一步提高。西藏作为我国"一带一路"建设西南边陲重要省份，应成为"一带一路"建设重要的"人才高地"和"文化高地"。但从西藏教育发展的现实状况看，无论是基础教育还是高等教育都很难满足"一带一路"建设对于高质量人才和高品位文化产品的需要。培养通晓国际语言、熟悉国际规则、具有国际视野、专业能力和跨文化交往能力强的人才显得尤为重要。

二、教育：2050 愿景

早在 20 世纪 80 年代，邓小平同志就提出我国教育要"面向现代化、面向世界、面向未来"的前瞻性论断。邓小平同志的这一论断同样适用于我国的民族教育以及西藏教育。面向 2050 的西藏教育是新时代教育发展的新阶段，将形成新特征、构成新图景、开辟新境界。

面向 2050 的西藏教育不是一个一蹴而就的过程，必须分阶段稳步推进。它既具有超越现实的想象力和穿透力，也具有基于现实考量、科学而审慎的理性。

（一）教育 2020 愿景：基本公共教育服务体系实现全覆盖

1. 总体愿景

到 2020 年，基本公共教育服务体系实现全覆盖。形成惠及西藏各族人民的公平教育，建成覆盖城乡及农牧区的基本公共教育服务体系。实现以义务教育为核心，涵盖学前教育、高中教育的基本公共教育服务均等化，西藏城乡差距和区域差距明显缩小。教育在现代化的发展道路上迈出重要步伐，教育的经济与社会功能尤其是为全面建成小康社会的服务功能显著增强。

2. 具体愿景

第一，现代教育意识不断加强。基础教育资源公共服务平台基本建成，教育管理平台充分发挥功效。进一步完善进城务工人员随迁子女、家庭困难及残障学生的义务教育保障政策，基本建成服务区内人民的教育信息与资源共享平台。基础教育普及水平不断提高，以公办为主的普惠性学前双语教育网络基本建成。西藏教育对外交流进一步畅通，区内外交流趋势更趋频繁，形成以"组团式"教育援藏为主体的"请进来"的交流方式，以"内地西藏班"和异地办学为主体的"走出去"的交流方式。从交往主体看，民间层面的对外交流趋于常态、政府与学校层面的交流更趋成熟、深入。教育的对外交流促进国际、内地的优质教育资源西藏化、本地化，极大地助推西藏教育质量和教育水平的提高。

第二，教育现代化取得重要进展。到 2020 年，人均受教育年限普遍延长，教育规模进一步扩大，教育现代化水平的主要指标接近或达到国家平均水平，缩小与发达地区的差距，基本满足西藏各族人民对优质教育的需要。学前双语教育快速普及，基础教育均衡发展，构建以中职为重点、高职为龙头，学历教育和职业技能培训相结合的现代职业教育体系。作为西藏教育重要组成部分的教育信息化系统日趋完善，西藏全区中小学信息化教学设施接近全覆盖，"两平台"运行成果显现。各级各类教育协调发展，学历教育与非学历教育协调发展、职业教育与普通教育实现联通。高等教育的学科建设水平明显提高，人才培养质量进一步提升。终身教育的学习体系和制度逐步完善，西藏的国民教育体系进一步健全，构建相对完整、相对丰富的继续教育学习资源和科学合理的继续教育评价体系。

第三，为全面建成小康社会服务的能力显著增强。到 2020 年，教育在西藏全面建成小康社会中的服务能力显著增强，教育的先导性、全局性地位逐步突出。通过发展各级各类教育，把人口资源转变为丰富的人力资源，为富强西藏、美丽西藏、和谐西藏、健康西藏、法治西藏的建设培养各级各类人才，为西藏全面建成小康社会奠定良好的智力基础和人才支持。

（二）教育 2035 愿景：形成优质公共教育服务体系，充分实现教育内涵式发展

1. 总体愿景

从 2020 年到 2035 年，2025 年是一个重要的节点，这个节点具有承前启后的重要意义。到 2025 年，西藏教育在建成基本公共教育服务体系的基础上得到进一步完善，教育现代化实现在行为、制度到观念层面的全面深化，教育的社会功能全面增强，教育在社会的先导性、基础性作用得到充分体现。教育供给实现从量的扩大到质的跨越的根本性转变。西藏教育现代化基本实现，教育质量明显提升。

到 2035 年，在基本公共教育体系建成和完善的基础上，受信息化和全球化影响，西藏教育更加开放。信息技术与教育实现深度融合，传统的教学方式得以改变，形成优质的公共教育服务体系，充分实现内涵式发展。教育的功能由成才向育人转变；教育更加注重公平，优质教育资源将惠及每一个人，教育资源不均等的状况将得到根本性扭转；西藏教育实现可持续发展，教育将更加注重学习能力的养成特别是终身学习能力的培养，教育不仅是一个人发展的手段，更是一个人作为文化存在的表征方式。知识和智力成为西藏社会的核心驱动力，知识生产成为社会的主要行业之一，社会的绝大部分物质生产都将依赖于人的智力，教育成为经济发展的重要动力。届时，教育在促进农牧业人口向非农牧业人口的转变方面发挥重要作用。

2. 具体愿景

第一，教育现代化基本实现。到 2035 年，西藏将和全国各族人民一起基本实现教育现代化。具体表现为：全面建成人力资源强区，随着公共教育服务体系的建成和完善，教育实现高度普及，覆盖不同年龄层次的终身教育体系全面建成。教育水平的主要指标达到或超越国家平均水平，与发达地区的差距缩小，基本满足西藏各族人民对优质教育的需要。教育的国际性特征显现，教育的国际影响力尤其是在环喜马拉雅地区的辐射性影响力进一步增强，西藏成为面向环喜马拉雅地区传播藏文化和中华文化的中心，成为重要的学术交流中心，国际交流与交往的渠道进一步扩大。西藏建立起更具响应性、更有效、更高效、更灵活、更多产的以义务教育为中心，将学前教育、职业教育以及特殊教育融为一体的完善的基础教育系统。高等教育的学科建设成效显著，部分学科在国内乃至国际具有突出的影响力。届时，国民教育体系十分健全，建成完整、丰富的继续教育学习资源和完善的继续教育评价体系。

第二，教育质量全面提升。首先，西藏人才的整体学历水平得到显著提升，教育中的结构差异、地区差异、性别差异、区内外差异局面得到全面改变，藏族作为中华民族共同体的一员实现了充分的发展，西藏成为西部重要的人力资源强区。其次，藏族群体中不断涌现出一大批行业领军的高端人才和国家精英。从行业分布看，这些高端人才遍布政治、经济、文化、科学、教育、体育等领域；从地域分布看，他们不仅在西藏、在民族区域自治地区发挥作用，同时也成为内地、中东部以及沿海地区的各行业领域翘楚；从影响范围看，他们的影响不仅在西藏地区，同时在中国乃至环喜马拉雅地区和世界范围内产生一定程度的影响。这些高端人才，从民族身份上看，虽然仍是"藏民族精英"，但从其心理文化认同和影响范围看，则属于"中华民族精英"或"国家精英"。到 2035 年，随着西藏教育人才培养质量的明显提升，在中华民族共同体中，藏民族在自信心、话语权和决策参与权等方面也极大地提升。与此同时，越来越多西藏以外的人士受到西藏教育特色吸引，积极融入西藏教育体系，西藏作为人文交流中心的作用开始显现。

（三）教育 2050 愿景：全面建成高水平的现代化教育体系，成为环喜马拉雅地区重要的学术交流目的地

1. 总体愿景

到 2050 年，西藏将建成高水平的现代化教育体系，现代化教育观念深入人心，成为促进西藏教育发展的内在引擎。教育的文化传承，尤其是文化融合与创造功能愈发突出。西藏成为环喜马拉雅地区重要学术交流目的地。在教育活动中，本土性文化与共享性文化实现共生。所谓本土性文化，主要是指以宗教文化为主要组成部分的藏民族本土文化；所谓共享性文化，主要是指以中华民族文化为主要内容的文化。如果说本土性文化是西藏教育发生的基础，共享性文化则是西藏教育的发展方向。到 2050 年，西藏教育本土性文化与共享性文化得到充分的传承、尊重，并在这种传承过程中吸纳国际先进的文化因子，实现融合创新与发展。本土性文化作为教育启蒙的"先行组织者"，是维护藏民族身份、显现其民族特征的前提。因此，西藏的民族教育必须以民族文化的土壤为依托，植根于族群文化的教育必须既符合"自然教育"的原则，也符合民族教育的心理。

到 2050 年，迈入现代化的西藏教育将实现质的突破。教育的文化功能将愈发突出，教育的文化创造与融合功能主要体现为促进中华民族多元一体的政治与价值理念在学校教育中的落实，藏民族文化传承得到充分实现，藏民族作为中华民族一员的向心力和凝聚力也极大增强。

2. 具体愿景

第一，现代化教育观念全面引领教育发展。教育的现代化，不仅体现在制度、内容、结构、体系等方面，其核心与灵魂在于教育观念的现代化。西方国家教育现代化的历史与经验表明，只有人的观念的现代化，才能实现教育制度、教育内容、教育方法的现代化，进而培养具有现代性的人。

2050 年的西藏教育，在观念层面形成具有本土特色、中国气派、国际视野的现代化教育观念体系。教育观念的本土特色，是指教育要积极吸收和借鉴西藏教育传统中的价值理念，并融入到现代教育的实践中。西藏教育是伴随着西藏和平解放落地生根的，如果从西藏教育发展的历史来看，西藏的现代教育晚于传统教育。但发展现代教育并不意味着否定传统教育，更不意味着和传统教育决裂，只有植根于传统和本土文化的教育才具有生命力。教育观念的中国气派，是指教育观念超越单一的族群观念，形成中华民族共同体观念，形成社会主义核心价值观的观念。教育观念的国际视野，是指教育要积极地吸收和借鉴国际教育发展过程中先进的、主流的教育观念。从世界范围内来看，教育不仅要关注学生的知识获得，还要关注学生的情感、态度与价值观；教育不仅要教会学生学会生存，还要教会学生学会关心、学会交往；教育不仅具有民族性，更有基于培养学生国际实践能力、国际视野以及人类命运共同体意识的国际性。

第二，教育的内涵和外延极大丰富。由于受特殊的地理条件的影响，西藏教育形成一个相对独立的、封闭的"小循环"。具体表现为，西藏的大部分藏族学生从基础教育到高等教育过程中，主要是在以藏族学生为主的学校系统接受教育，与其他民族学生的交往、交流和交融不足。以少数民族身份作为属性来确认和构建民族教育价值取向的思维方式具有一定的局限性，这种思维没有注意到在全球一体化背景下，我国多元文化社会的发展对民族身份结构变化的重要影响，而是把少数民族身份作为静态的、凝固的人群，忽视了民族身份的复杂性、动态性和变化性，因而无法科学合理地把握民族教育发展取向。到 2050 年，西藏教育的内涵和外延得到极大丰富，形成"新概念"西藏教育。这就意味着西藏教育的"小循环"与全国教育、环喜马拉雅地区国际教育的"大循环"实现完全沟通，西藏将成为环喜马拉雅地区重要的学术交流目的地。

三、教育：路径与保障

实现西藏教育 2050 愿景绝不是一蹴而就的过程，必须在认真回顾和总结西藏教育取得的成功经验基础上，前瞻性地对未来教育发展的图景做出分析与谋划。

（一）构建切合实际的政策保障体系

西藏和平解放以来，党和政府对西藏教育发展高度重视，做出了一系列西藏教育发展的重要指示，根据西藏的特点禀赋，制定和实施了适合的教育政策，不断缩小西藏与全国平均教育水平的差距，提高西藏人口素质，在全社会范围内促进教育公平，实现西藏教育和经济的可持续发展，促进民族大团结。从实践效益来看，这些政策举措有力地促进了西藏教育水平的提高。面向 2050 年的西藏教育政策，既要对已有的成功经验和政策进行总结和提炼，同时也要考虑政策的时代性和创新性，构建符合西藏教育发展需要与特点的政策体系。具体可采取以下措施：健全经费扶持机制，保障西藏教育事业快速、健康发展；加快西藏教育立法，切实保障西藏人民受教育权利；贯彻并落实民族语文教学和双语教学相结合的教育模式；建立学习共同体，共享教育资源；采取异地办学模式，为西藏培养各阶层人才。除了推进现有的内地西藏班建设，还要鼓励高海拔地区在地理环境相对优越的地区建立学校，加快在内地创办西藏高校的进程。

（二）更新观念，建立民族教育新理念

以民族文化为发展土壤的民族教育，首先要遵循国家总体教育的统一要求和发展目标，同时融入传承和发展本民族文化的价值目标。不仅要尊重民族文化的特殊性与独立性、强调文化的多元与开放性，还要处理好社会现代文化与少数民族文化，以及各少数民族文化之间的关系。

具体包括以下观念的更新：中华民族多元一体的观念；以人为本，注重学生全面发展的观念；全球共同利益的观念；现代教育教学观念；教育优先发展的观念；多元化的就业与创业观念；开放与国际化的教育观念；人与自然和谐统一的观念等。

（三）优化结构，实现教育协调发展

从宏观层面看，教育的协调发展既包括教育与政治、经济、科技、文化等各项事业的协调发展，又包括教育体系内部各种关系的协调。在中观或微观层面上，教育协调发展重点是学校教育体系内的各类关系。

第一，加强教育的全面布局。教育本身是一个整体，需要全面考虑基础教育、普通教育、职业教育、高等教育等各类教育的综合发展，做到全方位、全领域、全时段同步推进，建立起相互衔接、相互补充、相互沟通的全面的教育体系。

第二，促进义务教育均衡发展。使所有适龄儿童都享有平等的受教育权利，所有的适龄儿童都享有平等的教育资源，最终缩小不同地区之间的受教育差距。

第三，继续发展普通高中，大力发展职业教育。着力发展西藏地区理科教育，促使文科教育、理科教育的协调发展。加紧落实数字化教育建设，不断改善教学条件，借鉴内地优秀教育资源，把教学内容更加清晰地呈现给学生，增强学生的认知和理解能力，从而促进西藏地区高中教育水平的不断提升。与此同时，积极发展职业教育学校，不断提升职业教育在高中阶段教育的比例。

第四，调整高等教育布局，转变高等教育发展重心。优化人才培养的层次结构和专业结构，注重提高教育质量，促进高等教育规模、质量、速度、效益协调发展，建立完善各类紧缺人才培养新机制，加快本科院校现有的专科专业调整优化。

第五，重视发展继续教育。一方面发展职业继续教育，扩大职业继

续教育机会，鼓励企业、单位开展并组织从业人员接受职业技术教育，保证从业人员继续教育参与率，不断提高自身职业技能。另一方面稳步发展学历继续教育，完善高等教育自学考试和成人考试制度。满足个人多样化的学习和发展需要。积极推进老年大学的建设，并鼓励全民阅读，推进学习型社会的建设。

第六，积极发展特殊教育。加大对特殊教育的财政投入，进一步优化特殊教育优惠政策，建立特殊教育学校的标准化体系，充实特殊教育教师队伍，提升教师专业素养，呼吁社会关爱特殊儿童。

第七，梯度推进教育发展。受西藏特殊地理环境的影响，西藏的教育在各地区之间发展呈现不协调局面。因此，在西藏各地区应采取不同的教育发展规划。因地制宜、分区规划、分类指导、分步实施从而稳步推进西藏各地区教育的均衡发展。

第八，推进教育的差异化发展。主要是指西藏的非义务教育阶段，即在中等职业技术教育和高等教育阶段，西藏应根据本地的实际情况，正视现实，承认差距，采取差异化发展策略，选择本地区比较有优势的学科和专业重点发展和建设，培养特色人才，防止教育资源的浪费和教育人才的同质性。例如，职业技术教育可以从传统的藏族手工艺等方面着手，高等教育可以从藏语言文化、藏族艺术赏析等方面着手，既培养了特色人才，又发展了民族文化。

（四）教师为本，培养与引进师资人才

教师是教育实践活动的主体，是学生学习活动的指导者，是教育活动的主要活动影响者。少数民族地区的教师更是肩负着传递本民族文化与中华民族文化的双重使命。历史经验表明，除了一般性的教育观念与教学能力外，民族地区教师的双语能力、跨文化交往能力是民族地区教师胜任教育教学工作的关键性能力。

实现西藏教育 2050 愿景，必须充分培养和引进各级各类学校所需

要的师资人才。可以采取以下政策措施：第一，选拔优秀人才定向培养师范毕业生，为边远及贫困地区学校提供师资。第二，建立西藏与内地学校之间的对口支援关系，为边远及贫困地区学校师资培训提供支援平台。第三，制定激励措施，提高工资、津贴，以及发展机遇等，引导优秀教师到师资力量薄弱的学校任教，提升业务能力。第四，制定师资培养的专门措施，提供充分的资源保证，通过系统培训不断提升边远及贫困地区学校师资水平。

（五）技术促动，实现现代教育资源均衡

由于西藏地处西部高原，受自然地理环境、经济社会发展水平等多种因素制约，教育资源的分布不均衡，教育资源的整体质量有待于进一步提高。因此，加快教育信息化建设是促进西藏教育资源结构与质量转变、提高教育水平的重要方式和手段。具体而言，可采取如下措施：提高各级政府部门、学校以及社会各界人士对于教育信息化重要作用的认识；加快推进教育信息化发展的政策环境和体制环境的形成；努力提高教育信息化技术设施的水平和覆盖面；建立和形成面向全区、全国范围内的教育资源共享机制；努力促进教育信息化与教育教学改革的结合，以信息化为载体，促进西藏教育的现代化转型；推动信息技术与高等教育深度融合，创新人才培养模式等。

第二节　艺　术

艺术是对自然与社会审美认知的产物，是人类自我意识和情感以审美形式的外现，是社会文明发展进步程度的重要标志。从地域上来看，人类文明大致由海洋文明、平原文明和高原文明三大文明区域组成。美丽的青藏高原是人类文明的重要发祥地之一，繁衍生息于世界屋脊上的人类祖先，自古以来就以他们智慧的头脑不断发现自然界中普遍的真

理，依靠自身的勤劳和智慧在辽阔的世界屋脊建造美丽家园。青藏高原地处多元文化的交融之中，东边有中原文明，南面有印度文明，西面有西亚河谷农业文明，北方有中亚游牧文化，海纳百川，使这里成为亚洲文明的荟萃之地，孕育了丰富的艺术文明。

2050年的西藏艺术事业将成为环喜马拉雅地区人文艺术发展的新航标，以美术、音乐、舞蹈等为代表的艺术门类，在充分挖掘历史文化优良传统基因的基础上，不断创新发展，百花齐放、百家争鸣，西藏成为环喜马拉雅地区最为活跃的艺术交流、创新与传播中心。

一、艺术：历史与现状

（一）美术

据藏族古籍记载，青藏高原由大海变成陆地之后的远古时期，猕猴与罗刹女结合产生了青藏高原上的人类祖先。在300万年前左右世界上出现了能够制造工具的直立人，几乎在同一时期青藏高原上便有了人类祖先的活动。古老而年轻的雪域高原经历了沧海桑田的变化，古先民在雪域高原上创造了辉煌的藏文化。西藏近古时期的绘画在表现形式方面，出现淡彩、重彩、金唐、红唐、黑唐与白描等不同种类，并且上金、装裱等技艺的熟练应用，使藏画日益体现出高贵奢华的时代风貌，趋于夸张和圆满。画面人物的关系处理和构图布置方面更加突出主要人物的特殊地位，画中主角总是占据着画面中央的大部分，而且与画面中其余人物的大小比例更加悬殊，佛、菩萨、护法神等都成了主角的陪衬，刻意突出主要人物至高无上的地位。

西藏现当代美术是中国现当代美术的组成部分，其起步、发展与逐渐成熟的各阶段均受到西藏政治环境、经济环境与文化环境的重要影响。自西藏和平解放以来，西藏现当代美术经历几个重要历史发展阶段，近70年的发展，取得了丰硕成果。

第一阶段：20 世纪 50 年代至 60 年代。新中国成立后，特别是西藏和平解放后，内地美术家在政府相关部门组织下陆续走进西藏，形成新中国美术史上第一次青藏高原主题美术创作高潮，极大转变和打破了西藏传统封闭的宗教艺术体系。吴作人、董希文、叶浅予、潘世勋等著名艺术家多次深入青藏高原创作写生，培养西藏艺术人才，可以说是西藏现代美术起步的前奏。内地艺术家带来的崭新的艺术手法和创作理念，与西藏神本主义的艺术理念完全不同，这些新的观念深刻影响了西藏本地画家，出现了安多强巴、益西喜绕等一批优秀的藏族画家。

第二阶段：20 世纪 70 年代至 80 年代。在 20 世纪 60 年代中期西藏美术创作着重从正面表现人民生活所发生的变革，歌颂社会主义，在政治宣传画中描绘少数民族人物的生产生活学习状况，成为一种具有时代意义的政治符号。比如 1974 年中央美术学院雕塑系受邀在西藏创作的大型组雕《农奴愤》，便是当时最典型的代表性作品。

第三阶段：20 世纪 80 年代至 90 年代。20 世纪 80 年代随着改革开放大潮，中国艺术迎来一个新的开放时期。伤痕、寻根、乡土文化成为这一时期的艺术思潮。陈丹青创作的《西藏组画》震动了当时的美术界，受此影响的艺术青年纷纷入藏寻找自己心中的净土与艺术理想。这一代艺术家给西藏艺术界树立了新的创作思想，对后期西藏当代艺术的发展影响深远。扎西次仁、次仁多吉、格桑次仁、次旺扎西、西热坚参、阿布、昂桑、乌斯玛等美术家，开始积极探索并努力建构西藏特点的艺术创造体系。这一时期，西藏本土画家也取得了一系列杰出成果。格桑次仁的《敬神》获得法国艺术展邀请参展，乌斯玛的作品《古庙夕照》也受到各界肯定。

第四阶段：2000 年至 2017 年。随着全球化进程加快、互联网普及，西藏本土艺术家有更多的机会去国内外参展、学习，大大拓展了视野。同时也更加关注本民族艺术的创新与变革，积极用自己的视角来表达西藏，而非"他者"的视角。同时艺术表现形式上趋于多元化，摆脱了国油版雕及布画单一的表现手法，开始运用装置艺术、行为艺术、大地艺术、观念摄影、影像艺术、新媒体艺术等各类艺术形式表达。这一时期西藏先后成立了西藏书画院、更敦群培画廊等一系列专业艺术机构，开始举办高质量的艺术展览，民族特色也越来越鲜明。

（二）音乐

远古时期 《赏心悦耳明目之喜宴》《乐舞论》《论吠陀》《不朽之言》等古籍文献中记载了很多有关西藏远古时期的音乐。公元 10 世纪后期，吐蕃赞普直系后裔在古象雄的土地上建立了古格地方王朝，此时创造并产生了"古格十三宣"，在阿里札达县至今还流传有"十三种宣歌舞"，为阿里地区歌舞音乐的进一步发展起到了重要的作用。在乐器方面，远古特别是雍仲苯教时期，出于苯教仪式的需要，出现了早期的宗教乐器。

吐蕃时期 松赞干布为了进一步巩固政权和发展吐蕃社会、政治、经济、文化等，从尼泊尔和中原内地引进了佛教，迎娶赤尊公主和文成公主，相继在雪域高原建造了大昭寺、小昭寺等众多寺庙。由于这种盛世和喜庆活动的不断增多，为吐蕃时期各种民间歌舞音乐品种的展示提供了更多的平台，也为专门在庆典活动中举行的各种歌舞音乐的形成和迅速发展提供了空间，出现了谐钦、古尔等歌舞音乐形式。

分裂割据时期 藏传佛教后弘期，昆·贡却杰布创立萨迦派之后，家族世袭制的萨迦教派出现了影响广泛、学识渊博的"萨迦五祖"，萨迦派也成为后弘期影响最大的教派之一。萨迦班智达·贡嘎坚赞是一位博学多才的巨匠，他所著的《乐论》是西藏历史上集藏族音乐理论、作曲、演唱、演奏为一体的音乐论著。这部论著以宗教音乐为主要内容的同时，还涉及了许多世俗的民间音乐内容，是萨迦班智达·贡嘎坚赞在吸取前人音乐理论研究的基础上，针对西藏佛教音乐和传统民间音乐的实践活动、基本规律进行的高度总结和概括。这一时期，西藏出现了甲谐、扎念等民间音乐形式及阿吉拉姆藏戏等表演艺术。

随着西藏和平解放，大批部队和地方文艺工作者进藏，带来了全新的舞台表演歌舞艺术形式。这些文艺工作者一边筑路，一边向藏族民工学习当地藏族歌舞，创作出了一批具有藏民族歌舞元素和风格特征的新的舞台藏族歌舞，深受西藏各族群众的欢迎。

20 世纪 70 年代以后，改革开放使西藏音乐艺术走上了崭新的发展道路，音乐创作风格样式及题材多样化发展，更加注重时代性与民族性的结合。西藏音乐产生了如《珞巴展翅飞翔》《宁吉布拉》等优秀的音乐作品，涌现出一批音乐新秀，在国内外举办的一些音乐比赛和评奖中赢得了不少荣誉。20 世纪 80 年代以后，随着改革开放的不断深入和对内、外文化交流的日益增多，西藏的歌舞艺术有了突飞猛进的发展。

（三）藏戏

劳动孕育着人类多彩的生活，生活劳动中的各种模仿动作产生了风格各异的民族歌舞艺术。藏戏是藏族戏剧的简称，发源于 600 多年前，被誉为藏文化"活化石"。公元 15 世纪，藏传佛教噶举派高僧唐东杰布立志在雪域高原的各条江河上建造铁索桥，为众生谋利。为募捐造桥资金，他选拔了七位能歌善舞的姊妹组成演出班子，亲自编导节目，设计唱腔歌词，编排了具有简单故事情节的歌舞剧。[①] 唐东杰布吸收了当时兴起的各类民间歌舞形式，特别是吸收了热巴舞蹈艺术的歌舞、韵白、短剧、面具旋转技巧等并融合藏族群众喜闻乐见的佛经传记、民间传说、宗教仪式等。演出广受百姓欢迎，大家把婀娜多姿的七位姑娘喻为七天女，将她们所唱的藏戏称为"阿吉拉姆"（即天女神），后来又加入了"加鲁""温巴"等人物。

藏戏有白面具戏、蓝面具戏之分。蓝面具戏在发展过程中因地域习

---

① 丹增次仁：《西藏民间歌舞概说》，民族出版社 2014 年版，第 19 页。

俗差异而形成觉木隆巴、迥巴、香巴、江嘎尔藏戏四大流派。觉木隆巴藏戏的艺术价值最高，至今广为流传。迥巴藏戏，这是蓝面具戏中最早的流派，流行于雅鲁藏布江上游地区的昂仁县迥·日吾齐等地。香巴藏戏，创立于南木林山沟中的香河边，深受八世、九世班禅喜爱。江嘎尔藏戏，相传创建于八世达赖时，发源于仁布县江嘎尔山沟。

藏戏一般包括三个阶段："顿"为起始，表演祭神歌舞；"雄"为其次，演出正戏传奇；"扎西"结尾，表达祝福迎祥。藏戏表演组织结构由唐东杰布根据五小明之戏剧五分支建构，包括道白人、器乐人、服角色、小丑、歌舞人。藏戏唱腔称为"朗塔尔"，藏文是传记的意思，这是由于藏戏最初是根据佛陀释迦的百行传记编剧而成，主要内容均以动听的朗塔尔演唱。藏戏唱腔的主要技法是"缜酷"，即喉声的婉转拐唱法。

17 世纪，藏戏从寺院宗教仪式中分离而出，在民间艺人的表演实践中，渐渐形成以唱为主，唱、诵、舞、表、白和技等基本程式相结合的生活化表演。比如，阿吉拉姆藏戏有《朗萨雯蚌》《文成公主》《苏吉尼玛》《卓瓦桑姆》《诺桑法王》《白玛雯巴》《顿月顿珠》《赤美贡登》八大传统剧目。

19 世纪中叶以来，由于受到英帝国主义侵略战争的影响以及西藏地方噶厦政府的严格限制，藏戏发展逐渐式微。新中国成立后，西藏实现民主改革，西藏自治区政府积极抢救和保护藏戏艺术，专门组建了自治区藏剧团，使藏戏重新焕发生机。2006 年，藏戏经国务院批准列入第一批国家级非物质文化遗产名录。2009 年藏戏成功入选联合国教科文组织"人类非物质文化遗产代表作名录"。

此外，家喻户晓的《格萨尔》是藏文化戏剧中最为经典的代表。《格萨尔》是一部宏大的藏族民间说唱体英雄史诗，主要包括"降生""征战""回归"三个篇章，分别描述了格萨尔王降生、降妖伏魔，以及返回天界的系列故事，整体叙事宏伟，结构庞大。它不仅凝聚了藏戏等传统民间艺术的精髓，而且记录了民间传说的本土信仰、族群认同、民族记忆等珍贵内容，反映了藏族社会发展的历史，成为凝聚民族传统和精神的重要纽带。

二、艺术：2050 愿景

（一）艺术 2020 愿景：初步形成面向现代的、多元的、区域性人文交流中心

1. 总体愿景

在全面建成小康社会的 2020 年，西藏的艺术事业蓬勃发展，初步形成面向现代的、多元的、区域性人文交流中心，藏文化的创新研究与传播取得重要进展。

2. 具体愿景

第一，西藏艺术整体实力显著提升。文物保护利用扎实推进，藏戏、《格萨尔》说唱、唐卡、藏纸等联合国和国家级非物质文化遗产项目得到有效保护和发展。进一步凸显出以人民为中心的创作导向，弘扬主旋律，坚持以中国精神为西藏社会主义艺术的灵魂，坚持鲜明的藏民族特点和文化个性，美术、音乐、歌舞、戏剧等进入稳定发展阶段，创作一批特色文艺和广播影视精品力作。

第二，西藏艺术"走出去"战略效果初步显现。充分发掘和弘扬传统艺术的精华，吸收多元文化的积极因子，在与"一带一路"倡议以及世界第三极相关国家、地区的密切交往中，展现出藏文化独特的艺术魅力。

第三，市场在文化相关资源配置中的基础作用凸显。资本、产权、技术、人才等要素市场对文化产业发展的带动和支撑进一步加强，文化产业互动机制逐步完善，推进文艺事业从高原迈向高峰，满足各族群众的文化需求。

（二）艺术 2035 愿景：形成"中国特色、西藏特点"的西部人文交流中心

1. 总体愿景

到 2025 年，西藏全面小康阶段更加稳定，为艺术发展奠定坚实的物质文化基础。西藏建立更加丰富的各类艺术文化设施，公共艺术文化产品越来越充足，基本满足人民群众日益增长的对美好生活的需求。艺术产业的发展机制在市场实践中基本完善，为文化艺术未来十年的高速发展提供良好支撑。

到 2035 年，我国基本实现社会主义现代化，整体经济、科技实力大幅跃升，在创新型国家中居于前列。社会文明程度不断攀升，国家文化软实力不断增强，中华文化在全球范围内的影响更加深入。到那时，西藏将成为具有"中国特色、西藏特点"的西部人文交流中心，形成藏文化的创新研究与传播机制，在文化多样化、构建人类命运共同体的大背景下，藏文化更加凸显出独特的艺术价值。

2. 具体愿景

第一，西藏艺术非物质文化遗产传承保护体系、公共文化服务体系、藏文化传承保护体系更加健全，完全建立起管理规范、运行科学、保障有力的艺术传承保护、创新发展新机制，形成优秀传统艺术生存发展的良好生态环境。

第二，美术、音乐、歌舞戏剧等高层次人才传承培养成效显著，西藏艺术事业发展具备了坚实的人才基础，新一代艺术领军人物百花齐放，在环喜马拉雅地区的艺术影响力和话语权不断扩大。

第三，艺术事业和艺术产业同步推进，艺术产业竞争力和影响力不断提升，形成了以艺术产业为核心，相关产业深度融合的文化产业发展生态圈，西藏将以繁荣兴盛的人文交流中心屹立于中国西部。

（三）艺术 2050 愿景：成为环喜马拉雅地区人文交流中心

1. 总体愿景

西藏将成为环喜马拉雅地区人文交流中心，建成有全球影响力的藏文化研究创新与传播中心。

2. 具体愿景

第一，西藏艺术事业全面实现现代化。多元文化的包容性、共享性和交融性全面提升，实现"本土文化"与"共享文化"的多元整合。艺术的专业化和服务性充分体现，高度发达的艺术事业成为西藏物质文明、精神文化和社会文明全面提升的重要表现。

第二，西藏传统艺术与现代艺术全面融合发展。传统艺术得到充分保护与传承，现代艺术全面创新，市场机制在艺术事业发展中展现出巨大活力，文化产业不断提档升级，文化创意产业与旅游产业、影视产业、现代服务业实现深度融合发展。

第三，西藏成为具有强大吸引力的国际艺术圣地。艺术交流频繁，"走出去、引进来"成为常态，在环喜马拉雅地区形成绝对的影响力和贡献力。西藏艺术研究院、艺术发展创作基金、西藏当代艺术双年展及艺术论坛、现当代美术创作基地等成为国际艺术界的知名符号。

三、艺术：路径与保障

（一）树立以人民为中心的艺术发展理念

西藏艺术事业发展，需要建立与时代发展相适应的民族艺术新理念。党的十九大报告提出，中国特色社会主义文化，源自于中华民族五千多年文明历史所孕育的中华优秀传统文化，熔铸于党领导人民在革命、建设、改革中创造的革命文化和社会主义先进文化，植根于中国特色社会主义伟大实践。以此为指导，西藏艺术事业要坚持以人民为中心的发展方针，坚持将藏文化艺术创作作为核心，以"创新、协调、绿色、开放、共享"新理念为指引，以满足人民群众日益增长的对美好生活的需要为出发点，以丰富人民群众的精神文化生活为落脚点，以深入实施各类艺术创作为切入点，以艺术人才培养和艺术队伍建设为基础，全面推动西藏艺术事业繁荣发展。

（二）制定科学合理的艺术发展规划

构建符合"中国特色、西藏特点"的艺术发展规划和政策体系，为实现 2050 年宏伟愿景提供坚实的政策保障。一方面，要加大西藏艺术文化体制改革，积极发挥文化部门在艺术创作引导、艺术市场发展等方面的调控职能，对艺术创作和传播进行科学合理的管理，充分发掘和整合各类资源，引导西藏文化事业和文化产业健康有序发展。另一方面，根据西藏美术、音乐、舞蹈等各类艺术的发展情况，制定科学合理的艺术发展规划，积极利用现代信息技术，促进艺术创作、研究与推广，结合"双创"活动，加强对艺术市场及艺术企业的培育，以市场的力量推动艺术事业的可持续发展。

（三）形成现代化优秀艺术人才培养体系

西藏艺术事业的未来发展必须依靠青年艺术人才，艺术人才的培养周期长、速度慢，因此，西藏必须加大培养与引进西藏各级各类艺术师资人才，为实现 2050 年愿景努力培养西藏艺术发展的接班人才。一是提供优惠政策，吸引区内外新鲜血液，为艺术人才培养提供优秀、稳定的师资队伍。二是制定相应的人才培养策略，尤其是唐卡、舞蹈、音乐等人才短缺的艺术门类，加大培养力度，避免出现人才断层。三是建立结构合理的人才队伍，老中青三代结合，尤其要重视青年艺术人才的培养。青年一代有理想、有本领、有担当，国家就有前途，民族就有希

望。中华民族伟大复兴的中国梦终将在一代代青年的接力奋斗中变为
现实。

第三节 宗 教

宗教是人类对自然探索的产物，在原始人类眼里，世间万物都有灵
魂，自然界发生的诸多现象，如日出、月落、风雨雷电及死亡等，都被
认为是超自然的现象。人们把这一切视为是有灵性的、神圣的，并对它
产生敬畏之心。因为人类无法用自身的力量与自然力抗衡，只能通过一
种仪式来寻求保护，便开始有了大自然崇拜、动物崇拜、鬼魂和祖先崇
拜以及图腾崇拜等，这就是人类早期的原始信仰。人类社会发展到一定
历史阶段，宗教作为一种特殊的文化现象应运而生，形成各自的信仰认
知及仪式活动体系。

2050年的西藏宗教，既是中华传统文化的一种延续，也是现代化
的一种融入与升华，它不是原有各种文化因素的简单延续和累积，而是
各种历史经验和各民族文化智慧的结晶。

一、宗教：历史与现状

（一）宗教发展历史

苯教是西藏本土的原始宗教。苯教，一般分原始苯教（Srid pa
rgyud kyi bon）和雍仲苯教（Bonismo）。原始苯教，被认为是青藏高
原土生土长的原始信仰。雍仲苯教，是由苯教祖师辛饶弥沃且所创立，
是古象雄文化的核心。雍仲苯教的形成过程既包括了藏族史前信仰文
化，在其发展过程中又吸收了周边其他民族的宗教文化，从而逐渐形
成了具有地域民族特色的苯教文化。根据藏文历史文献，苯教可分为
笃苯、洽苯和觉苯三派。这三派的相继出现，体现了苯教的历史演变

过程。顿珠拉杰提出，苯教最初传入吐蕃是在约公元 1 世纪的吐蕃第二代赞普穆赤赞普时期。

笃苯，出现于吐蕃第六代赞普时期，当时有一名叫汝辛的苯教巫师把过去苯教的各种巫术加以总结，并联系各地苯教徒，从而形成了笃苯一派，曾兴盛一时；洽苯，出现于布岱公杰时期，当时吐蕃从克什米尔、勃律和象雄三地请来了三位苯教师，以已有的笃苯为基础，结合外来宗教文化的相关理论，从而开创了洽苯一派；觉苯，是佛教传入吐蕃后形成的一个宗派，在佛苯斗争过程中苯教为自身发展，曾翻译了部分佛经以补充苯教典籍及理论，从而形成了觉苯一派。佛教传入吐蕃后，佛、苯之间发生了长期的斗争，苯教因敌不过佛教而逐渐失去了统治者的支持，继而退居民间并流传至今。

随着松赞干布统一青藏高原，吐蕃与周边的印度、中原、尼泊尔、今克什米尔地区等发生了联系，尤其是来自佛教盛行地区的文成公主和尺尊公主两位妃子，引进了大批佛教典籍、佛像等，藏传佛教开始蓬勃发展。然而，公元 9 世纪，达玛赞普禁佛运动，使佛教受到了毁灭性打击，在这之前的发展期称为"藏传佛教前弘期"。

达玛灭佛后，藏传佛教直到公元 10 世纪，才通过两条路径复兴。其中，从安多传法的路径称为"下路弘传"，从阿里传法的路径称为"上路弘传"，藏传佛教进入后弘期。在后弘期出现的佛教派系名目繁多，它们自立门户，各持己见，教派之间矛盾尖锐，反映出各地封建领主间的权力斗争。公元 10 世纪后半期藏传佛教正式形成，13 世纪向蒙古地区传播，此后数百年时间里，进一步衍生出各具特色的教派。

在藏传佛教中最早的一个教派是宁玛派（rnying-ma-ba），尊莲花生为祖师。因宁玛派诞生于佛苯斗争时期，它的教义、行为、仪轨中苯教的成分颇深。

噶举派（bkav-rgyud），注重密法的修习，以口授心传为主。丹珠昂奔认为，活佛转世制度、寺庙财产集团制度等专属佛教的特殊东西都来自于噶举派的发明。

萨迦派（sa-skya）的创始人是贡却杰波，他以一种新的《道果法》来标新立异，于 1073 年在萨迦地方建立萨迦寺，从此广收门徒，并形成藏传佛教派系——萨迦派，相继由史上著名的"萨迦五祖"传承发扬。其中萨迦班智达·贡噶坚赞为藏族史上第一个精通大小五明的"班智达"，著作十分丰硕。

噶当派，宣称以释迦牟尼一切教言作为自己的教诫，这一派传自阿底峡。在其死后，由仲敦巴为衣钵弟子发扬光大，修建热振寺，以阿底峡的《菩提道灯论》为基础，讲法行道。

格鲁派（dge-lugs-pa）的创始人为宗喀巴大师，著有《菩提道次第广论》和《密宗道次第广论》等。宗喀巴立志整顿宗教，树立新风，提倡谨守严格的戒条。他修建了甘丹寺，后由其弟子相继修建了哲蚌寺、色拉寺、扎什伦布寺等。

（二）宗教发展现状

西藏和平解放和民主改革之后，西藏政教合一制度解体，藏传佛教逐步成为单一的宗教事务，宗教信仰也成为宗教徒个人事务，世俗化程度不断加深。1978 年党的十一届三中全会以来，以邓小平同志为核心的党的第二代中央领导集体，面对十年"文化大革命"给党在西藏的宗教工作造成的危难局面，以巨大政治勇气和政治智慧，重新确立了实事求是的思想路线，完成了西藏宗教工作的拨乱反正，开创了党领导的西藏宗教工作的新局面。1980 年中央第一次西藏工作座谈会召开后，党和政府在西藏恢复和实行宗教信仰自由政策，维修、开放宗教活动场所，尊重并保护西藏广大信教群众和宗教教职人员的正常宗教活动。

在国家宗教信仰自由政策的积极引导下，随着我国改革开放的深化和社会经济的发展，党的民族宗教政策在西藏得到全面贯彻，宗教事务管理不断加强。尽管在社会转型过程中，物质主义、拜金主义等不良风气的出现，干扰了社会的正常秩序，在一定程度上影响了宗教的健康发展。但整体而言，寺院经济能力显著提高，基本实现经济自足，对社会主义社会的服务不断加强，宗教界人士积极投身于社会各项福利事业和服务事业，为社会主义现代化建设贡献力量。

二、宗教：2050 愿景

宗教作为一种特殊的社会文化现象，具有社会整合功能、社会控制功能、心理调节功能、社会文化交流功能，对人类社会生活影响深远。西藏宗教事务的未来发展必然会与社会主义社会相适应，引领环喜马拉雅地区藏传佛教健康有序发展。

（一）宗教 2020 愿景：宗教与新时代中国特色社会主义相适应程度不断提升

1.总体愿景

全面贯彻党的宗教工作基本方针，以藏传佛教为主的各宗教在保持基本信仰、核心教义、礼仪制度的同时，深入挖掘教义教规中有利于社会和谐、时代进步的内容，做出符合当代中国发展进步要求和中华优秀传统文化的阐释。团结和凝聚广大信教群众为新时代中国特色社会主义建设服务，为建设美丽新西藏服务。

2.具体愿景

第一，我国宗教工作的基本方针及政策进一步全面贯彻，尊重和保护正常的宗教活动，充分发掘和传播宗教教义教规中有利于社会和谐、时代进步的因素，进一步团结和凝聚广大信教群众。

第二，宗教同中国特色社会主义社会相适应程度进一步提升。引导宗教团体、教职人员、信教群众，在政治上坚定拥护中国共产党，坚定拥护社会主义制度；在经济上为全面建成小康社会，坚定不移地走中国特色社会主义道路贡献力量；在道德上发扬宗教道德中的积极因素，严格遵守法律法规，为社会和谐、文化繁荣、民族团结、祖国统一发挥积极作用。

（二）宗教 2035 愿景：基本实现宗教与新时代中国特色社会主义社会相适应

1. 总体愿景

进一步全面深入贯彻党的宗教政策，全面依法管理宗教事务，充分团结广大信教和不信教群众，充分巩固与宗教界的爱国统一战线，为基本实现社会主义现代化贡献力量。

2. 具体愿景

第一，进一步充分运用马克思主义立场、观点、方法认识和对待宗教，遵循宗教工作规律，能够根据西藏宗教发展变化和宗教工作实际，不断丰富和发展具有"中国特色、西藏特点"的社会主义宗教理论，更好地指导西藏宗教发展，基本实现宗教与新时代中国特色社会主义社会相适应。

第二，公民信仰宗教的权利得到全面保障，公民充分履行维护祖国的利益、荣誉、稳定的责任，各类宗教文化典籍和设施得到全面保护。宗教教职人员培训机制充分完善，培养出一大批政治上靠得住、宗教上有造诣、品德上能服众、关键时刻起作用的宗教人才队伍。

（三）宗教 2050 愿景：全面实现宗教与新时代中国特色社会主义社会相适应，不同宗教和信仰和谐共存，中华文化影响力彰显

1. 总体愿景

全面实现宗教与新时代中国特色社会主义社会相适应，积极践行社会主义核心价值观，弘扬中华文化，宗教文化与中华文化相融合。不同宗教和信仰和谐共存，中华文化在与不同文化的相互交流和融通中彰显出强大的影响力，引领环喜马拉雅地区藏传佛教健康有序发展。

2. 具体愿景

第一，引领环喜马拉雅地区藏传佛教健康有序发展。各种信仰和宗教和谐并存，推动宗教与学术的对话，促进宗教学术研究与现代社会的结合，阐释中国宗教文化有益于人类文明与和平事业发展的优秀因素和当代价值，建构体系完整的"中国话语"，表达"中国经验"，丰富与完善中国特色社会主义宗教政策，充分展示中国宗教与中华优秀传统文化在世界文化中的影响力。

第二，包容、平等、理解、共赢的文化思想在宗教文化中充分显现。平等、理解、宽容的理念融入各类宗教活动，实现各宗派内部的和谐、不同宗派关系和谐、宗教与社会之间的和谐，宗教和谐进一步促进社会和谐。为把我国建成富强民主文明和谐美丽的社会主义现代化强国和实现中华民族伟大复兴的中国梦贡献力量。

三、宗教：路径与保障

（一）完善宗教事务管理体系

藏传佛教在雪域高原上的发展，是与这片土地相适应，与这里本土居民的心理、习俗相适应，与藏族原始宗教"苯教"相结合，吸纳了苯教的仪式仪轨和神祇及形象，进而在藏传佛教发展的过程中出现了独具特色的活佛转世制度和寺院学修制度。21 世纪以来，我国陆续制定颁布了《宗教事务条例》等一批法规、规章，推动宗教工作走上法治化、规范化轨道，为西藏宗教管理和社会主义现代化建设提供强有力的基础保障。根据时代和环境的变化，需要进一步深化和完善宗教管理体系，构建并完善具有西藏特点的宗教事务管理制度，推动藏传佛教从教规、教义、仪轨等方面进行不断的改革，适应社会发展的需求。西藏各寺庙应以《宗教事务条例》等国家及西藏的相关法律法规为指导，根据实际情况制定、完善一系列的管理规章。

（二）引导宗教与社会主义社会相适应

任何能够在人类社会环境中长期存在的宗教，都是与当时所处的具体社会环境不断相适应的结果。藏传佛教就是佛教适应藏族地区特殊的民族文化氛围和社会现状而形成，具有民族性、地方性的特点。中国共产党带领全国各族人民在探索社会主义建设道路的过程中，从理论及实践两方面对宗教与社会主义社会的关系进行了有益探索，形成积极引导宗教与社会主义社会相适应的方针。宗教与社会主义社会相适应，既是中国社会发展的需要，也是宗教人士的愿望。正如多尔吉认为，藏传佛教观念作为一种社会意识形态，与社会主义意识形态长期共处是社会发展的客观事实。[①] 藏传佛教应该引导僧众及信众在宪法允许的范围内，去适应党和国家的中心建设任务。藏传佛教界还应引导信教群众从单纯的爱教升华到爱国爱教上来。

（三）僧俗互动促进西藏社会长治久安

从改革开放到今天，我国取得了巨大的经济建设成就，西藏自治区经济社会也发生了天翻地覆的变化。随着经济社会的长足发展，藏传佛教作为雪域高原上的主体宗教，通过不断的改革和调整，摒弃了那些不利于社会发展的因素，充分利用藏传佛教教义、教规及宗教道德中的积极因素为建设中国特色社会主义作出了积极贡献。在党和政府的正确指导下，西藏的僧俗群众共同成为建设社会主义的一支有力队伍。在中国特色社会主义新时代，藏传佛教寺院要进一步加强对僧人和信教群众的爱国教育，弘扬爱国主义传统，充分发展和巩固爱国统一战线。同时，以宗教政策和相关法律为依据，树立正确的政治观念和法律观念，建立正常的宗教秩序，服从党和政府的领导，拥护党的宗教政策，坚决维护祖

---

① 顿珠拉杰：《西藏苯教简史》，西藏人民出版社 2007 年版，第 112 页。

国统一，反对分裂，维护西藏自治区的社会稳定和实现社会的长治久安。

参考文献

[1]　常凌翀：《西藏文化产业发展研究》，中央编译出版社 2016 年版。

[2]　陈东、袁晓文：《多种信仰共存：以藏彝走廊东缘多续藏族为中心的个案研究》，《中南民族大学学报（人文社会科学版）》2016 年第 1 期。

[3]　丹珠昂奔：《藏族文化发展史（下）》，中央民族大学出版社 2013 年版。

[4]　多尔吉、刘勇、王川：《藏传佛教的文化功能与社会作用》，中国藏学出版社 2011 年版。

[5]　顿珠拉杰：《西藏苯教简史》，西藏人民出版社 2007 年版。

[6]　冯智：《清末西藏兴办近代式教育刍议》，《民族教育研究》2011 年第 5 期。

[7]　克珠群佩：《西藏佛教研究》，宗教文化出版社 2009 年版。

[8]　罗莉：《西藏文化产业发展探析》，社会科学文献出版社 2015 年版。

[9]　吴德刚：《中国西藏教育研究》，教育科学出版社 2011 年版。

[10]　张云：《多元一体国家中的西藏》，中国藏学出版社 2017 年版。

第三章

民生西藏

增进民生福祉是发展的根本目的。和平解放至今，西藏民生发展成效显著，居民的获得感、幸福感、安全感不断提升。在即将与全国一道步入全面小康之际，勾勒西藏未来民生发展蓝图，谋划西藏未来民生发展路径，意义重大。

第一节　民生发展：历史与现状

旧西藏生产生活方式原始，大部分人生活在水深火热之中。民主改革以来，社会主义新西藏民生发展大步向前，新时代西藏各族人民安居乐业。回顾过去既是为了铭记历史，更是为了展望未来。可以预期，新时代西藏民生将在诸多机遇和挑战中不断发展。

一、和平解放前民生状况

作为中华民族大家庭中历史文化悠久的少数民族之一，藏族在中国历史发展进程中占有极为重要的地位。吐蕃奴隶制政权的建立标志着民族共同体的形成，开启了青藏高原由多元分散发展步入区域性多元统一的新阶段。历经唐宋元明清的王朝更迭，西藏强化了与中原地区的政治、经济和文化往来，这给高原奴隶社会的农牧文明带来深远影响。清朝在西藏设驻藏大臣，由中央政府直接行使对西藏的地方主权。由于西藏区域战争的累累创痕，苛捐杂税繁重、百姓流离失所，清政府以颁布《西藏善后章程十三条》为先河，将整顿乌拉摊派、减免差赋、安抚百姓作为治理西藏政策的中心要点，下令赈济贫民、蠲免钱粮债务，休养生息以期恢复局部动乱后的生产，整饬封建农奴制痼疾。①

就业收入方面，西藏农牧区以放牧牦牛、羊等为主，受自然环境影响极大，居民彼此间"问富强者，数牲畜多寡以对"。西藏农业使用简单的生产工具及落后的"二牛抬杠"农耕方式，一年一播种，脱粒采用原始的牛践踩法，一般每颗种子可以收获5—6克粮食（陈庆英、高淑芬，2003）。西藏的生产资料所有制形式限制了收入分配和增长。和平解放前，西藏实行官府、寺庙以及贵族三大领主土地占有制，在17世纪，占西藏人口不到2%的封建领主占有全部土地和农奴；占人口3%的农奴主代理人代表农奴主对农奴进行统治；超过总人口90%的农奴人身完全依附于农奴主而没有土地（陈庆英、高淑芬，2003）。这种封建农奴制经济中，领主阶级利用占有的生产资料，包括耕地、草场、森林、山脉、河流、荒地等，集中农奴的劳动力从事农、牧、手工业等各项生产。此外，农奴还需负担沉重的乌拉差徭，支应牛马、人夫、柴草等，缴纳粮、油、肉等名目诸多的赋税。数据显示，农奴一年应支的差役占一家劳动力的30%至50%；每年支付的实物和货币名目极为庞杂，占全家收入的20%至30%（陈庆英、高淑芬，2003）。

生活条件方面，西藏的生活资料使用被封建领主经济制度打上了深深烙印，显示出云泥之别的贫富差距；生活资料的使用也与藏族社会经济文化以及青藏高原的自然环境等因素密切相关。居住方面，西藏农区

---

① 1751年（清乾隆时期）珠尔默特那木扎勒事件后，清朝颁布了中央政府处理、整顿西藏事务的第一个重要文献——《西藏善后章程十三条》，扶持西藏地方生产发展。参见顾祖成编著：《明清治藏史要》，西藏人民出版社、齐鲁书社1999年版，第264—269页。

百姓多以泥土、石块等筑成的平顶碉房为居所，以一层为主，也有二至三层的，窗户窄小、光线不足，与贵胄们居住的石质"碉楼"有天壤之别；逐水草而居的牧民选择帐居方式，用质地粗厚的牦牛毛缝制帐篷。由于青藏高原山峦起伏、地形复杂，西藏居民中条件优越者骑马、骡等代步，普通者直接步行。"遇水则以溜索（桥）、铁索吊桥、藤圈、牛皮船、木排、独木舟或双木舟为渡。运输靠'高原之舟'——牦牛及马、驴、骡、黄牛等驮运。"（陈庆英、高淑芬，2003）"艰险羊肠道，溜索独木桥"成为西藏居民"出行难"的真实写照。

公共服务方面，西藏的教育体系以寺院为中心，民间有"舍寺院外无学校，舍宗教外无教育"的说法。清朝时，西藏地方政府为培养官员而设置了专门学校——僧官学校和俗官学校；民间也有不少民办性质的私塾，或设在寺院中，或为农奴主家馆，这些私塾或为继承家业，或为做官培养人才。藏民族与疾病长期斗争的实践为藏医药学体系的理论丰富和经验应用提供了基石。和平解放前西藏仅有几所官办藏医机构和少量私人诊所，医疗设备简陋、规模有限，专业从业人员不足。有限的医疗卫生资源主要服务于上层统治者、寺院和藏军。农牧区的群众患病，除用一些土方法治疗外，只好举行法事、打卦占卜、祈祷禳灾。和平解放前西藏人均寿命只有 35.5 岁①，人口增长长期处于停滞状态。为强化对西藏的治理，清朝政府大力整修驿路交通，确保与戍边守军的联络以及对其的后勤给养。西藏地区与外界的繁荣贸易拓展了川藏大道，川康藏贸易、行军用兵和行人往来都通过商道。然而，"乱石纵横，人马路绝"，"进藏难"依旧是不争的事实。

社会管理方面，西藏社会管理有赖于官方力量的推动，最主要的体现是"小荷才露尖尖角"的手工业。手工业组织按行业划分为五金匠人、

---

① 中华人民共和国国务院新闻办公室：《西藏的发展与进步》，人民出版社 2013 年版，第 31 页。

卡垫生产者、建筑业、缝纫业等。与西欧封建社会行会组织不同的是，西藏的手工业组织由官方直接操纵，便于各行的税收派差等事宜管理，以行政命令方式召人入职而非自愿加入。

二、和平解放以来民生发展

1951 年 5 月，中央人民政府和原西藏地方政府签订《关于和平解放西藏办法的协议》，宣告西藏实现和平解放，为长期封闭、停滞的西藏社会带来了现代文明的曙光。自此后不久，西藏社会制度由封建农奴制一跃转变到社会主义制度，经济社会发展也由封闭、贫穷迈向开放、富裕和文明。

百姓生计条件不断改善，居民收入不断增长。1959 年西藏进行民主改革后，生产资料的农奴主所有制被废除，劳动人民的生产积极性不断提升，温饱生存的权利得以保障。改革开放以来，国家在西藏实施各项优惠的经济政策和措施，西藏经济活力显著增强，经济发展成效显著。20 世纪 80 年代以来，西藏农牧区实行以家庭经营为主的多种经营方式，"土地归户使用，自主经营，长期不变"，"牲畜归户，私有私养、自主经营、长期不变"。通过市场调节农畜产品的销售，对农牧民免征农牧业税，生产销售民族必需品的集体、个体工商企业免征工商税，农牧民个人和集体上市出售、交换农牧副和手工业产品一律不收税等。这些措施有效保障了西藏居民收入倍增的实现：1999 年至 2015 年间，西藏城镇居民人均可支配收入增长 1.90 倍，农村居民人均可支配收入增长 3.55 倍；西藏城镇居民人均可支配收入年均增长 7.0%，农村居民人均可支配收入年均增长 9.96%（见图 3-1）。

收入的增长与就业密不可分，西藏实施积极的就业政策，为农牧民走出农牧区到城镇和企业就业、经商创业提供帮助，政府和国有企业的各项投资、建设项目等也对当地劳动力就业起到积极作用。西藏三次产业就业人员从 1978 年的 93.09 万人增长至 2015 年的 234.73 万人，增长 152.15%（见

图 3-2）。2016 年，杨丹主持的《拉萨市农牧民民生改善调查》显示，受访对象中 88.49% 的居民有工作，有工作的居民中对自己的工作状况感到非

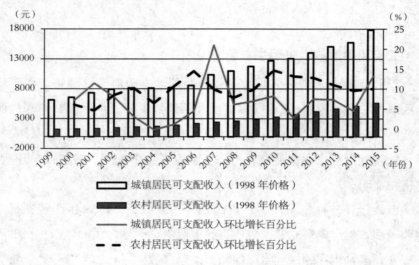

图 3-1　西藏居民收入增长：1999—2015 年

资料来源：西藏历年统计年鉴。城镇和农村居民的名义收入分别用西藏城市、农村居民消费价格指数进行了可比价处理。

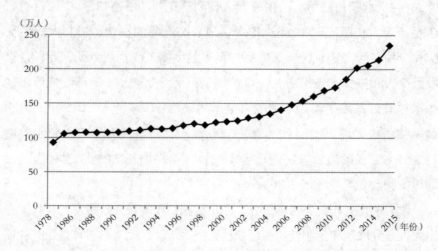

图 3-2　西藏各年度从业人员数：1978—2015 年

资料来源：西藏历年统计年鉴。

常满意的占 24.32%，感到比较满意的占 45.18%，感到一般的占 22.51%。

基础设施的完善改善了居民生活条件。改革开放后，西藏以重点工程（如 1984 年的 43 项工程和 1994 年的 62 个援藏项目工程等）带动基础设施建设，立体化综合交通运输网基本形成。农牧区居民对乡村道路设施满意度较高，2016 年《拉萨市农牧民民生改善调查》显示，42.95% 的受访者对现有道路状况表示非常满意，26.91% 的家庭比较满意现有道路状况，对现有道路状况评价一般的占 12.29%。2006 年西藏以安居工程为突破口进行社会主义新农村建设，截至 2015 年 46.03 万户 230 万农牧民住上安全适用的房屋。[1]2015 年西藏建立了相对完善的公共租赁住房和廉租住房供应保障。"十二五"时期，西藏还进行了行政村人居环境建设和综合整治，基本解决了农牧区安全饮水、无电地区用电问题，乡镇的光缆、通邮和行政村通电话均实现全覆盖。2016 年，西藏所有行政村实现了农村综合信息服务站和移动信号的全覆盖，通宽带率 83.8%。[2]

西藏的社会保障体系基本建成，民生的安全屏障基本建立。西藏全民参保登记计划启动实施，覆盖城乡居民的社会保险体系和社会救助体系也在完善之中。2016 年，西藏各项社会保险参保 300 万人次[3]；城乡居民基本养老保险制度逐步完善；农牧区医疗制度和城镇居民基本医疗保险制度逐步整合，农牧区医疗制度统筹层级得到提高，商业医疗保险发展提速，以免费医疗为基础的农牧区医疗制度覆盖全区农牧民。中央政府通过财政转移支付方式将西藏户籍居民无条件全部纳入养老保障体

---

① 《习近平在中央第六次西藏工作座谈会上"点赞"农牧民安居工程》，澎湃新闻网，2015 年 8 月 31 日，http://news.163.com/15/0831/10/B2BCLPAF00014AED.html。

② 《2017 年西藏自治区政府工作报告》，http://www.xizang.gov.cn/zwgk/zfgzbg/201702/t20170213_120405.html。

③ 《2017 年西藏自治区政府工作报告》，http://www.xizang.gov.cn/zwgk/zfgzbg/201702/t20170213_120405.html。

系内，给西藏农牧区居民带来社会福利；同时，西藏农牧区有依据家庭收入与财产条件认定的分等级贫困补贴，享受地方特色的生产性补贴、农补、牧补以及诸多类型的惠农补贴（如家电下乡补贴、建房补贴、农业贷款贴息补贴等）。

西藏着力增强人口科学文化和健康素质，人力资本相应增加。"十二五"末，西藏劳动年龄人口平均受教育年限提升至 8.8 年。[①] 图 3-3 显示了 2010 年较 2000 年西藏人口文化素质的提升情况，其中每 10 万人口中具有大学文化程度的人数比 2000 年增长 3.3 倍，每 10 万人口中具有初中文化程度的人数比 2000 年增长 1 倍。"十二五"末，西藏人均寿命由和平解放前的 35.5 岁增加至 68.2 岁，西藏孕产妇住院分娩率提高到 90.5%。[②]

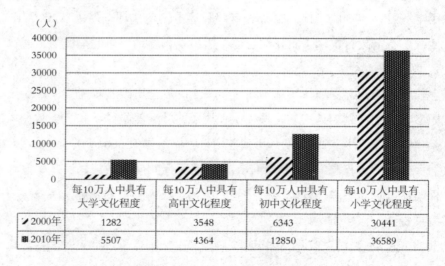

图 3-3　西藏地区人口的文化程度：2000 年和 2010 年

资料来源：国家统计局 2000 年第五次人口普查数据、2010 年第六次人口普查数据。

---

① 《2016 年西藏自治区政府工作报告》，http://www.tibetol.cn/html/zhuanlan/2/2016/0206/23159.html。

② 《2016 年西藏自治区政府工作报告》，http://www.tibetol.cn/html/zhuanlan/2/2016/0206/23159.html。

社会治理水平提升。西藏推动经济社会发展和进行反分裂斗争的双重任务并存，区情复杂、社会治理问题多样化。西藏对社会治理体制进行创新，建立一边抓发展、一边保稳定的"双套"工作机制，便民警务站、城镇网格化管理、干部驻村、"双联户"创建评比等工作对于维护社会和谐稳定发挥了非常重要的作用。西藏的社会治理体现了以人为本，以打好基础、凝聚人心和大力创新为特点，实现社会治理手段由单一向综合的转变，成效显著。

三、未来发展机遇与挑战

近年来，在中央的大力支持、各兄弟省市的无私援助、各族人民的艰苦奋斗下，西藏民生状况不断得以改善。放眼未来，西藏民生发展具有很多有利条件，但同时要清醒认识到，由于发展起点低、自我发展能力弱，西藏的民生总体状况还不够好，民生改善面临一系列挑战。

第一，中央和其他省市的全方位支持为西藏民生进一步发展带来机遇。1994年中央召开第三次西藏工作座谈会，会议确定了"分片负责、对口支援、定期轮换"的援藏工作方针，由中央国家机关、各省市和中央骨干企业对口支援西藏的格局基本形成。中央第五次西藏工作座谈会上将对口支援西藏政策延续到2020年，将项目及资金向农牧区、民生领域倾斜，以干部援藏为核心，经济、科技、人才与教育援藏相结合的援藏工作机制进一步完善，中央治藏方略逐步深化和完善。除中央的财政补贴、各项基本建设投资以外，国务院各部委还根据西藏各项事业发展的需要，给予多种专项补助；各援藏地方和单位将援藏任务纳入本地、本单位总体规划和工作部署当中，开展全方位、宽领域、多层次的援藏工作。在这种支持模式下，西藏应紧抓机遇，促进发展和改善民生。

第二，"一带一路"倡议是西藏民生改善的重要机遇。西藏自古以来就有对外开放、发展贸易、互惠互利的基因。远在唐朝时，吐蕃与中原地区已开茶马互市之端，至宋代进一步发展，明代达到繁荣。中央提出"一带一路"倡议，其主旨之一是通过增加与全球经济的联系来发展中国的内陆贫困省份、减少区域经济差距。西藏是我国辐射南亚地区的重要枢纽，地理位置决定了其在对外开放中的重要地位。建设面向南亚开放的重要通道来对接"一带一路"和"孟中印缅经济走廊"，推动"环喜马拉雅经济合作带"建设，都为西藏不断扩大开放、发展开放型经济带来重要契机。

第三，相对均衡的人口发展是西藏未来民生发展的另一项机遇。西藏自治区经济社会发展仍处于人口红利期，劳动年龄人口比重相对较高，"虽未富，但不老"，未来一段时间内还无须像其他省市一样承担较重的老龄化社会压力（见图3-4）。因此，今后一段时期内，西藏民生发展可集中精力于继续改善居民生活条件、完善社会保障体系等方面，使现有的人口红利得到更充分的利用。

第四，自然地理条件制约下西藏城乡、地区间民生发展差异大，这成为西藏民生改善的制约因素。西藏既有比较湿润的盆地，又有高寒的

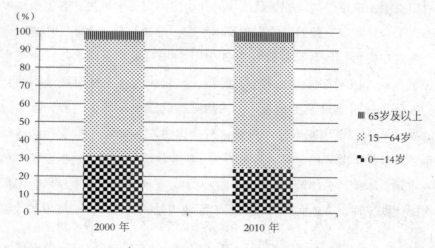

图 3-4　西藏人口年龄构成：2000 年和 2010 年

资料来源：国家统计局 2000 年第五次人口普查数据、2010 年第六次人口普查数据。

山区，绝大部分海拔在 4000 米以上，大部分地区为高原游牧区，生产不稳定。高原气候和地理环境造成地区间经济发展水平的沟壑，成为区域、城乡平衡发展的约束条件。尽管西藏城乡居民收入增长，但农村居民收入低于城镇居民，其差距在 1995 年以后呈波段式上升：1996—2006 年为一个阶段，2007—2015 年为一个阶段（见图 3-5）。1985

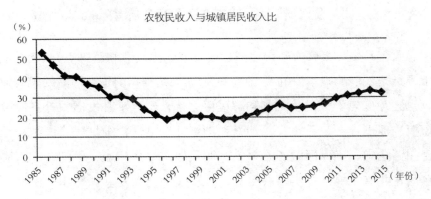

农牧民收入与城镇居民收入比

图 3-5　西藏城乡居民收入差异情况：1985—2015 年

资料来源：西藏历年统计年鉴。计算公式为相同年份的农牧民人均纯收入 / 城镇居民家庭人均可支配收入 ×100%。

年，西藏农村居民人均可支配收入相当于城镇居民人均可支配收入的 53.18%；到 1995 年这一比例降至最低，仅为 18.96%；2015 年这一比例为 32.38%。西藏城镇居民和农村居民之间收入差距大于全国城乡居民收入差距，各地区农牧民收入也存在差距。可见，发展的不平衡是制约西藏民生发展的因素之一。

第五，除自然条件影响外，民族、边疆、发展问题交织增加了西藏社会管理创新的难度。自远古时期起，藏族就是一个民族共同体，语言文化以及地域环境方面存在差异（安应民，1989）。现如今，西藏除藏族外还有汉族、回族、门巴族、珞巴族、纳西族、怒族等。西藏是边疆地区，中印关系变化直接影响着边疆安全。民族、边疆以及发展问题交织，使得西藏社会管理面临着反分裂斗争、维持民族团结、维护边疆稳定、促进社会经济发展等多重要求。传统的基层治理方式不能很好地适应推动发展和维护稳定的需要，必须大力推进基层社会管理体制机制创新。

第二节　民生发展：2050愿景

改善民生、凝聚人心是经济社会发展的出发点和落脚点，"增进民生福祉是发展的根本目的"。在党的十九大精神指引下，西藏的民生建设也必须聚焦于谋民生之利和解民生之忧，聚焦于在发展中补齐民生短板、促进社会公平正义、加强和创新社会治理、维护民族团结与社会和谐稳定，确保西藏长治久安、西藏居民安居乐业，保证全区人民在共建共享发展中有更多获得感，实现人的全面发展和全体人民共同富裕。

综合分析全国战略部署和西藏发展条件，西藏民生发展也应按"三步走"来安排。近期目标，到2020年，全面开启新时代西藏小康生活；中期目标，到2035年，西藏全区居民共享美好和谐生活；远期愿景，到2050年，西藏成为环喜马拉雅地区现代生活的引领者。

一、2020愿景：全面开启新时代西藏小康生活

2020年是"十三五"收官之年，西藏将与全国一道全面建成小康社会，届时西藏各族人民将开启具有西藏特点的新时代小康生活。

到2020年，西藏城乡居民人均可支配收入继续提升至接近全国平均水平。截至2016年，在国家现行标准下西藏农牧区尚有59万贫困人口，贫困不仅是缺乏收入和资源导致难以维持生计，还表现为饥饿和营养不良、无法充分获得教育和其他基本公共服务、受社会歧视和排斥以及无法参与决策等。因此，到小康社会全面建成之际，西藏应

在国家现行标准下消除贫困，并能够对脱贫者的返贫风险进行严格控制。与收入提升相对应的是居民就业得到保障，市场体系不断完善为城镇居民择业就业创造更佳条件、农牧民转移就业支持和保障体系逐步建立并发挥成效、大学毕业生择业观念基本转变为市场导向且就业竞争力继续提升、社会形成良好的创新创业氛围等。与此同时，西藏城乡社会保障综合服务体系基本完善，医疗保险、社会保险、社会救助、住房保障等各方面能力迈上新台阶，全民参保实施且能基本实现全覆盖。

新时代西藏小康生活不仅意味着居民生计的安全需要和发展需要得以保障，还应体现平衡性，包括居民收入同步增加、城乡人居环境协同改善等。居民收入同步增加不仅是指缩小西藏城乡、地区间的收入差距并优化收入结构，还应缩小西藏与其他省市之间居民收入水平的差距，让西藏共享全面建成小康社会的成果。届时无论农牧区还是城镇，西藏各地区居民生活条件较之前得到大幅提高，城乡人居环境较以前得到明显改善，居民的衣、食、住、行等各方面条件全面达到小康社会标准。特别地，到2020年西藏基本公共服务和公共安全主要指标达到西部地区平均水平，社会人力资本不断积累，各族群众在需要看病时能看得起、看得好，饮水质量、社会治安等公共安全各方面得以保障。此外，到2020年西藏社会治理能力和社会治理体系现代化建设取得新进展，社会治理成效显著，社区服务水平明显提高。

到2020年，以就业与增收为基础的西藏居民生计发展需要进一步得到满足，确保生计安全的社会保障体系基本建成且发挥有力作用，居民生活条件改善且城乡、区域间差距缩小，基本公共服务水平与全国其他省市的差距大幅缩小，社会治理现代化程度明显提升。总之，2020年的西藏百姓安居乐业，具有西藏特点的小康生活应成为西藏居民的标配。

二、2035 愿景：全区居民共享美好和谐生活

随着新时代西藏小康生活的开启，包括民生在内的各领域继续进步与发展，到 2025 年西藏的小康更加坚固、更加可持续。2035 年中国将基本实现社会主义现代化，西藏实现共同富裕，全区居民共建和谐社会、共享美好生活。

在同步全面小康的基础上，2025 年西藏城镇居民与农牧区居民增收途径继续增加，农牧民转移就业支持和保障体系基本建立，以市场为导向的择业就业观念完全确立，创新创业成效显著。到 2035 年，西藏中等收入群体比例较 2020 年明显上升，居民人均可支配收入达到全国平均水平，城乡、地区间发展差距和居民生活水平差距进一步缩小。西藏共同富裕为中等收入者的增加奠定了基础，居民收入、教育、就业三者良性互动关系格局基本形成，居民生计发展步入可持续轨道。2035 年西藏的社会保障体系完全实现城乡统筹、水平适度、多层次与可持续，全民参保计划有序执行，养老和医疗保险、社会救助与住房保障等各领域保障水平与全国同步提升。

2025 年西藏农牧区人居环境较 2020 年大幅改善，2035 年西藏实现农牧区与城镇人居环境各具特色、协同发展。发挥"后发优势"，探索具有西藏特点的城镇化道路，城乡协同发展、城市与自然和谐共生的城乡格局在 2025 年初步呈现，到 2035 年基本形成，西藏居民生活条件和人居环境基本实现现代化。包括交通、邮电、供氧、加湿、取暖、供水供电、商业服务、科研与技术服务、园林绿化、环境保护、文化教育、卫生事业等在内的各项公共服务设施齐备且空间布局合理。到 2035 年，西藏农牧区与城镇、不同海拔地区、不同民族居民差异化的美好生活需要得到满足，基本公共服务及公共安全主要指标达到全国平均水平，社会人力资本水平显著提升，居民积极倡导现代生活方式。

2035 年西藏民生发展的另一特征体现在社会治理的全民参与、共

建共享。和谐、稳定这种社会发展的内在需要和居民安居乐业的根本要求得到充分保证，全体居民共同倡导和参与、共同建设和分享。西藏社会治理能力显著提升，基本建成具有"中国特色、西藏特点"的现代社会治理体系。

总之，2035 年的西藏，"幼有所育、学有所教、劳有所得、病有所医、老有所养、住有所居、弱有所扶"得到全面实现，各区域、各领域民生发展的充分性、平衡性并重，全区居民共建和谐社会、共享美好生活。

三、2050 愿景：成为环喜马拉雅地区现代生活引领者

2050 年中国建设成为社会主义现代化强国，和谐现代的西藏成为环喜马拉雅地区的核心区域，西藏现代生活方式成为环喜马拉雅地区的示范和引领。

实现社会主义现代化的中国人均收入处在世界前列，西藏各族人民人均收入达到全国中高水平。城乡居民的就业观念高度现代化，合适的就业成为个人的主动需要，完善的就业综合服务体系保障着城乡居民就业的基本权利；中等收入群体成为西藏居民的主体，城镇、农牧区、各地居民的收入充分满足其美好生活需要。2050 年的西藏与全国一样，完善的社会保障体系充分发挥着居民生计安全屏障的作用，保障能力、保障水平和社会福利体系处于世界一流水平。

2050 年，西藏人居环境将全面实现现代化，成为环喜马拉雅地区现代生活引领者。现代化的城镇体系与高原农牧区风光和谐共生成为现代生活的重要载体。西藏特有的地理条件和发展基础决定了其不一样的城镇化道路，"十二五"末西藏城镇化率为 26%，[①] 到 2050 年西藏建成

---

① 《2016 年西藏自治区政府工作报告》，http://www.tibetol.cn/html/zhuanlan/2/2016/0206/23159.html。

包容、安全、有风险抵御能力且符合可持续发展要求的城乡格局。包括拉萨、日喀则都市圈以及各区域中心城市、中小城市和小城镇协同发展的城镇体系建成，大都市和核心城市在各种观念、商业、文化、科学、生产力、社会发展进程中的枢纽作用得到充分体现。届时，西藏各类公共资源合理布局和分配，公共服务供给完全满足城乡不同地区各族人民的多样化需求。2050 年，西藏城乡公共服务体系高度健全，基本公共服务及公共安全主要指标达到全国中高水平，终身学习成为城乡居民现代生活的组成部分。

2050 年，西藏社会治理能力和治理体系全面实现现代化。高水平、高标准的社区服务极大丰富了居民日常生活，多元主体参与的社会治理以向全区各族人民提供平等的机会为主要内容，风险防控机制高度成熟，社会风险完全得到控制和化解。

总之，2050 年的西藏，高度现代化的生活设施条件使高原居民的美好生活需要完全得到满足，"现代"成为西藏生活方式的关键词，西藏成为环喜马拉雅地区现代生活的引领者。

第三节　民生发展：路径与保障

西藏民生发展的愿景不能成为空中楼阁，合理的规划是愿景成为现实的必要条件。总体来说，西藏未来的民生发展，可从构建居民生计发展系统、完善居民生计安全屏障、推动公共服务供给现代化、夯实微观社会治理基础、稳步推进西藏特点的城镇化等路径上予以推进。

一、构建教育、就业与收入良性互动的居民生计发展系统

生计就是谋生的手段，是个体从环境中获取资源以支撑生存条件的方式。对现代社会而言，居民获得必要的收入以实现"温饱"是远远不够的，个体具有改善生存条件的需求。因此，宏观层面来看现代社会的

居民生计系统应是动态的、向前不断发展的。基于西藏民生发展愿景，西藏民生建设首要任务是构建适用于农牧区和城镇全体居民的生计发展系统，从根本上解决西藏居民生计发展问题。西藏居民生计发展系统的功能是确保居民能够通过适当的方式获得相应收入满足生活需要，并随着生活需要的增加其获取收入的能力相应提升。

当前，西藏居民生计情况具有以下特点：一是分化明显，农区、牧区和城镇居民生计方式和生活水平有很大差异；二是脱贫任务依然艰巨，区域性贫困、不少地区生态脆弱导致贫困等问题亟须解决；三是就业压力大，商品市场和劳动力市场发育相对滞后，一些观念也对就业产生消极影响；四是居民收入渠道窄，社会收入分配格局仍需优化；五是生计持续性弱，如牧区居民生计严重依赖自然且受城镇化冲击，生计持续性无法保障。分析这些现实情况可以发现，能力是影响西藏居民生计及其发展的最主要因素，既包括满足当前生活需要的能力，也包括满足未来可能增加的生活需要的能力。事实上，教育是提升居民生计能力最重要也是最直接的方式，无论是职业教育还是学历教育都是提升居民人力资本的有效途径，在现代化、城镇化、市场化背景下人力资本对于居民参与社会生产、获得收入、满足生活需要具有决定性意义。

因此，构建西藏居民生计发展系统须紧抓教育、就业和收入这三个关键词。其中，教育是基础，就业是动力，收入是纽带。具体而言：首先，教育是西藏居民提升人力资本、适应现代经济体系的有效手段。在西藏居民生计发展系统中，教育处在最基础的位置，教育不仅直接关系到系统功能是否能够有效发挥，在初期也承担着系统运转推手的责任。其次，就业是西藏居民参与社会生产从而获得收入的途径，就业问题解决也就意味着生计问题的解决。可以说，就业是西藏居民生计发展系统持续运转并发挥功能的最主要动力。通过就业获得相应收入，一方面用来响应生活需要，另一方面可用于教育，即用于生计能力的提升。从这个意义上说，收入扮演着连接系统内其他元素的纽带角色。宏观层面收入如何分配以及微观层面收入如何使用，都关系到系统能否持续运转。以上三要素之间需形成良性互动：教育通过提升人力资本促进就业，居民获得基础生计能力；就业通过生产和分配成为居民收入，收入用来满足居民生活需要；在教育事业发展、市场作用下部分居民将收入继续投入教育，进一步提升居民的生计能力以响应其增长的生活需要。总之，只有基于西藏发展实际推动教育、就业、收入良性互动，才能确保西藏居民的生计发展需要得到满足。

第一，优先发展教育。教育是中华民族伟大复兴的基本条件，必须坚持优先发展教育战略，加快教育现代化。落实党的十九大精神，高度重视农牧区义务教育，普及高中阶段教育，办好学前教育、特殊教育和网络教育，努力让每个孩子都能享有公平而有质量的教育。具体可从以下几方面着手：

一是培养群众重视教育和终身学习理念。形成多元的参与主体，政府、社区、学校、家庭等坚决落实教育责任和义务，把教育理念融入各级各类学校课程和日常行为规范中，强调榜样的正能量，强调人力资本带来的价值回报，传输正确的世界观、价值观。积极创新载体方式，深入主题教育实践活动，采用更有效的劝学方式。深入了解并及时帮助学生解决思想、学习、生活中的困难，争取让更多的学生享受到更高更好的教育。

二是构建学历教育、职业教育、继续教育等多种教育形式协同发展机制。学历教育、职业教育、继续教育都有重要作用，加强三者协同发展有利于更多的群体接受教育。加强职业教育与普通教育沟通，优化高中阶段普职比结构，打破职业学校和本科学校之间的壁垒，为"跨界"求学提供相应的政策通道。继续教育和学历教育齐头并进，建立职前职后贯通的继续教育体系，鼓励高校、科研院所、企业等开展继续教育，建立有利于全社会劳动者都有机会接受职业教育及相关培训的更为灵活的学习制度。总之，必须提升学历教育质量，深入推动职业教育发展，加强继续教育，促进学历教育、职业教育、继续教育协同发展。

三是提高高等教育人才培养质量。以西藏产业构成为导向，开办符合产业发展需求的高等职业教育，匹配职业院校人才供给与市场人才需求，强化校企融合和教产融合。调整区内高校布局结构、提高整体师资力量，加强一流学科建设，突出西藏特色，培养出一批技能型、创新型、复合型人才。注重创新型人才的培养。过去粗放式的发展与新时代的要求不符，推进科技探索，加强科技基础平台建设，实施科技创新创业人才计划，切实提高人才培养质量。

四是加大大学生就业工作保障力度。高等教育回报的不确定性和跨期性是西藏高等教育普及率较低的原因之一。因此，应加强大学生就业工作保障力度，将就业保障工作与职业培训工作有机结合，努力营造良好的学习氛围，推动建立覆盖城乡全体劳动者、贯穿劳动者学习工作全过程、适应劳动力市场需求的职业培训制度，增强劳动者创新和就业能力。

第二，提高就业质量。就业的核心是劳动力配置，提高就业质量意味着劳动力市场机制充分发挥作用、劳动力资源得到有效配置。促进劳动力市场发育和完善是促进就业的必要途径，目标是形成劳动者自主择业、市场调节就业、政府促进就业的具有完备劳动保障机制的灵活高效劳动力市场。要能够适应劳动者多层次就业需求并提供全方位的公共就业服务，统筹高校毕业生就业、农牧民转移人口和困难人群的多渠道就业创业。西藏仍存在青少年求学意愿弱而很早进入劳动力市场的情况，这在短期内能带来收入，但长期来看不利于全社会教育发展和人力资本的积累。进行劳动力配置时应注重对短期劳动力利用与长期人力资本储备的兼顾。此外，结构性矛盾上升为就业的主要矛盾，劳动力是一种特殊的生产要素，其重新配置需要得到政府提供的政策扶助和社会保护。总之，就业必须与民生发展目标结合，让市场机制发挥主要作用，政府进行适当调节，让"看不见的手"和"看得见的手"发挥合力。

第三，优化收入分配。高质量的就业通常意味着更高的收入，就业不仅是个人收入的直接渠道，也是社会资本流动的内核。收入分配方面，坚持按劳分配原则，完善按要素分配的体制机制，促进收入分配更合理、更有序。拓宽劳动收入渠道，大力推进劳动制度的改革创新和劳动力市场的完善，让劳动力在流动中创造更多的价值，让人力资本更多的劳动者相应获得更多收入。

二、构建和完善全覆盖、高水平、可持续的社会保障体系

有力的社会保障是确保居民生计安全的一道屏障。党的十九大报告指出，要"全面建成覆盖全民、城乡统筹、权责清晰、保障适度、可持续的多层次社会保障体系"。[①] 西藏的医疗保障制度、社会保险制度、社会救助体系等仍需进一步改革优化，社会保障尚未完全实现全覆盖，住房保障水平也有待继续提升。基于民生发展的目标指向，西藏民生建设还需构建和完善能够全面覆盖农牧区和城镇、可持续运转的社会保障体系，从而满足西藏居民的生计需要。具体而言：

一是社会保障覆盖西藏农区、牧区和城镇全部人口。西藏虽然人口总规模并不大，但是人口的城乡分布和区域分布却极不均衡，这客观上加大了社会保障体系实现人群全覆盖的困难程度。同时，西藏的城镇化进程起步时间短，未来人口迁移流动更为频发，区内和跨区人口流动又具有较强的单向性和季节性，这些因素也增加了社会保障体系真正实现全民覆盖的复杂性。西藏民生愿景要求社会保障体系不仅要做到制度全覆盖，还要做到人群全覆盖，实现农牧民、城镇居民人人有保障，一个都不少。

二是社会保障水平能够满足居民的基本生活需要。受限于经济规模

---

① 《决胜全面建成小康社会　夺取新时代中国特色社会主义伟大胜利——在中国共产党第十九次全国代表大会上的报告》，人民出版社 2017 年版，第 47 页。

和财政状况，西藏目前的保障水平并不高，这与西藏城镇较高的物价水平不相适应。同时，西藏城镇居民、农牧民生活方式有明显差异，除一些基本生活需求外，他们对于医疗、养老、住房等各方面的需求也具有差异性。此外，受多种因素的综合影响，医疗等资源的供给和配置也存在不充分以及不均衡的情况。高水平的社会保障体系最基本的要求是能够满足居民生活的各项基本需要，西藏民生发展要求居民医疗、养老、失业、低保等保障一个都不少。

三是社会保障体系要可持续运转。社会保障体系持续运转至少有两方面条件：制度完善和资金充足。就制度建设而言，结合西藏发展实际，西藏社会保障体系制度改革仍在进行之中，全国层面的机制建设也未达到完善的标准。就保障资金而言，企业和个人缴纳的社会保险金和政府财政的补充等是社会保障资金最主要的来源，西藏市场经济发展相对滞后，政府财政"造血能力"尚未完全形成，这些都成为西藏社会保障体系最终实现持续运转的制约因素。西藏民生发展要求社会保障体系能够克服上述困难，真正实现持续运转。

西藏民生发展需要构建和完善全覆盖、高水平、可持续的社会保障体系，可从两方面着手：

第一，社会保障体系制度的深化改革和完善。为解决社会保障体系各方面制度问题，及早实现全覆盖、高水平、可持续的目标，可从三方面加大工作力度：一是以养老保险、医疗保险为主要保障内容，加快实现对城镇居民、农牧民、僧侣等群体实施全覆盖的参保计划，确保区内所有人参与。二是深化改革扩大保险范围，养老、工伤、生育、失业保险都应涉及，企事业机关单位在职员工和退休员工都应纳入综合社保名单，探索农牧民转移人口、新型就业岗位从业者的参保政策。三是提升群众的自我保障，广泛进行激励引导，提供非基础、更高水平的保障服务，完善城乡居民养老、医疗保险多缴多得、长缴长享等激励机制。

第二，确保社会保障资金来源稳定。为解决社会保障资金来源的稳定性问题，可从"节流"和"开源"两个角度出发："节流"意味着稳步提高社保待遇水平，我国仍处于并将长期处于社会主义初级阶段的基本国情并没有发生改变，西藏也不例外，不可做超出社会承受能力、不可持续的承诺，应引导社会形成合理预期。同时，社会保障资金的主要来源是企业和个人缴纳的社会保险金和政府财政的补充，要明确社会保障既是政府的责任，也需要个人和企业来共同承担。"开源"意味着政府要具备可持续的"造血能力"：一是通过发展经济强化地方财政能力，拓宽筹资渠道，增强养老保险的整体调剂能力；二是充分发挥政府的资金引导作用，将社会资本引入社会保障体系，鼓励商业保险作为社会保险的补充。

三、立足需求不断提升公共服务供给水平

与全国居民一样，西藏居民对美好生活的需要在日益增长，对公共服务的数量和质量需求也不断提升。尽管城乡面貌发生了巨大改变，公共服务供给水平有了明显提升，但由于地理条件特殊、人口分布极不均衡、经济发展相对滞后等原因，总体来说西藏公共服务供给仍难以满足居民日益增长的生活需要，且区域和城乡发展极不平衡。基于民生发展的目标指向，西藏民生建设还应在保障基本公共服务实现充足、均等供给的前提下，强化需求导向，充分发挥市场配置资源的作用，目标是基于居民不同的生活需求提供充分、高质量、多层次、多样化的公共服务，来支撑城乡居民的美好生活需要。

西藏地处青藏高原，城市、城镇、农区、牧区的自然地理条件和居民生活状况有明显差异。一方面，环境差异造成西藏不同区域公共服务的供给现状明显不同，如空间距离因素导致城镇居民和牧区居民对医疗资源的可及程度存在差异；又如在生活用水、能源等的供给方面城乡差异也很明显。公共服务供给状况不同，对居民生活需要的支撑能力就不同，对公共服务供给要求就不同。另一方面，生活习惯差异造成西藏不

同区域、不同民族居民对公共服务的需求也有所不同，如有的居民对宗教活动有较强的现实需要等。生活方式不同对美好生活的理解就不同，对公共服务的需求就各异。因此，只有明确了居民需求，针对不同的需求有针对性地进行公共服务供给，才能提升服务效率和能力，真正对居民日益增长的美好生活需要形成支撑。

在政府的合理调控下，市场可以成为配置资源最有效率的工具，利用市场手段调剂公共服务供给使其实现供需平衡，既可增加公共服务供给主体，又能通过淘汰不符合需求的供给从而提高效率，以满足西藏居民不同层次、多样化的公共服务需求。不断提升公共服务供给水平的途径是建立需求导向下市场发挥作用的机制，可以从两个方面着手：

第一，根据区内不同的自然禀赋和生活情况提供不同的公共服务。提供与居民需求相符的公共服务首先需要识别需求，通过大数据分析、问卷调查、走访入户等方式获取居民需求，对象包括城镇居民、农牧民、僧尼等。根据需求动态调整基本公共服务供给的内容、标准、方式，构建全面的质量管理体系。拓展政府基本公共服务供给中公众参与的路径与渠道，注重保护公众表达需求和反馈的权利。居民更多关注与日常生活息息相关的事，这就要求政府还需要有更长远的目光，根据区内自然禀赋合理改进公共服务的供给，例如利用西藏充足的太阳能资源，先后实施"西藏阳光计划""科学之光计划""双湖光伏电站扩容工程""西藏阿里地区光电计划""西藏地区城镇太阳能供暖研究示范""无机水合盐应用于太阳房研究""送电到乡"等工程，这些都是基于现实情况增加有效供给的基础项目。

第二，在发挥政府主导作用的情况下鼓励市场力量参与提供公共服务。通过政府购买等方式鼓励社会力量更多地参与基本公共服务供给是公共服务市场化的另一个重要途径，打破政府对"公共服务提供者"角色的"垄断"，建立政府主导、社区参与、公办民办机构和群众多主体供给模式，提高基本公共服务的质量和效率，通过设立公众监督等方式，保障居民对公共服务相关情况的知情权和选择权。

四、以改善民生和增进居民获得感夯实社会治理微观基础

"增进民生福祉是发展的根本目的"，创新社会治理是促进社会和谐、有序的手段，服务于改善民生。基于民生发展的目标指向，西藏民生建设最终要实现全区居民共建共享和谐、有序的社会，实现共同富裕以及人的全面发展。创新和加强社会治理作为改善民生的一种方式，其作用的有效发挥需建立在良好的社会微观基础之上。在发展的过程中居民的生活条件不断改善、获得感不断增进，社会治理就有了坚实的微观基础。考虑到西藏民族问题、发展问题、边疆问题相互交织的客观实际，可通过在发展中将改善民生、增进居民获得感作为重要甚至首要任务，夯实社会治理的微观基础，促进全民共建共享和谐社会、共同富裕和人的全面发展的实现。

西藏开创和维持和谐稳定、民族团结、宗教和睦、边疆巩固的良好局面，与广大居民的参与有直接关系。在中央和兄弟各省的大力支持下，西藏经济社会发展取得长足进步，民生改善成就举世瞩目。正是在收入不断增加、教育质量提升、就医条件改善、住房更有保障、交通更加便利等一项项与切身利益直接相关的巨大变化中，西藏居民获得感、幸福感显著增加，对当前生活的满意程度和对未来美好生活的向往程度越来越高。

将改善民生和增进居民获得感作为西藏民生发展的推进路径之一，至少有两点好处。一方面，居民获得感的不断增进本身就是发展的目标指向，这属于直接作用。另一方面，居民获得感的不断增进有利于社会治理效率提升，这属于间接作用。无论使用何种社会治理措施和方法，只有当居民收入有效增加、生活水平切实提升、增加的美好生活需要不断得到满足时，社会治理的微观基础才更坚实。在居民获得感不断增进

的环境中，各项社会治理措施可更高效地发挥作用，所需成本也相应降低，一些可能产生的风险也相应弱化甚至消除。

创新社会治理是为民生发展服务的。根据西藏经济社会发展现状，应坚持把改善民生作为第一要务，把保稳定作为第一责任，建立长效机制，以改善民生和增进居民获得感夯实社会治理微观基础，促进民生愿景的实现。

创新社会治理应从理念层面开始，推动社会治理从"维稳"向"自稳"状态转变。始终把保障和改善民生作为一切工作的出发点和落脚点，坚持为群众办实事，提供完善的社会保障体系和有效的公共服务供给。将寺庙纳入社会公共服务范围，保障僧尼与其他公民的同等待遇。通过更多的惠民工程提升各民族群众、不同信仰群众的满足感，增进居民获得感，激发各族人民维稳的内生动力，促使全体居民珍惜稳定局面、自发构建和谐社会的风险防控体系。

在社会治理过程中，坚持依法治理、主动治理、综合治理、源头治理相结合。西藏地区已初步形成党政军警民联防联控的多元、互动的治理格局，网格化管理模式将从城镇拓展到社区、村民组、寺庙。特别是，西藏信教的人数较多，可大胆创新，从源头治理，把社会治理理念引进寺庙教育管理服务中，坚持明确寺庙是基本的社会细胞和社会单元，注重发挥寺庙在社会治理中的作用。

社会治理创新还应建立科学合理的绩效评估体系。把社会治理工作绩效考核纳入政府考核范围，实行专项考核制度，尤其是围绕保障和改善民生开展的绩效评估。改善和保障民生是开展绩效评估的出发点和落脚点，针对区内可能存在的"政绩工程""形象工程"，绩效评估能有效促使人民得到切实的公共服务。一是要进行考核制度和指标探索，以民生项目为重点，把民生项目落实、区内群众的满意度作为重要指标。二是使用绩效评估结果推动政府改善管理，通过全面的评估发现问题和掌握群众的真实需求，分析原因并加强沟通反馈，最终进行改进达到预期目标，形成集前期规划、中期监控管理、后期考核于一体的系统。

五、通过走西藏特点的城镇化道路带动区域城乡平衡发展

平衡发展是我国居民不断增长的美好生活需要得到满足的要求之一。我国地域辽阔，区域间发展的基础、条件、节奏等不完全一致，导致发展不平衡。在各项因素的综合作用下，西藏区域、城乡之间在人口、经济、民生等多个方面都表现出较大的发展差异。基于民生发展的目标指向，西藏民生建设还应推进农牧区及城镇、各地区间的平衡发展，走具有西藏特点的城镇化道路则是推进西藏平衡发展的一项重要途径。

一般情况下城镇化进程主要是通过农业部门向非农部门、农村向城镇的人口迁移实现的，这个过程因同时促进了农业部门和非农部门生产率的提升而实现经济红利，带动经济增长并改变城乡发展格局。因此，对于西藏来说，通过主动干预和调控城镇化进程，不仅有可能协同发展城市与农牧区，也有可能为发展相对滞后的地区带来追赶发展的机遇和条件。西藏城镇化进程较为滞后（2016 年末全区常住人口城镇化率29.56% [①]），这是西藏特殊的自然地理条件和发展状况的体现，却有可能产生"后发优势"而成为西藏平衡区域和城乡发展的机遇。当然，只有紧密结合西藏各区域发展的客观实际进行科学、合理、有针对性的调控，城镇化才可能发挥平衡区域和城乡发展的作用。

西藏的城镇化发展需要体现西藏特点，包括：第一，目标方面，不是城镇化率越高越好，不是城镇化速度越快越好。西藏的城镇化发展要在确保生态安全的前提下进行，这决定了一般情况下对"快速推进城镇化"和"高城镇化率"的过分强调和追求与西藏实际不符。西

---

① 西藏自治区统计局：《西藏统计年鉴》（光盘版），中国统计出版社 2017 年版。

藏的城镇化目标和速度应确保适度，要与西藏的禀赋条件和发展需要相适应。第二，过程方面，在城镇化进入中期以前就注重质量和速度的平衡。在市场作用下，城镇化在初期向中期运行时往往呈现粗放式发展，城镇化率快速提升的同时也产生诸如环境质量下降、迁入人口的城市融入困难等消极影响。西藏城镇化发展，应及时对人口向少数城市过分集中、城镇过度过快扩张、农田草场退化等方面进行强力干预和调控，提升城镇化进程的有序性和稳健性。市场不是万能的，必要的调控是很好的补充，只有这样才能既保障生态不被破坏，又最大限度收获城镇化带来的各项红利。第三，空间格局方面，要注重均衡发展避免"一城独大"。人口、资源等高度集中虽可产生聚集经济效应，但与平衡发展的目标相悖。西藏可在有条件的地区助力城镇化发展，随着交通、供氧等支撑要素逐步发展、完备甚至成为标配，高原各地区都可分享发展的成果。

西藏正处于城镇化即将迈入快速发展阶段的关键时期，城镇化对全区经济社会发展具有非常重大的意义，应准确把握城镇化发展基础和态势，稳妥推进城镇化和农牧民转移人口市民化。坚持通过稳妥推进城镇化促进西藏城乡和区域平衡发展，转变城镇化发展思路，把握西藏独特的禀赋特点和发展需要，走平衡发展、错位发展、差异化发展路径。

西藏幅员辽阔，拥有丰富的自然资源，多数地区人口密度非常小，这就导致公共服务半径大、供给成本高，规模经济效益低，产业转型面临诸多困难等问题。同时，西藏部分区域生态系统极为脆弱，抗干扰能力差，自然灾害发生频率高、影响大。因此，西藏须坚持走新型城镇化道路，稳妥推进人口的合理分布、适度聚集，主体功能区要体现西藏各区域资源禀赋、生态脆弱性、环境承载力等多因素，强调实现绿色、低碳发展，引导人口从农牧区向适宜、就近的城镇合理、有序转移，从不适宜人居的区域向条件较好的区域转移。同时要注重农牧民迁移后的城市适应问题，加强基础设施建设，提高产业对更多农牧区转移人口的吸纳和支撑能力，建立完善公平、配套的社会保障体系，提高公共服务供给能力。坚持政府引导、市场主导和个人意愿相结合，探索科学的人口迁移机制，引导人口逐步、有序转移。

稳妥推进城镇化发展要求平衡发展、错位发展、差异化发展。因此，城市格局方面，要注重城市间均衡发展，加速综合交通运输网络建设，让高原各地区都可分享发展的成果。西藏积累了丰厚的人文气息、历史特色、地域风貌，在稳妥推进城镇化过程中须放弃趋同的产业结构、发展规划，对各区域产业结构及其发展进行充分认识及合理布局，大力发展具有区域特色和区域比较优势的支撑产业，大力发展资源节约型、环境友好型产业，强化旅游资源等优势资源开发对城镇化发展的支撑作用。

参考文献

[1] 安应民：《吐蕃史》，宁夏人民出版社 1989 年版。

[2] 陈庆英、高淑芬：《西藏通史》，中州古籍出版社 2003 年版。

[3] 黄奋生：《藏族史略》，民族出版社 1985 年版。

[4] 陈庆英：《汉藏史集》，西藏人民出版社 1986 年版。

[5] 廖桂蓉、刘子菁：《西藏人口年龄结构现状与特征分析——基于第六次人口普查数据的分析》，《西北人口》2014 年第 2 期。

[6] 陈爱东：《西藏特色社会保障体系建设综述》，《中国藏学》2011 年第 2 期。

[7] 史云峰：《西藏人口的结构特征分析》，《西藏发展论坛》2012 年第 6 期。

[8] 段玉珊、王娜：《西藏人口城镇化进程及发展趋势预测》，《西藏研究》2015 年第 4 期。

[9] 徐爱燕、黄榕、胡丹丹：《产业结构服务化对西藏新型城镇化的推动——基于VAR 模型的分析》，《西藏大学学报（社会科学版）》2015 年第 1 期。

[10] 吕翠苹、秦君玲：《公共财政视角下的西藏新型城镇化发展探析》，《西藏大学学报（社会科学版）》2014 年第 2 期。

第四章

美丽西藏

　　西藏位于青藏高原核心区域，地势高峻，地理特殊，野生动植物资源、水资源和矿产资源丰富，素有"世界屋脊"和"地球第三极"之称。这里不仅是南亚、东南亚地区的"江河源"和"生态源"，还是中国乃至东半球气候的"启动器"和"调节区"。另一方面，西藏地理环境特殊，生态环境比较脆弱，保护自然资源的再生能力，改善生态环境质量，确保自然生态系统的完整性及良好的调节能力，确保生态安全和经济、社会、生态的和谐统一、协调发展，是西藏现代化发展的重要内容和可持续发展的战略选择。生态文明建设已经成为推进西藏长治久安、可持续发展的重要战略决策，也是保护西藏碧水蓝天的必然选择，更是西藏人民与祖国人民一道全面建成小康社会的根本保证。本章在回顾西藏生态文明历史发展的基础上，通过分析现实机遇和挑战，提出未来愿景，并为愿景的实现提供了路径和保障。

第一节 生态文明建设：历史与现状

一、西藏生态文明建设历史

（一）生态文明建设理念的形成

随着西藏社会的快速变迁，经济飞速发展，资源开发力度加大，加之全球气候变化的影响，西藏面临严峻的环境威胁和挑战。如何加强西藏国家生态安全屏障建设，推动区域可持续发展，构建生态文明，是西藏自治区政府和人民面临的重要议题。在藏民族传统文化背景下，充分认识和发挥环境保护和可持续发展的思想，对于构建西藏生态文明建设具有重要意义。

藏民族苯教的传统生态观。苯教把自然界的一切生物都看作宇宙的构成部分，因此每类生物都有生存的权利和生存的空间。虽然藏族先民们对人与大自然最初的这种认知还比较模糊和笼统，但他们已在"万物有灵"思想基础上开始主动思考人与自然环境的关系，隐含了通过保护万物以及保护自然界来保护人类家园的思想（王娜，2011）。

藏传佛教的传统生态观。藏传佛教文化继承并丰富了苯教文化关于万物互联的想法。藏传佛教文化认为人与大自然的互相联系以及互相依赖是人类应该对自然界保持敬畏之心的基础。人的生命是大自然赐予的，生活在天地间的万物也是上苍赋予的恩赐。因此，人类在享有利用大自然万物的权利之时，也要知足常乐，不能肆意浪费。人类不但要对大自然取之有度，不能随心所欲地掠夺和破坏，还要有一颗神圣的敬畏之心，对自然界的万物怀有悲悯之心，保护自然界万物是人类应有的责任和义务（苏发祥，2014）。藏传佛教的这些主张对传统生态观的形成起了积极作用，使藏族人民具备了保护自然的传统朴素理念。

藏民族传统环保意识对当代生态观产生了深远影响。数千年来，藏民族在自身文化传统塑造下形成的生态保护理念支撑了生态环境保护行为，这种行为主要体现在万物都有自己的生存空间，万物都是平等的。因此，尊重生命、尊重自然成为藏民族天然的理念和行为。这种理念和行为对可持续发展战略的实施具有非常重要且深远的影响。当代人们受藏族文化熏陶，主动保护大自然，这对生态保护均起到积极引导和向导作用，对改善生态环境具有重大的意义（齐扎拉，2014）。

（二）生态文明建设历史发展

1. 生态文明建设发展

20世纪50年代以前，西藏的生产力水平和生活水平非常低，对自然环境和资源仍处于被动的单向索取阶段，当时没有生态文明建设的理念，只有朴素的自然观念。虽然当时有一些科学研究，探索了西藏的高原特殊自然环境以及生物多样性等课题，但是没有从整体上系统考虑和探索西藏高原特殊的自然生态环境与生态保护之间的关系，从科学准备上还不足以指导生态文明建设工作。

20世纪50年代后，为了加强西藏生态文明建设和保护，国家组织了"政务院西藏工作队"，全面考察了西藏森林、草场等自然资源以及能源，并指出需要科学合理地开发和利用西藏特殊的各种资源。1958年，中国科学院西藏综合考察队展开了生态文明建设的基础研究工作，从科研上做了准备。西藏自治区人民政府的正式成立为环境保护工作和生态建设提供了更好的组织保障。由此，西藏的生态文明建设逐步开展，并在西藏现代化建设的过程中有了跨越发展的基础。1975年成立西藏自治区环境保护领导小组和办公室，1983年成立西藏城乡建设环境保护厅，表明西藏生态文明建设的组织机构不断完善和成熟，生态管理体制得以加强，生态保护和建设走上规范、科学发展道路。

改革开放后，西藏作为我国重要的生态地区之一获得全国人民的认可，其生态文明建设随着经济社会的发展得到越来越多的重视。特别是

20 世纪 90 年代末以来，中央和西藏自治区政府不断加大高原生态环境保护和建设方面的人力物力投入力度，规划和实施了多项各种层次的生态保护和建设工程，西藏地区的生态环境保护和建设工作不断得到跨越发展。

在此跨越发展过程中，中央和西藏政府做了大量工作。1994 年中央第三次西藏工作座谈会提出加强对西藏生态建设的决策，并强调了全国做好对西藏的支援工作，加快了西藏生态文明建设进程。2001 年中央第四次西藏工作座谈会上规划并决策了西藏生态文明建设的资金投入和政策扶持，特别重要的是，会议指出以可持续发展理论为指导，推动西藏地区绿色农业、旅游等产业发展，并将其作为经济增长的重要产业，这不但对西藏生态环境的影响极为深远，同时对西藏经济结构也产生了非常大的影响。2010 年中央第五次西藏工作座谈会明确了西藏是我国重要的生态安全屏障，具有特殊的战略地位。在这个重大论断基础上，党中央开始将西藏生态文明建设纳入到国家与西藏工作的全局安排中进行考虑，进一步扩展了西藏生态文明建设和保护的范围，加大了保护力度（西藏自治区人民政府，2009）。

进入 21 世纪以来，西藏生态文明建设已成为系统促进经济社会全面可持续发展的重点工作，迈入整体推进、科学规划、保护与建设共同发展的崭新阶段。习近平总书记在 2015 年中央第六次西藏工作会议上明确指出：要坚持生态保护第一，务必采取综合举措，预防青藏高原空气污染、积极控制和治理土地荒漠化，加大对草地、湿地、天然林的保护力度。这为当下和未来西藏生态环境保护建设指明了发展方向和实施路径。

2. 生态文明建设成就

半个多世纪以来，为解决好人畜和草畜矛盾，西藏采取了一系列措施，加强天然草地的合理利用和生态保护。从 2001 年起西藏开始实施牧区草原建设、游牧民定居工程以及天然草原恢复和建设项目。这些措施既保障了农牧民收入和生活水平的稳步提高，又确保了草原生态的良性发展，天然草地得到合理利用，草原生态得到积极有效保护。

植树造林方面，为了保护西藏的生态环境，政府实行限额采伐，严格控制森林的采伐规模。同时，对采伐基地进行及时更新，恢复森林植被。实施西藏长江上游天然林资源保护工程和部分地区退耕还林工程（孙鸿烈等，2012）。此外，大力开展植树造林，实施了工程造林和生态工程项目。森林覆盖率由和平解放前的不足1%提升到11.91%，保护湿地600余万公顷（黎华玲、许万虎，2015）。诸多植树造林措施的实施为改善生态环境起到了极大促进作用。

水土流失综合治理方面，西藏制订了《西藏自治区水土保持规划(2015—2030)》等多部水土保持和水土流失综合治理规划。颁布了《西藏自治区水土保持项目管理办法》，重点加强预防、监督、保护工作，防止因人为活动而造成新的水土流失。实践方面，通过植树造林和兴修水利等综合措施，大力开展水土流失治理、防沙治沙和小流域综合治理及地质灾害防治工作。另外，为了有效遏制和治理草场退化、土地沙化，西藏以江河整治为基础，以小流域治理和退化草场荒漠化治理为重点，以建立比较完备的林业和草场生态体系为目标，采取乔、灌、草以及造林、封山育林和飞播相结合的措施，在江河周围以及草场退化、沙化严重的地区，大规模植树种草，恢复植被。实现了积极防沙的目标。

生物多样性保护方面，西藏为生态建设和生物多样性保护做出了积极努力，取得了显著成就。自和平解放以来，西藏没有任何物种遭到灭绝，生物多样性得到有效保护，生物种类不断丰富。另外，西藏在自然保护区建设方面取得了重大成就。建立自然保护区是西藏加强生态建设与环境保护、实施可持续发展战略的重要举措。自20世纪80年代以来，西藏相继建立了21个生态功能保护区、7个国家森林公园、3个地质公园、1个国家级风景名胜区以及47个各级各类自然保护区，保护区面积占西藏土地面积的 34.5%，居全国之首（佚名，2008）。截至 2014 年，西藏拥有的 125 种国家重点保护野生动物，39 种国家重点保护野生植物以及典型的地质遗迹和湿地资源都在已建的自然保护区中得到了很好的保护（王小丹等，2017）。

二、西藏生态安全现状

西藏平均海拔 4000 米以上，生态环境非常脆弱，在这样的环境下，如果资源遭到破坏，恢复速度非常缓慢。有研究发现，1961—2007 年西藏平均气温以每 10 年 0.32℃ 的速率上升，增温率明显高于全国和全球的增温率。藏北藏西北干旱、半干旱区由于气温升高带来蒸发量和干旱灾害发生概率增大，生态系统不稳定性增加。特别是随着气温升高，西藏大部分地区呈现暖干化趋势，这将造成未来生态环境退化的趋势、冰川退缩的趋势以及高原冻土下界上升和冻土消融等问题，这种趋势将诱发草地的进一步退化和土地进一步荒漠化。[①]

（一）生态环境整体脆弱

西藏高原生态环境具有整体脆弱的鲜明特点，具体为生态系统对外力作用具有不稳定性和敏感性的特征。在相同外力作用下，西藏高原生态系统变异及由此出现各种生态环境问题的概率相对较高，造成的危害及潜在损失会更严重。有研究表明，如果把西藏高原生态环境脆弱度分为五个等级，中度及以上脆弱的区域面积达 1.03×10^6 平方公里，占西藏地区国土面积的 86.1%，这其中又有超过六成的面积为极度脆弱和高度脆弱区，主要分布于羌塘高原和藏东及藏东南高山峡谷区（钟诚等，2005）。从人类活动干扰度角度分析，虽然西藏高原的人类干扰总

---

① 潘禹、刘啸：《基于低碳视角的西藏旅游可持续发展研究》，《中国集体经济》2015 年第 21 期。

体上处于较低的状态，但全球气候变化对高原生态环境实质上已造成重大影响。

（二）草地退化明显和土地沙化加剧

由于气候变暖，西藏天然草地沙化退化形势十分严峻。据统计，西藏地区95%的可利用草地都存在不同程度的退化，退化草地总面积达6.4亿多亩。最值得关注的区域是那曲藏北草原，整体退化趋势最为严重，退化草地面积达2.05亿亩，占当地草地总面积的比例为49%。在这种情况下，退化的草地难以实现防风固沙、水源涵养功能，会进一步导致灾害性天气和雪灾的发生频率增加（刘淑珍等，2009）。

第三次全国荒漠化和沙化监测结果显示，西藏地区沙化土地面积总计达2170万公顷，位居全国第三位，占西藏地区总面积的18%，更严重的是每年以0.18%的速度向外扩张。也就是说，沙化土地面积年均增长约为3.96万公顷，由此造成的直接经济损失每年约为8.6亿元。土地沙化不仅造成农田质量下降，农作物减产，同时造成人居环境不断恶化，生态保护面临的挑战加剧（刘淑珍等，2009）。总之，在强盛风力和气候干旱的共同作用下，由于风蚀作用加剧导致的草地退化和土地沙化现象是西藏生态安全的核心问题。

（三）水土流失严重和地质灾害频繁

水土流失的主要原因是全球气候变暖导致冻土消融加快，此外，西藏独具的高寒草甸和草原区使得当地水土保持能力差。从类型分析，西藏的土壤侵蚀有水力侵蚀、风力侵蚀和冻融侵蚀三种类型。其中，藏东的"三江"流域、雅鲁藏布江流域中游等降水较多的湿润、半湿润地区是水蚀区的主要区域；阿里地区、那曲地区的中西部及加查以西的雅鲁藏布江河谷区是风蚀区的主要区域；降水较多、土壤水分含量较高的高海拔地区是冻融侵蚀的主要区域。另外，由于人口增加，草原过度放牧、陡坡开垦逐年增多，水土流失越来越严重。

生态环境整体脆弱、草地退化明显和土地沙化加剧以及水土流失严重等成为西藏生态安全的基本现状。由此导致西藏地区地质灾害频繁，严重影响当地经济和社会发展。据统计，西藏地区地质灾害易发区面积达 40 多万平方米，灾害点多达 7000 处。其中，1993—2005 年共发生地质灾害 1600 多起，伤亡近 300 人，直接经济损失近 7 亿元，制约了西藏经济社会的发展（刘淑珍等，2009）。

三、生态文明建设面临的机遇与挑战

（一）发展机遇

国家战略定位以及中央援藏政策为西藏生态文明保护和建设提供了前所未有的机遇。中央第五次西藏工作座谈会提出的西藏是重要的生态安全屏障的战略定位，应该确保西藏生态环境良好的战略目标的论断是西藏环保发展史上的重大里程碑。中央第六次西藏工作座谈会上，习近平总书记指出要坚持生态保护第一，采取综合举措，加大对青藏高原空气污染和土地荒漠化的控制和治理，加大草地、湿地、天然林保护力度的主张为西藏生态保护和发展提供了有力支持。

党的十九大报告就我国生态文明建设提出了一系列新思想、新论断、新举措，为未来西藏全面推进生态文明建设和绿色发展指明了路线。2009 年，《西藏生态安全屏障保护与建设规划（2008—2030 年）》提出用近 5 个五年规划，投资 155 亿元，实施十项生态保护与建设工程，基本建成西藏生态安全的基本屏障。

2016 年在全国环保系统"十三五"对口援藏会议上，时任环保部部长在会上指出："举全国环保系统之力，强化政策、资金、人才、技术援藏等措施，突出抓好生态环境保护重点工作，不断提升西藏环境管

理系统化、科学化、法治化、精细化、信息化水平，大力推进美丽西藏建设"。"十二五"期间，中央财政分别安排 1.2 亿元和 0.55 亿元专项资金，支持纳木错、羊卓雍错生态保护，开展生态修复、退化草地治理等工程项目。安排近 1 亿元资金，支持西藏 160 个行政村开展环境综合整治。累计选派环境监测、监察、信息、评估等领域 113 名专业技术人员进行技术援藏工作。安排相关环保资金 1.16 亿元，对口援助省、市环保部门援助资金约 0.35 亿元，开展环境监测、执法监管等能力建设。

（二）面临挑战

西藏地理环境的特殊性所带来的生态环境的脆弱性对自然资源的再生能力保护、生态环境质量改善，自然生态系统的完整性及良好调节能力的维持，以及生态和经济、社会的和谐统一提出了挑战。

一是西藏环境问题是全球环境问题的一部分。气候变暖，雪线上升，冰川融化，草原沙化，是世界许多地方面临的共同问题；受全球气候变暖和人类活动的综合影响，西藏呈现出生态系统稳定性降低、资源环境压力增大等问题。而西藏的独特生态性主要体现在生态安全阈值幅度窄，由此带来的主要后果是环境人口容量低。从整体上看，西藏生态足迹相比内地和世界平均水平低得多，盈余数量呈减少趋势，存在局部恶化风险（如图 4-1 所示）。因此，生态系统一旦破坏，极难恢复。同时，西藏自然环境严酷导致生态系统具有不稳定性、敏感性、易变性等脆弱性特征，这导致西藏生态文明建设面临更加严峻的挑战（安宝晟、程国栋，2014）。

二是划分自然保护区是世界各国通用的一种办法。但这种划分法在管理和实际操作中会导致自然环境碎片化的效果，缺乏整体和系统性。

三是如何进一步提升民众环保意识的问题。根据近年来学术界的相关研究成果，虽然关于藏族有没有环保意识、藏传佛教是否为"绿色佛教"等课题的研究还没有形成公论，但西藏民众的现代环保意识还没有

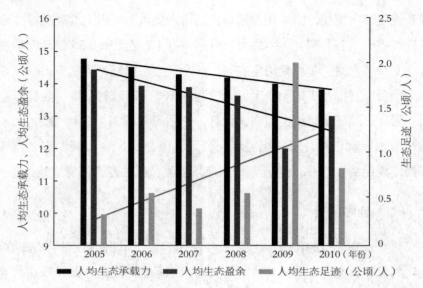

图4-1 2005—2010年西藏人均生态承载力、生态足迹、生态盈余及其对比（安宝晟、程国栋，2014）

发展起来是已有研究的共识，仅依赖传统朴素的生态保护理念难以解决现代社会面临的新的环境保护问题。

综上，西藏生态文明建设受到国家的高度重视，这为西藏的发展提供了难得的历史机遇。结合西藏的现状，综合分析全国战略部署，本章提出西藏生态文明建设"三步走"的战略愿景。

第二节 生态文明建设：2050愿景

到2020年，西藏高原生物多样性得到有效保护，高原生物系统稳定性加强；环境保护意识和制度不断加强，初步探索本土化的可持续发展模式；生态环境保护和生态文明建设全面提升。到2035年，西藏高原生物多样性和生态系统稳定性显著提升；本土生态观与现代生态文明理念融合发展、深入人心，西藏形成经济、社会和生态相协调的可持续发展模式；基本实现生态文明治理体系和治理能力的现代化，为民族地区生态文明建设提供示范。到 2050 年，西藏形成多样化、健康、稳定的高原生态系统；人与自然和谐共生，成为环喜马拉雅地区绿色生活引领者；全面实现生态文明治理体系和治理能力现代化，为世界第三极生态文明和可持续发展提供示范。

一、2020 愿景：生态环境保护和生态文明建设全面提升

2020 年是"十三五"收官之年，西藏将与全国一道全面建成小康社会。生态文明建设是全面建成小康社会的重要内容之一。到 2020 年西藏生态环境改善，生态系统稳定性加强，形成生态经济和节能减排体系，环境综合治理能力全面提升，最终生态环境保护和生态文明建设全面提升。

（一）生态环境改善，生态稳定性加强

坚持生态保护建设优先的战略就是保护生产力、发展生产力，青山常在、绿水长流是西藏实现可持续发展的不竭动力。因此，生态保护建设的 2020 愿景重点是实施西藏生态安全屏障保护与建设规划，维护森林、荒漠、草原、河湖、湿地等自然生态系统稳定性，到 2020 年建设水源涵养型、水土保持型、防风固沙型和生物多样性维护型等多种类型的生态功能保护区，增强水源涵养、水土保持、防风固沙等生态功能，加强森林植被保护和恢复，加强湿地保护与恢复和自然保护区建设，维护生物多样性，增强生态服务功能，到 2020 年实现各级各类保护区占西藏地区总面积的 40%。

改善西藏地区生态环境的脆弱性是实现绿色和生态可持续发展模式的基本保障。到 2020 年，加大草原、湿地、湖泊及天然林保护，加强大江大河源头等重要生态功能、重点地区土壤侵蚀、土地沙化综合治理和封禁保护区建设。特别是西藏水土流失严重的地区，如藏东"三江"（怒江、澜沧江、金沙江）流域、尼洋河流域和雅鲁藏布江中部流域的

水土流失得到有效控制，控制住人为因素导致的新的水土流失，50%的坡耕地得到综合整治；努力遏制沙漠化的发展，使退化、沙化草地面积的 20%得到人工重建或恢复，基本控制住对人口密集区和居民点威胁严重的小流域水土流失和泥石流灾害。

到 2020 年，通过加快实施退牧还草、人工种草和草原鼠虫害防治等工程，巩固退耕还林和退牧还草成果，实现西藏退化草地治理，草原鼠害治理取得重大进展；草畜矛盾得到明显缓解；实现新增围栏封育草场面积 5000 万亩，新增人工草地 100 万亩的发展目标。大江大河源头区、重要湖泊、湿地、河谷生物多样性保护进展加快；建立生态安全屏障、水生态保护、生态综合补偿机制的综合管理体系。

（二）形成现代生态经济和节能减排体系

西藏生态经济与节能减排体系建设的 2020 愿景是大力发展低能耗、低排放生态产业，大力发展生态经济，如生态旅游观光农业、特色畜牧业及畜牧产品加工业、民族手工业及特色藏医藏药业等等。积极推广应用非化石能源应用，积极推广节能减排技术，大力推进重点领域节能减排工作，实现电能替代 10 亿千瓦时，实现建设资源节约型、环境友好型社会的目标。

能源资源建设方面，加快推进"电气化西藏"建设。通过拉萨、山南、日喀则等重点区域电网骨架建设，实现多地电网互联，到 2020 年建立形成初步的西藏电网。构建西藏比较安全、清洁且稳定的能源供应体系，从源头上保护高原的天蓝水清，确保生态环境良好。充分发挥西藏可再生能源的优势及特点，实现多种可再生能源互补利用。优化小水电、太阳能、风能等组合发展模式。形成包括可再生能源在内的多种资源综合利用，互为补充、协调发展的格局。总之，到 2020 年，加快西藏的能源建设，建立以水资源利用和可再生能源利用为主体的能源建设体系，促进西藏的能源体系发展。

重点领域节能减排方面。在农业节能减排工作中，建设以太阳能、农村沼气为主的西藏新能源建设工程；在服务业节能减排工作中，推广使用环保包装袋及绿色低碳生活方式。在建筑业节能减排工作中，规范建筑节能减排的标准和要求，推广新能源建筑一体化高新技术。在交通运输业节能减排工作中，推进出租汽车"油改气"技术改造工程。推行节水型器具，实现建筑节水型器具普及率达到60%的目标。

（三）环境综合治理能力全面提升

到2020年，初步建立西藏环境监测、监察、辐射、宣教等环境保护队伍，加强环境保护能力建设，特别是通过构建环境质量自动监测预警体系，改变全区人均环境监管面积达1600多平方公里的"小马拉大车"的现状。加大环境监管力度，提升环境监测能力，使环境监管体系和监测网络基本适应西藏环境综合建设和治理的需要。

污染治理方面，加强已建城镇生活垃圾填埋场渗滤液收集系统、垃圾处置等配套设施建设，确保达到安全卫生填埋规范要求。加大县城生活污水处理和收集系统建设力度，实现全区全面建成城镇污水处理设施，适度扩大到全区口岸城镇和重点乡镇。全面建设以垃圾处理设施为主的农牧区环境基础设施。

大气治理方面，主要污染物总量削减及全区资源有效保护和利用方面，到2020年实现全区空气可吸入颗粒物（PM10）年均浓度、细颗粒物（PM2.5）年均浓度不超过2010年的总体目标；主要污染物总量削减方面，建立化学需氧量、氨氮、二氧化硫、氮氧化物四种污染物排放量削减标准。

水源治理方面，到2020年，建立完善的区—市地—县区—乡镇四级河长体系，加强水资源保护、管理河湖水域岸线、防治水污染、治理水环境、修复水生态等各项工作。实现水资源得到有效保护，取排水管理规范严格，河湖管理范围明确，水域岸线合理保护利用，河湖水环境质量不断改善，水生态持续向好，水事违法现象得到有效遏制的总体目标，在现今地表水断面水质达标率100%的基础上争取实现重要江河湖泊水功能区主要水质优良率达到95%。

二、2035愿景：基本实现生态文明治理体系和治理能力现代化，为民族地区生态文明建设提供示范

在2020年的基础上，通过15年的发展，西藏在生态保护建设、生态经济与节能减排体系建设、环境综合治理建设等方面进一步加强，到2035年，生态系统稳定性显著加强，基本建成现代化的生态经济和节能减排体系，基本建成现代化环境综合治理体系，基本实现生态文明治理体系和治理能力的现代化，为民族地区生态文明建设提供示范。

（一）生态系统稳定性显著加强

到2035年，通过实施的三大类生态保护与建设工程，按照区域划分的建设思路，分区域层层推进，由此基本建成西藏生态安全屏障。西藏的生态环境明显改善，所有的坡耕地得到综合整治，重点治理区的生态环境开始进入良性循环的轨道。草地退化和鼠害问题基本得到治理；大幅度提高沙化土地和水土流失治理面积；确保大江大河源头区域以及湖泊湿地和河谷区生态环境保护及生物多样性保护取得重大进展。

重点建设昌都芒康县长江上游天然林保护工程和日喀则地区雅鲁藏布江生态建设工程。通过天然林保护工程全面禁止天然林采伐，通过加大封山育林、植树造林工作力度，加快宜林荒山荒地造林绿化进程，并辅助构建以藏南雅鲁藏布江中部流域的生态综合治理以及生态农业的重点打造和沙化退化草场的重点恢复治理为中心、以藏东地区的水土流失、天然森林的保护，以及藏东北和藏北地区的草原生态建设为两翼的规划，实现再造西藏秀美山川的生态屏障保护建设目标（陈江，2000）。

（二）基本建成现代化生态经济和节能减排体系

到 2035 年，通过调整产业结构，转变生产方式、消费方式，基本建成现代化的生态经济和节能减排体系。采取清洁生产技术，实现以低碳绿色产业为主的转型；充分利用西藏的生态优势，建设特色生态产业；探索资源节约型、环境友好型发展道路，初步构建以经济循环和可持续发展模式为特征的新型产业结构。

2035 年，西藏经济绿色发展理念深入人心，强化对提供生态服务能力的评价，弱化对常规相关经济指标的评价，弱化对地区生产总值、投资、工业、财政收入和城镇化率等指标的考核。尊重自然、顺应自然的国土空间开放方式形成，农业面源污染得到彻底根除，化肥、农药施用量实现零增长，有机农业不断发展。

能源发展方面，优化节能减排约束性指标，合理利用能源，提高能源利用效率，降低污染排放。基本实现农村高能耗能源替代，生态环境与经济社会呈现协调发展态势，形成绿色和生态的可持续发展模式。

到 2035 年，通过推广节水、节材、节地、节矿技术，提高资源节约利用水平和综合利用效率。着力节约保护水资源。主要包括控制用水总量，提高用水效率，科学保护水资源等措施。通过建立环境和自然资源有偿使用机制和价格形成机制，以及建立制度化、规范化、市场化的生态补偿机制，使得生态产业得到适度发展，使得西藏发展的生态功能优先于经济功能和社会功能，实现适应资源承载能力的空间结构、产业结构、生产方式、生活方式。

（三）基本建成现代化环境综合治理体系

到 2035 年，建设完成西藏智慧环保体系，搭建统一监管污染物排放、辐射环境监管及应急调度和生态环境监督管理平台，支持建设数字化、立体化、智能化的生态环境监管体系，全面建设现代化的环境监管体系。

到 2035 年实现所有的坡耕地得到综合整治，重点治理区的生态环境开始进入良性循环的轨道。环境综合治理取得重大进展，生态环境与经济社会呈现协调发展态势。

到 2035 年，健全完善河湖管理保护制度体系，依法有序进行河湖管理范围内的各项水事事务，并建立水环境管理现代系统，通过强化环境质量目标管理的路径使得水资源、水环境质量全面显著地加速提升，河湖生态功能全面显著改善，通过深化污染物排放总量控制，严格环境风险控制，通过全面推行排污许可，实现河湖经济社会功能与自然生态系统协调和谐共处。到 2035 年，实现水质优良比例总体达到 95% 以上，城市集中式饮用水水源水质优质比例达到 95% 左右。

总之，到 2035 年，通过环境综合治理，西藏环境质量出现新的拐点，整体水平达到欧美国家 2000 年左右的环境质量标准。实现西藏生态环境根本好转，美丽西藏目标基本实现。

三、2050 愿景：全面实现生态文明治理体系和治理能力现代化，为世界第三极生态文明和可持续发展提供示范

到 21 世纪中叶，西藏将形成良性循环的生态保护体系，全面建成现代化生态经济和节能减排体系，全面建成现代化环境综合治理体系，全面实现生态文明治理体系和治理能力现代化，为世界第三极生态文明和可持续发展提供示范。

（一）形成良性循环的生态保护体系

从生态文明建设来看，该阶段将实现生态文明建设—生态环境保护—生态经济发展三元推进阶段。通过加强对现有森林草地及野生动植物等各项资源保护和建设扩大自然保护区范围，同时大力开展退耕还林和坡耕地的综合整治。除无人区和人口极为稀少的地区外，水土流失和

草地退化、沙化土地基本得到治理，适合造林的地方全部绿化造林，所有农田实现森林网络化，最终实现资源利用和生态环境演化的良性互动循环，完全建立起基本适应自然环境和与社会经济发展相协调的良性生态系统。

到 2050 年，通过生态环境保护、医疗技术和科学技术的革新，西藏生态环境和自然条件得到开拓性的改变，西藏将成为世界上生态环境最好的地区之一，西藏的高海拔不再成为制约人口集聚的障碍。

（二）全面建成现代化生态经济和节能减排体系

到 2050 年，建成符合西藏本地发展特点的生态产业结构。以自然产品为主要原料，实现森林工业的附加值增加约 20%。形成各项物资循环利用系统，减少污染物排放为特征的工农业生产的一体化，并由此实现工业—农业—城镇建设和生态保护建设的良性循环发展。建设完成包括农、林、牧、副、渔在内的生态经济县、建设完成城镇绿化、草坪和自然人文及生态景观的建设及保护，建设新型商业模式升级传统服务业、培育新兴服务业，建立基于数字技术的建筑节能改造，实现智慧城市、零能耗被动式房屋为主的生态城市。

通过新的理念和技术对现有工业时代形成的高碳化进行绿色化转型，包括城市空间转型、城市社区和城市业态的再造，使得生态经济得以快速发展，能源产业、矿产产业、林业、农牧业、旅游业等产业得到不断升级发展，资源环境承载能力不断加强。通过节能降耗和工业污染全面整治，实现最严格的环境保护制度与产业的发展并行不悖。

通过技术进步，到 2050 年，水资源需求量相对于现在减少五分之一，从而减轻地下水和地表水资源所面临的近期和长期压力。通过科技进步，大大提升效率和降低资源消耗，到 2050 年，可再生能源供电比例将达到西藏地区能源生产的 100%，实现零碳排放，提升能源利用效率，能源消耗实现减少 40%的目标。

到 2050 年，西藏生态承载力适度发展，资源和能源有效合理利用。西藏各族人民形成良好的简约适度、绿色低碳生活方式，生态消费观念深入人心。真正实现人与自然环境、自然资源的和谐友好发展。

（三）全面建成现代化环境综合治理体系

到 2050 年，森林覆盖率、"三废"处理率、大气质量等级、城市环境治理达标率、农村家庭生活能源替代率达到发达国家标准。荒漠化、石漠化和水土流失得到完全有效治理，生态脆弱地区实现有效修复。环境综合治理步入宜居西藏的发展阶段。

到 2050 年，建立完成西藏生态环境监测网络，实现地表、地下检测自动站的全覆盖，实现地下水、地表水、空气等各项环境质量主要指标的连续自动监测、实时数据分析、原始监测数据与我国环境监测总站实时共享。

到 2050 年，形成适应自然环境和与社会经济发展相协调的良性生态环境系统。从生态文明建设来看，该阶段是全面实现生态文明治理体系和治理能力现代化阶段。最终实现环境优美、生态健康，达到发达国家水平。

第三节　生态文明建设：路径与保障

为实现 2050 年西藏成为环喜马拉雅地区绿色生活引领者，西藏要通过顶层设计，在智能监测、节能减排、环境综合治理等技术和政策方面取得长足的发展，为实现 2050 愿景提供路径和保障。

一、生态屏障保护

在当前研究进展下，青藏高原生态安全屏障保护与建设的理论、手段、方法、工程实践等各个方面均取得了阶段性成果。但由于青藏高原本身的特有属性及社会经济不断发展需求提出的更高目标导致现有成果仍难以完全满足高原生态安全屏障保护与建设的需要。此外，高原生态安全屏障保护与建设的理论和技术体系需要多学科综合研究。这不但是技术、管理和评价等多个领域的系统合作，还需通过开展综合推进工作实践生态屏障保护与建设任务。但是，青藏高原国家生态安全屏障功能及其重要性已经得到了政府及民众的广泛支持，在此基础上，继续完善下述工作是未来生态文明建设的基本保障。

（一）科学研究先行规划

生态保障建设必须建立在科学研究基础之上，通过探索科学规律为生态保障提供理论依据。首先，需要探索气候变化对青藏高原生态屏障作用影响及区域生态安全调控的相关课题。比如，通过研究长时间气候条件下青藏高原生态屏障功能效应变化的各种类型的时空变相，揭示出高原区域生态屏障功能变化与生态安全的相关关系，由此为西藏生态文明建设维护安全底线提供支撑。此外，还需研究气候变化引起的各个类型的区域风险，测评相关风险强度及时空格局下的演化过程，揭示出高原特殊地表变化过程对生态屏障功能的相关各个层面的影响。

其次，探索研究青藏高原生态安全屏障的结构、功能及其空间分布属性，分析西藏地区生态安全变化的范围与调控的各种机制。探索研究高原主要生态系统的生态屏障功能变化的过程及其对西藏整体生态的冲击。探索研究高原土地利用和土地植物覆盖情况的变化及其对西藏地区生态安全屏障功能的冲击。由此可以对现有森林限额采伐，同时对采伐基地进行及时更新，恢复森林植被政策以及实施森林生态效益补偿基金项目等政策，对西藏地区森林覆盖率提升的效果评估方面提供理论支持。进一步为评估高原生态安全屏障功能未来的发展情况、研究西藏生态建设途径和方法，提供理论上的生态系统管理途径和对策。

最后，系统开展青藏高原生态安全屏障保护和建设关键研究与示范工程。针对高原冰川融化—草地退化—湿地功能下降等突出问题开展生态安全屏障保护与建设关键技术的研究，加强基础研究的系统性和综合性，提出增强西藏生态安全屏障功能的可行技术体系。

这些技术体系内容主要包括：第一，针对高原国家生态安全屏障区域类型及其功能定位，选择主要生态系统和关键区域，构建生态屏障功能监测与评价的指标体系，筛选关键指标因子并确定其变化阈值，及时掌握生态安全屏障功能变化动态过程；第二，集成生态系统保护与修复的现有技术，结合生态环境治理具体措施，开发生态安全屏障保护与建设的综合技术体系与模式，加强技术试验与示范，注重技术实施效果的监测与管理，建立技术反馈机制，及时调整技术应用模式，确保实施符合预期；第三，加强背景资料、监测资料、指标体系、技术模式、实施效果等信息的集成分析，形成生态安全屏障保护与建设管理系统，实时掌握生态功能区环境变化过程，筛选有效技术模式，分析技术实施效果，及时调整技术进度，实现技术的推广应用，确保生态安全屏障功能的稳定与提高。最终通过技术体系建设，为实现健康、良性循环的西藏生态系统的管理三要素保护、建设和支撑提供源头支持。

（二）全面部署"生态屏障功能变化监测系统"建设

通过监测获得数据是生态科研能够纵深发展的基础。监测对象包含西藏整个区域的水、土壤、大气、生物等，这些对象所处的生物生态载体包含草地、森林、湿地、荒漠等。监测范围包含不同类型的生态功能区。因此，需要在西藏全域建立野外科学观测研究站，特别是针对高山冰川、冻土等特殊环境的野外观测站。通过监测站获得各个生态系统的动态信息，结合国家级的遥感监测数据，构建西藏综合生态与环境大数据中心。

在此基础上，根据相关科学研究探索西藏地区生态安全屏障功能变化，得到西藏生态与环境变化趋势的规律，发现影响趋势变化的因素，构建预警模型，提出应对方案。由此形成西藏历史与现在、西藏与周边生态环境本底变化以及比较分析。整个系统的建设可以为政府制定宏观生态环境保护政策和西藏生态发展战略，制定资源利用规划以及生态与环境改善措施的提出提供决策依据（钟诚等，2005）。

（三）综合评估生态安全屏障保护与建设效果

在西藏重点重大工程建设过程中，如何评估工程与生态环境的影响是解决西藏经济与生态关系中的重要课题。因此，建立在监测大数据基础上，采用先进科学的评估方法构建适合西藏地区的生态安全屏障保护评估的评价模型和指标体系是未来相关科研领域需要着重探索的内容。此外，西藏实施的各项生态环境保护工程的效果到底如何也需要进行评价。研究这些保护工程对西藏生态安全屏障功能保护能力的作用，分析这些工程对西藏社会经济与生态保护协调综合发展的影响，探索这些工程对提升西藏区域在气候变化时的适应能力是建立科学的综合评估体系的基本内容。

西藏的生态安全屏障不但保障着我国的生态安全，还保障着东亚生态环境的稳定性。尤其是全球大气候变化背景下的西藏生态安全问题将对周边地区的气候、生态、资源、灾害等方面产生多层次、多角度的冲击。因此，科研先行不仅指生态规律的把握和探索，还包含生态工程实施的方案和效果评估。只有合理有效地评估生态保护工程效果，西藏才能够在经济基础上实现生态保护的最大化。

二、现代生态经济与节能减排体系建设

西藏在 20 世纪末的发展经济模式是过分依赖资源消耗和粗放经营的发展模式，这与西藏生态保护的战略目标是相冲突的。进入 21 世纪，进一步深化生态经济与节能减排体系建设是西藏生态文明建设的重要内

容。因此，新的生态经济需要考虑西藏特色，循序渐进，转变过去大量消费资源、大量采取低端技术、大量破坏生态的产业为新的产业内容，新的产业内容重点考虑适合生态经济的主导产业。

积极发展生态农牧业，打造西藏本地品牌。国家在农业发展方面的政策力度非常大，这些政策涉及借助强农惠农富农、农业综合生产能力以及生态产品生产能力等方面。西藏地区利用国家政策，通过对农牧民的扶持、通过生产资金和技术的扶持等途径可以实现以生态经济效益为目标的生态农牧业转型。

继续加强民族手工业。西藏民族手工业的发展不但能够使当地农牧民实现富裕，同时也是西藏旅游产业的重要支撑。在发展手工业的过程中，重点通过技术引进和吸收提升生产效率，改变传统生产方式。这不但是西藏经济转型，助力生态文明建设的重要举措，同时也是弘扬西藏本地文化的重要路径。

继续推动藏医药产业发展。藏医药产业发展迅速，得益于藏医藏药自身的地域特点。但考虑到现代医药需要现代科技的注入才能够在激烈的市场中获得壮大，西藏企业应注重人才引进和技术引进并重的策略实现国际市场的突破。

开发生态旅游业。生态旅游业需要完成生态保护与旅游发展共存的目标。西藏具有得天独厚的国家森林公园和自然保护区。发展过程中应该以生态利益、当地群众利益、旅游效益三结合策略为主，逐渐提升西藏生态旅游业的影响力。

限制矿产资源开发。现阶段的西藏矿产资源有过度开发的趋势，开发过程中存在大量浪费、大量低端技术应用、大量破坏环境的案例事例出现。这与建设重要的生态安全屏障、重要的战略资源储备基地、建设生态西藏、美丽西藏的战略是相违背的。未来矿产资源开发应在技术条件具备的情况下，资源保护和开发监管体制成熟的条件下有限地、有重点地开发。

充分发挥能源产业在美丽西藏建设中的作用。能源建设关系西藏经济发展、关系西藏居民生活水平、关系西藏是否宜居。传统能源会对生态环境造成一定的负面影响，因此，构建生态为先、因地制宜的能源战略对西藏未来发展尤为重要。首先，根据西藏可再生资源丰富的特征以及西藏区域各个地方可再生能源种类不同的现实条件，规划可再生能源产业发展及布局。重点发展水利能源、积极开发利用藏南的高温地热资源、推广生物质能高效利用技术、大力推进太阳能的热利用、加快太阳能光伏发电的发展步伐。其次，能源建设项目需要结合西藏可再生能源发展战略来评估是否建设。再次，可再生能源的结构应考虑西藏能源消费的现状以及西藏整体能源网络体系的建立规划来执行，通过产业政策、区域政策、消费补贴政策等手段引导可再生能源的发展，水能发电、地热发电以及太阳能发电的发展需要多种手段综合利用来优化西藏整个区域的能源结构。最后，吸收借鉴发达区域的储能技术、通过能源设施改进和提高能效并举的策略获得节能增效，推广节能、节水等技术的普及，在服务业、建筑业、交通业等重点行业推广节能减排标准和技术改造工程。通过全民参与的方式，利用政府、企业等不同主体积极促进低碳节能的新时代生活方式。

三、环境综合治理

西藏地区环境问题的产生主要来源于城镇化发展过程中产生的生活垃圾、生活污水、大气污染等。同时，受高原特殊的自然条件限制，西藏资源环境承载能力极为有限，环境综合治理需预防为主，特别是预防人类活动的双重影响，规避由于产业发展导致的土壤和水资源污染问题。

环境污染综合防治需要采用技术、经济和法制等多种手段建立预防与治理并重的综合体系。不但有环境治理目标，还有环境综合规划标准以及治理手段的评估方法等一系列、一整套的工具。

（一）政策层面

一是经济布局和产业结构调整优先。经济布局和产业结构调整主要是限制西藏"三高"产业发展，尤其是约束矿产资源开发，鼓励优先发展生态产业和节能环保产业。这个布局和调整的主要依据是西藏自治区的资源环境承载能力。由此，根据经济布局和产业结构设立预警标准，综合运用法律手段、产业手段等调整格局，避免资源环境超载。

二是能源结构清洁化重点推广。西藏具备发展清洁能源的优势，如充沛的水能发电、地热能、太阳能、生物质能、农村光伏太阳能和生物质能的推广都是西藏清洁化发展的重点内容。

三是工业企业清洁生产重点抓。清洁生产需要能源、材料、工艺和技术等全部过程的清洁化。比如，发展节水工艺减少污染物排放量；改革现有的生产工艺降低用水量；开发新工艺减少废水的产生都是工业企业清洁化的具体途径。

四是采用回用技术实现废水资源化。变废为宝是节能减排的核心思路之一，通过回收废水中的有用物质实现变废为宝。通过采用回用技术实现废水资源化。比如废水经过有效净化后可用于城市建设和农业生产灌溉等。

五是环境管理体制需要重点分类监督管理。分类监督管理是指不能达到标准的企业进行关闭；能够达标的企业进行监督；生态企业进行鼓励。此外，监督过程需要"一条龙"监管。从传统方式中的重视事后治理为主转向事前治理和全过程控制的监管模式。打破条块管理的局限性，突出全流程内综合管理。

六是开发污水处理的新技术。污水治理是环境治理中重要组成部分，污水处理的关键是依靠科学技术的支撑，通过科学技术获得处理能力强的方式和方法，获得能够结合西藏本地高原特征的技术应用。

七是采用必要的大气污染净化技术。当采取了各种大气污染防治措施后，大气污染物的排放浓度（或排放量）仍然达不到排放标准或环境空气质量标准时，有必要采用大气污染净化技术来控制环境大气质量。如通过安装除尘、吸附、吸收等气体净化装置来治理大气中的污染物等。

（二）技术层面

第一，生活污水处理方面。西藏由于处于高原地区，其生活污水的温度和浓度非常低，这些特征会影响生物脱氮除磷的效率，还会影响生物反应的速率。此外，高海拔还影响氧转移的效率。因此，与内地不同，西藏生活污水处理需要通过提高进水浓度的方式来缓解污水处理厂进水浓度低的影响。主要思路是增加有机碳源、在活性污泥法内增加填料、一级强化处理与土地处理相结合及其他保温措施等。还可以通过这样的处理减少水温低的影响。此外，通过采用富氧空气深层微孔鼓风曝气的方式来应对高海拔对曝气充氧量的影响。

第二，大气污染控制方面。深化面源污染治理，严格控制扬尘污染。有效抑制城市扬尘污染，整治矿山扬尘污染，治理餐饮业油烟污染，严禁露天焚烧生活垃圾、秸秆等固体废物。加大点源污染治理力度，减少污染物排放。水泥行业要安装除尘和脱硝设施，全区燃煤锅炉或其他燃烧设施要安装脱硫和除尘设施，鼓励煤改气；在石化、表面涂装、印刷包装等行业实施挥发性有机污染物综合整治。强化移动源污染防治，减少机动车污染排放。推广城市智能交通管理降低碳排放，提升能源利用效率。以绿色公交系统、清洁能源公交系统优先发展战略的设施来实现。在石化能源应用方面，西藏全区逐步过渡，提升油品品质，辅助提升汽车排放标准。实现减少机动车污染排放的目标。

第三，生活垃圾处理方面。推进垃圾源头分类，将餐饮垃圾、书刊报纸、工业垃圾等从源头分开，有利于后续的处理和利用。发展厌氧消化技术和气化焚烧技术。

四、生态文明建设政策设计

（一）正确处理经济发展与生态环境保护的关系

生态环境与经济建设之间经常是矛盾的。许多地方由于发展经济过度索取自然资源导致生态破坏。由于西藏地处高原，植被覆盖率恢复到破坏前的水平至少需要 45 年以上；如果原始土壤受破坏程度较严重，植被覆盖率的恢复需要 60 年以上，甚至永久不能恢复。因此，西藏采伐一棵树、挖掘一根草可能只需要瞬间，但是要使其恢复，需要几十年甚至几代人的努力，而有的地方的生态环境根本就不能恢复（洛桑灵智多杰，2017）。严酷的现实条件需要审慎处理经济发展与生态保护的关系。西藏各族人民需要富裕的生活，西藏各区域也需要维护生态安全保障，建立生态环境与经济建设之间的协调关系成为西藏生态文明建设的重中之重。

（二）加大生态环境保护与建设力度

加强森林草地保护与建设，实现森林草地资源的可持续利用。西藏森林草地在保护青藏高原乃至全国、世界的生态环境方面起着重大作用。保护西藏森林草地就是保护我国乃至东亚的生态安全，其重要性不言而喻。在保护过程中，对于森林草地需要建立基本保护制度，实行森林草地的平衡制度，比如伐种同行、轮牧休整、退耕还草还林、退牧还草等措施。在保护过程中还需要长年累月地开展人造林工程。

加大城镇环境综合整治力度。首先要制定生态城市规划，建立生态城市评估体系；其次，对城市环境进行"预防为主，防治结合"指导下的管理，对产生污染和危害环境的项目要实行环境影响评价制度。同时，需要把控设计源头，设计出问题对施工使用维护的影响是不可逆的，严格监督设计单位的资质，做到设计、施工、建设和使用维护"一条龙"整合管理。再次是加强对城镇重点污染源的监督管理和污染治理。对影响城市总体环境的重点污染源，不可不防，不可不查。最后，城镇能源结构向清洁化发展，减少城市不可再生能源的消耗，城市能源结构要以可再生能源发电供电为主。

（三）控制人口，帮扶农牧民脱贫致富

根据研究，高寒地区人口环境临界指标为 2 人 / 平方公里。以此为标准对照西藏生态环境相对优越的拉萨（13 人 / 平方公里）、昌都（5 人 / 平方公里）、山南（4 人 / 平方公里）、日喀则（3 人 / 平方公里）可以发现：西藏实际人口已经超过了国际公认的环境临界值这个标准。考虑到西藏人口以第一产业为主，西藏地区人们需要土地获得耕种，但西藏大部分农耕地比较贫瘠，产量低，由此造成了开荒地与保护生态的矛盾。由此导致西藏生态系统长期处于失衡状态和生态环境恶化趋势，而又没有解决贫困人口问题（刘淑珍等，2009）。这是非常现实且急切需要解决的问题。

由于西藏生存环境脆弱，西藏农牧民贫困突出表现在生产资料缺乏、占有资源少、自然生存条件普遍较恶劣、生存条件差。同时，大部分贫困人口分布偏、远、散的特征增加了扶贫难度。而近年来西藏经济已经进入了持续高速增长的快车道，为西藏脱贫攻坚目标打下了坚实的经济基础。未来扶贫应通过发展产业、易地搬迁、生态补偿、发展教育、建立社会保障机制等各种形式展开，通过脱贫攻坚缓解贫困人口与生态环境保护之间的矛盾。

（四）完善生态环境管理法规

西藏虽然制定了一系列与国家法律法规相配套的地方性生态环境保护的法律、法规和规章，但没有形成完整的、系统的、有机的生态环保法规体系。未来应从该角度出发进行法律体系完善工作，立法基本原则要与当地资源环境相适应，以适应市场经济发展的要求。同时，法律体系的制定需要体现西藏生态的共性与特性，要结合国内外经验并尊重当地文化习惯。此外，执法主体要强化环保部门保护生态环境的职责，避免责任虚无化，通过扎实的日常管理工作做好西藏生态环境综合治理。

（五）建立科学的生态补偿机制

西藏生态补偿的主体应该坚持财政补偿为主，包括中央财政和地方财政，由此保障西藏地区能够在保护生态环境投入上获得相对充裕的发展资金。在补偿理念方面，重视成本补偿理念引导的同时，突出生态环境保护的支出。即建立"禁止开发区域补助＋引导性补助＋生态文明示范工程试点工作经费补助"主导补偿机制，补偿倾向财力较弱地区，倾向生态环境质量较差的地区。此外，对于跨地点的生态效益补偿，也应坚持以省级财政为转移支付的主体。生态补偿的基本原则应该以生态效益为主、经济效益为辅，综合公平与效率、政府补偿与市场补偿相结合的原则等。

在公共服务均等化的角度注重转移支付机制公平属性的同时，突出生态外溢价值的贡献。针对西藏当前的森林生态系统和草地生态系统，构建基于扩展能值衡量生态外溢价值的转移支付体系，测算生态服务功能价值，并结合生态资源稀缺价值和基于生态足迹模型的生态价值自身消费，测算西藏生态外溢价值的贡献。在补偿范围方面，考虑到西藏自治区森林和草地生态建设是生态屏障的重要组成部分，因此应将森林和草地各种生态系统类型都纳入生态效益补偿的受偿范围，避免为追求主流生态系统类型忽视当地特殊性的问题出现。对于不同类型的生态系统，建立不同的评价标准。

（六）完善信息管理及公开机制

通过主动公开政府信息积极回应公众关注的环境热点问题。在推动建立信息公开长效规范机制方面，可考虑建设如下机制：一是年度环境状况公报通过新闻发布会公开发布；二是西藏自治区级生态创建、年度环保考核结果等全区性重要信息在区内主流媒体上予以公示；三是环境质量信息、规范性文件、权责清单、财务预算等重要工作信息在西藏自治区政府门户网站、厅门户网站主动公开；四是生态保护、污染防治、环评管理、监管执法、监测科研、政策解读等业务动态信息通过相关部门门户网站及时公开。

（七）建立生态文明建设的多部门协商机制和社会参与机制

生态文明建设是未来我国生态建设的重要组成部分。西藏生态文明建设离不开多个部门的参与和协商。每一部法规、建议、报告的出台都凝聚着西藏各级政府部门的智慧。在美丽西藏建设过程中，需要环保、林业、水利、国土等各部门参与协商，需要各市地基层组织、各界代表人士的参与建设。

扩展开来，在全社会提倡绿色、环保、节能的低碳生活理念，逐步建立西藏地区人民的生态文明理念。通过人民之间相互交流传播生态文明理念，形成良好社会氛围，推广绿色高原上的绿色城市中的绿色生活，推广环保的外出旅行方式、鼓励大众认可的绿色生态消费理念，如节约用水用电、节约资源等生活理念，做到从生活当中的点点滴滴付诸实践，让绿色生活成为 21 世纪的主流生活方式。

（八）重视科技进步的支撑与保障作用

西藏区域的生态环境脆弱性在全国乃至全世界都是独一无二的。这种脆弱性导致了生态环境一旦恶化，情况将难以逆转。所以，西藏生态环境管理要慎之又慎，一旦决策失误将导致非常恶劣的后果。因此，这种决策迫切需要科技进步给予的保障。这种科技进步不但体现在探索西藏生态中大气规律、土壤特质、水文特征、地理属性这些方面，还体现在探索生态与社会关系、生态与经济关系等多个方面。

（九）加大战略资源的有效保护和合理开发力度

西藏的战略资源丰富，为了实现可持续发展，西藏要从全局的角度、环保的角度、长远的角度进行开发。在开发西藏资源时，必须先进行规划论证，进行生态设计，最大限度地减少资源开发行为对自然环境的损坏。

此外，要有重点地对西藏资源进行保护。从西藏是我国重要的战略储备基地这个角度去考虑，坚持谨慎开发、节约集约利用的原则，坚持合理有序发展的原则，坚持优化资源开发保护格局的原则。

在资源开发过程中建立资源开发补偿机制。将植被和土壤按照生态环境恢复标准进行分类，明确生态环境修复的责任主体；坚持适宜原则，即适宜农耕的尽力采用农耕资源开发、适宜森林的则采用森林资源开发、适宜草地的则采用草地资源开发。资源开发要开采与恢复并举。一方面，减少破坏甚至不破坏生态环境；另一方面，及时有效地恢复治理，尽力保证资源开发不对当地生态环境造成新压力，实现资源开发区的生态环境恢复治理率达到 100%。

同时，建立西藏高原资源开发国家级信息数据库。构建大数据平台，监测资源保护与开发、生态环境变化的基本情况，全面掌握西藏区域资源开发与生态环境状况及其变化趋势，实时评估污染源负荷定量估算，改变现今生态环境数据规模较小、生态环境数据分散化的不利现状，为科学决策提供依据。

参考文献

[1] 安宝晟、程国栋：《西藏生态足迹与承载力动态分析》，《生态学报》2014年34卷第4卷。

[2] 陈江：《西藏打响生态环境保护仗》，http://www.cctv.com/specials/xibu/baodao/baodao105.html，2000。

[3] 黎华玲、许万虎：《坚守生态安全红线　共同保护碧水蓝天——西藏及四省藏区干部群众畅谈西藏工作座谈会》，《中国西藏》2015年第5期。

[4] 刘淑珍等：《西藏高原土壤侵蚀评价体系及监测方法》，《山地学报》2009年27卷第1期。

[5] 洛桑灵智多杰：《关于西藏生态环境保护的几点思考》，http://www.sohu.com/a/148761235_369812，2017。

[6] 潘禹、刘啸：《基于低碳视角的西藏旅游可持续发展研究》，《中国集体经济》2015年第21期。

[7] 齐扎拉：《西藏发展的选择和机遇》，《西藏日报》2014年8月18日。

[8] 苏发祥：《论西藏自然保护区的现状及其面临的挑战》，http://www.scio.gov.cn/ztk/dtzt/2014/31360/31369/Document/1378088/1378088.htm。

[9] 孙鸿烈等：《青藏高原国家生态安全屏障保护与建设》，《地理学报》2012年67卷第1期。

[10] 王娜：《对构建西藏生态安全屏障的几点思考》，《西藏发展论坛》2011年第3期。

[11] 王小丹等：《西藏生态安全屏障保护与建设成效评估》，《中国科学院院刊》2017年32卷第1期。

[12] 西藏自治区人民政府：《西藏生态安全屏障保护与建设规划（2008—2030年）》，http://www.china.com.cn/policy/txt/2009-03/03/content_17367420.htm。

[13] 佚名：《西藏：禁止开发自然保护区》，《中国西部》2008年第1期。

[14] 钟诚等：《西藏生态环境稳定性评价研究》，《地理科学》2005年25卷第5期。

第五章

开放西藏

  西藏位于中国西南边陲，与印度、尼泊尔等多个国家和地区接壤。自古以来，西藏就不是一块封闭之地，是中国与南亚国家的通商要道。西藏的发展，离不开对外开放。历史上，伴随南方丝绸之路、唐蕃古道、茶马古道等在青藏高原的穿行与绵延，西藏日渐成为内连中原、外通南亚的政治、经济、文化、商贸大走廊。新中国成立特别是改革开放以来，西藏的发展也一直伴随着对外开放和对外合作。回顾过去，西藏的对外开放合作取得了不错的成绩，展望未来，西藏仍需要继续努力，加快对外开放合作，力争对外开放合作领先全国平均水平，真正实现开放西藏、合作西藏、自信西藏。

第一节　对外开放合作：历史与现状

  西藏和平解放后，伴随青藏公路、川藏公路、青藏铁路、拉日铁路、民用航空等重大基础设施的兴建和运行，古道变通途，高原现新景，西藏不断迈向扩大开放的新阶段。

一、和平解放至改革开放前对外开放合作

1951 年，西藏和平解放。中央人民政府投入大量财力、物力和人力，致力于推进西藏经济社会发展。财政上，中央政府对西藏进行了"输血式"的援助，中央财政补贴成为西藏地方政府财政收入主要来源。中央还选派大批优秀的汉族与其他民族干部进藏，并长期维持相当比例的汉族干部在藏工作。在中央政府的大力支援下，西藏人均收入水平显著提升，人民群众基本生活条件得到改善，逐渐建成四通八达的公路网，能源、电力等供应日益充足，通信设施、教育、医疗卫生设施初步完善，人口素质大幅度提高，对外开放合作逐渐得到发展。

（一）国际经济交流与合作

和平解放后，根据西藏的特殊情况，国家制定了一系列优惠经济政策，一方面稳定社会局势，一方面鼓励自力更生、发展经济，并积极扶持和发展对外贸易。依据"十七条协议"的精神，"中央人民政府驻西藏代表外事帮办办公室"于 1952 年 9 月正式设立，标志着西藏外事工作进入了在中央政府统一领导下、在平等互利基础上开展对外友好往来的新阶段。西藏加大与印度、尼泊尔、不丹等国家的贸易往来，以弥补消费品不足。中央政府于 1954 年和 1956 年分别与印度、尼泊尔签订了"通商协议"，建立通商口岸。在一系列政策扶持下，对外贸易得到恢复和发展。1962 年之前，西藏的对外贸易主要集中在亚东口岸并主要是与印度之间进行贸易。1953 年至 1962 年期间，西藏与印度之间的年平均进出口贸易额为 4280 万元人民币。1962 年中印贸易中断后，西藏对外贸易主要以对尼泊尔的贸易为主。1968 年中尼两国政府签订边境小额贸易协议，两国边境居民可在距边界 30 公里的范围内进行以物易物为基础的小额传统贸易。日喀则和阿里两地与尼泊尔的贸易稳步发展，各传统交易点基本正常运转。1962 年至 1979 年，西藏对尼泊尔的国营

进出口贸易额为 7545 万元人民币，出口以绵羊毛、活羊、食盐为主，进口主要是大米、铜水缸等。

同时，西藏对外贸易基础设施条件逐渐改善。1956 年印度试航飞机在当雄机场安全着陆，西藏和印度之间的航线试航成功。1976 年加德满都—拉萨—成都航线通航，通过此条航线可经加德满都转机直通德里、孟买、加尔各答、巴特拉、瓦腊纳西以及科隆坡等地，大大加强了西藏乃至内地和南亚国家的航空联系。航线的开通除促进旅客来往外，也扩大了对外贸易，还扩大了小额非重型的货物尤其是对保鲜防腐要求较高商品的贸易运输。西藏与孟加拉国以及巴基斯坦等国没有直接的相连边界，但陆路可经印度阿萨姆地区南下至孟加拉国，水路可利用四季通航的雅鲁藏布江（境外也称布拉马普特拉河）进行间接贸易。中国与巴基斯坦之间的边境贸易主要在巴基斯坦与新疆接壤地区进行，1978 年 6 月喀喇昆仑公路竣工之后，西藏通过喀喇昆仑公路间接和巴基斯坦进行贸易。

（二）国际人文交流与合作

西藏和平解放后，民族分裂分子与帝国主义勾结妄图将西藏从我国的领土中分裂出去。印度扩张主义者继承英帝国主义的衣钵干涉我国内政，千方百计地企图"把西藏从中国分出来，跟印度搞在一起"。1954 年，中国政府和印度政府根据和平共处五项原则精神在北京签订了《中华人民共和国和印度共和国关于中国西藏地方和印度之间的通商和交通协定》，协定规定了两国互设商务代理处、互设贸易市场，对香客朝圣的具体办法，商人与香客来往的山口和道路，以及有关来往签证、许可证办理等事宜也作出具体规定。紧接着，周恩来同志又亲赴印度与尼赫鲁进行了会谈。会谈再一次重申了和平共处五项原则，印度政府对西藏的主权做出明确承认（《协定》和相关照会中提到西藏都称为"中国西藏地方"，这标志着印度政府在法律上正式承认了中国在西藏的主权），并撤退了其在西藏的武装卫队，将其经营的电话电报、邮政等企业及相关设备和十二个站交给中国政府。

1955 年中国和尼泊尔正式建立外交关系，并于 1956 年 9 月签订通商和交通协定。协定规定了中尼两国在中国西藏与尼泊尔之间的正常关系，确定双方互设商务代理处，并对双方商人进行贸易的方式，如市场的开放，香客的来往与边境贸易，以及边境来往、双方各类人员过境来往办理证件等作出具体规定。在党中央与国务院的亲切关怀以及全国人民的无私援助下，西藏的对外交流与合作蹒跚起步，为日后对外开放的发展积累了良好经验。

二、改革开放以来对外开放合作

改革开放以来，西藏不断深化改革与扩大开放，积极推动全区对外贸易发展，不仅增强了与内地的合作交流，也加强了与世界的联系和合作。伴随全国改革开放深入发展，西藏自治区的对外开放程度与深度不断加强，西藏积极与南亚国家、世界各国建立密切的贸易与合作关系，贸易、投资与人员往来日益频繁。更多国家的人民了解了西藏，认识了西藏，来到了西藏。西藏积极组织对外文化展演与文化宣传，积极向世界宣传和推广自己。随着"一带一路"倡议的提出，西藏的对外开放合作遇到了新的重要机遇。西藏作为历史上南方丝绸之路、唐蕃古道、茶马古道段的重要参与者，是中国与东南亚国家交往的重要门户，将在对外开放合作中进一步取得跨越式的发展成绩。

（一）国际经济交流与合作

改革开放以来，依托独特的地缘优势和丰富的资源优势，中央和西藏自治区政府先后制定了一系列优惠政策，实施多元化外贸发展战略，为西藏对外贸易注入新的活力，促进自治区贸易繁荣与社会经济发展，西藏自治区对外贸易进入持续、稳定发展时期。

1980 年 3 月，中央第一次西藏工作座谈会在北京召开。同年 6 月，依据中央第一次西藏工作座谈会精神，西藏自治区人民政府向全区发出公告，鼓励发展边境贸易。取消了不利于边境贸易的旧规定，颁布《西藏自治区边民互市贸易暂行管理办法》，允许印度、尼泊尔、不丹、锡金与缅甸边民到西藏边境市场进行贸易交换，也允许西藏边民出境进行交换。《办法》明确规定：西藏腹心地的农牧民群众可携带农副产品与工业品到边民互市贸易市场进行商品交换；边境地区的相关机关单位和部队也可以在边贸市场购买自用的小商品与蔬菜等副食品；外国边民可以在边境限定的范围内走乡串户进行交换，对其他指定的生产活动也可进行交换；粮食、食油、木材、钢材等部分进境商品不加限额，可以自用，也可在区内出售。

1984 年，经国务院批准经贸部发布了《边境小额贸易暂行管理办法》，明确了边贸"自找货源、自找销路、自行谈判、自求平衡、自负盈亏"的"五自"方针。自此，中国的边境贸易蓬勃兴起，逐渐形成了"边贸不边，小额不小"的态势。西藏自治区人民政府随之也出台了一系列鼓励和支持边境贸易发展的政策。

1987 年，国务院批准了《西藏自治区关于发展对邻国贸易的暂行规定》。国务院对西藏边境贸易实行相对宽松的管理政策，制订了一系列特殊优惠政策，鼓励西藏边境贸易发展。并授权西藏外经贸制订相关实施细则，加强管理。

1992 年，我国开始实施沿边开放战略。沿边各省（区）依据各自情况提出和制定了加快与周边国家开放的经济发展战略，把发展边境贸易放在重要战略地位。西藏发布了《关于深化改革、扩大开放的决定》，要求边境地区积极与腹心地区以及内地寻求合作，灵活多样地开展边境贸易。确立了以边境贸易为突破口，通贸兴边，振兴民族经济，促进西藏经济发展的重要战略。

1996 年，西藏相关外贸部门做了一系列战略调整，由偏重进口转为进出口并重，并以出口为重；由远洋贸易为重转为边贸、远洋贸易并举，并以边贸为主；由依靠政策性经营转为依照国际贸易通则经营；由单纯贸易转变为以贸为主，多种经营。

2001 年国务院出台意见，进一步指出西藏要充分利用国际国内两个市场、两种资源，不断扩大对外开放。2005 年，中共中央、国务院制定《进一步做好西藏发展稳定工作意见》，强调西藏要进一步扩大对外开放的领域、区域，不断提高自身对外开放的水平与质量，积极做好开发建设边境口岸工作。

如今，西藏外贸政策与管理体制正逐步走向合理与开放。立足区位优势，西藏实施了面向南亚的陆路贸易大通道建设，建设了包括日屋、普兰、亚东、吉隆与樟木口岸，加强了与印度、尼泊尔等周边国家的友好合作，大力发展边境贸易。随着西藏经济的不断发展，以及周边国家对进口物资需求的不断上升，边贸在西藏对外贸易中占有重要战略地位。

此外，西藏独特的地理位置、资源禀赋、特色产业，以及巨大的发展潜力不断吸引海外客商到西藏进行投资。1988 年，西藏引进第一家外资企业。而后，随着对外开放的进一步扩大，西藏外商直接投资规模与数量逐步增长。随着外商投资的不断增加，西藏外商投资领域从最初的洗毛业、地毯业、餐饮娱乐业逐渐延伸到包括民族手工艺品加工、特色产业等各领域。西藏自治区外商投资领域包括酒店餐饮、旅游服务、医药保健、食品加工、民族特色产品开发生产、商业贸易、酿酒、矿产勘探、运输、机械设备、邮电通信、房地产，以及社会服务等各行业，涉及领域不断扩大。

（二）国际人文交流与合作

改革开放以来，西藏自治区的国际交流合作日益频繁，交流的形式也多种多样，极大地丰富了人民的文化精神生活。自 1978 年起，西藏歌舞团、西藏藏剧团、中国西藏假面舞蹈（即藏戏）艺术团、西藏藏戏艺术团、中国西藏音乐艺术团等团体先后多次赴欧洲、日本、美国等国家和地区进行演出与展览，使西藏民族优秀文化在国外的影响日益扩大，促进了对外文化交流。20 世纪 90 年代，西藏文化厅向世界各地派出团（组）66 个，访问了 70 多个国家和地区，出访人员达 900 多人；20 多个国家和地区逾百名文艺工作者先后到西藏进行参观、考察访问、演出、讲学和其他文化交流活动，进藏国外游客逐渐增多。西藏自治区政府积极参与各项国际合作，如与美国高山研究所合作参与珠穆朗玛峰自然保护区的人文景观保护与规划工作。

2006 年青藏铁路全线开通，极大地促进了西藏与国际间的经济文化交流，青藏铁路也是吸引外资的有效途径。过去由于交通不便，除了同一些国际性的政府组织或非政府组织有合作外，其他方面的合作相对薄弱，但铁路的开通显著地改变了这一状况。随着铁路开通，西藏对外交流成本大幅降低，区内外可进行更加广泛的文化交流，西藏的传统文化艺术更有条件走向全国乃至全世界。西藏不少文艺团体特别是民间艺术团体借助青藏铁路通车后更加便利的交通条件，加快了"走出去"的步伐。在为西藏民族文化"走出去"积累成功经验的同时，也使西藏独特文化的魅力得到尽可能充分的展示。

三、对外开放合作现状

作为中国面向南亚开放的陆路贸易大通道，西藏处在连接"一带一路"的侧枝，具有北接"一带"、南达"一路"的独特优势。随着国家新一轮沿边开发开放战略实施、与周边国家基础设施互联互通步伐加快，西藏的区位优势不断凸显和提升，在经济、科教、文化、旅游等方面的对外开放呈现出新特点，发展机遇与挑战并存。

（一）国际经济交流与合作

对外贸易规模状况。经贸联系是一个地区对外开放的重要方面，对外贸易直接反映地区的经济开放状况。总体上，西藏的对外贸易规模呈扩大趋势，2012 年是西藏有史以来外贸进出口总额增幅最大的年份，进出口规模为 216.72 亿元，是西藏全区当年 GDP 的 30.92%，增长率为 153.17%。受内外部因素的综合影响，2013—2016 年间西藏进出口总额出现负增长，进出口总额分别减少 5.14%、32.64%、59.16% 和 8.62%，规模下滑呈现先扩大后企稳趋势。在"一带一路"倡议背景下，西藏大力深化口岸开放与合作，构建立足区位、内外结合、面向南亚、互利共赢的开发开放格局，不断提升西藏在推进"一带一路"建设中的战略地位，西藏开发开放格局的积极效应逐步凸显。据拉萨海关统计，2017 年 1 月至 7 月期间，西藏全区对"一带一路"沿线国家进口总额 1.43 亿元，同比增长 2.6 倍；出口总额 14.78 亿元，同比增长 1.3%；进出口总额达 16.21 亿元，同比增长 8.1%，占同期西藏外贸进出口总值的 42.3%，实现了对"一带一路"沿线国家进出口值的"双增长"。

从出口额看，2010—2016 年，西藏的出口总额总体呈先升后降的"钟形线"态势（见图 5-1）。2011 年的出口总额超过 74 亿元，南亚贸易陆路大通道建设项目的深化，樟木、吉隆等口岸基础设施的建设，边民互市贸易的发展等都有效地推动了西藏对外贸易的稳健增长。2012 年出口总额达 212.36 亿元，同比增长 184.86%。2015 年，受尼泊尔"4·25"地震影响，西藏主要口岸受灾严重，导致外贸出口总值大幅减少，2015 年西藏对外贸易出口总值 36.24 亿元，同比减少 71.91%，尤其是作为外贸业务量最大的樟木口岸在地震后对尼泊尔的进出口贸易基本处于停滞状态，对西藏对外贸易的出口造成严重影响。

从进口规模看，2010—2016 年间西藏在对外贸易中的进口总额有

增有减，缺乏稳定性（见图5-1）。其间，应西藏构建现代化立体交通
体系的需要，西藏航空公司通过拉萨海关打造的进口客运飞机"绿色通

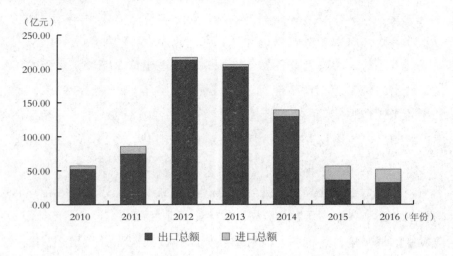

图5-1　西藏对外贸易中进出口总额变动：2010—2016年

资料来源：西藏历年统计年鉴。

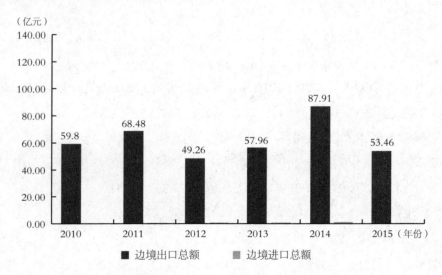

图5-2　西藏边境贸易进出口额变动：2010—2015年

资料来源：西藏历年统计年鉴。

道"，10 架高原专用型客运飞机顺利进口，带动了西藏进口贸易的发展，2011 年西藏进口贸易额达 11.06 亿元，同比增长 151.63%。2014—2016 年间，西藏对外贸易进口总额分别为 9.48 亿元、20.32 亿元和 20.44 亿元，同比分别增长 203.99%、114.37% 和 0.60%。

从边境贸易的占比看，西藏的边境贸易在外贸中长期占有较高份额。西藏与其他国家和地区在经济贸易方面的开放往来主要通过边境贸易的形式来实现，边境贸易是其对外贸易最主要的方式。西藏与尼泊尔、缅甸、印度和不丹等国家接壤，中尼边界线长 1415 公里，中印边界线长约 2000 公里，特殊的地理位置决定了边境小额贸易是拉动其对外贸易的重要因素。随着西藏经济与对外贸易的发展，以及周边国家对进口物资需求的不断上升，边境贸易在全区的对外贸易中占有较高份额。2001 年以来西藏边境进出口贸易总额在对外贸易总额中所占比重平均高于 54%，2010—2015 年各年份比重分别为 59.8%、68.48%、49.26%、57.96%、87.91%、53.46%，2014 年边境贸易总额占全区对外贸易总额中的比重高达 85%。其中，吉隆口岸逐渐成为我国通往南亚的重要陆路贸易和物流中心，其作为西藏面向南亚开放重要通道地位日渐凸显。据拉萨海关统计，2016 年吉隆口岸监管进出境人员 5.83 万人，同比增长 9.97 倍；监管进出口货物总值 34.2 亿元，同比增长 4.59 倍；边民互市贸易 1104.26 万元，同比增长 120.14%。随着尼泊尔震后吉隆口岸设施的恢复重建和口岸扩大开放水平的不断提升，极大促进了西藏与南亚地区经济贸易交流，为西藏开放型经济的发展注入强劲动力。目前，吉隆口岸逐渐成为西藏对尼泊尔最重要的陆路通商口岸，也是西藏融入"一带一路"、面向南亚开放的重要通道。

对外贸易国别结构。得益于中央对西藏发展的高度重视和中国实施的新一轮西部大开发战略，西藏的公路、铁路、航空等综合交通网络进一步完善，西藏边境互市贸易、与欧美等国家和地区的贸易稳步发展。西藏自治区国民经济和社会发展统计公报数据显示，2015 年西藏与 77

个国家和地区开展双边贸易，处于前四位的贸易伙伴依次为尼泊尔、德国、比利时和美国。其中，与尼泊尔的贸易总额为 31.41 亿元，超过其他 76 个国家和地区的贸易值总量，占外贸进出口总额的 55.5%。西藏与德国、比利时以及美国的双边贸易额分别为 6.57 亿元、4.84 亿元和3.91 亿元，同比分别增长 78.3%、112.8%和 67.6%。

比较来看，除了与近邻的尼泊尔发生最为密切的经贸关系外，西藏的其余主要贸易伙伴国家和地区主要分布在欧洲和美国，而非与其近邻的南亚国家，这一方面反映了西藏对外经济联系具有空间上的跳跃性特点；另一方面也表明，在"一带一路"倡议背景下，西藏与南亚国家和地区的经贸往来有待拓展和深入。

利用外资状况。外资是加快一个国家或地区经济发展的催化剂，除直接增加所在地区的经济发展外，外资还能为当地带去先进的管理经验与理念。自加入世界贸易组织（WTO）以来，中国的对外开放进入与国际经济全面合作与竞争的崭新阶段，西藏利用外资情况迈上新台阶，并呈现出持续增长态势。作为我国国民经济社会发展格局中具有特殊而

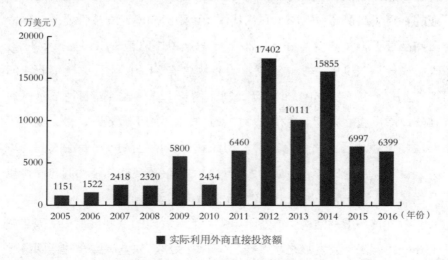

图 5-3　西藏自治区实际利用外资情况

资料来源：西藏历年统计年鉴、wind 资讯。

重要意义的地区，西藏的对外开放水平不断提升，利用外资的规模总体上呈现扩大态势。2011—2016 年间，西藏利用外资的规模总体处于6000 万美元以上的水平，其中 2012 年创造了西藏利用外资的峰值年，实际利用外商直接投资规模达到 17402 万美元，大约是 2005 年的 11 倍。2016 年西藏合同利用外商直接投资 10320.21 万美元，实际利用外商直接投资 6399.11 万美元。相对于国内其他省区，西藏实际利用外商直接投资额仍然非常小。

从西藏全社会固定资产投资的经济类型来看，外商投资经济的规模较小，占全社会固定资产的比重也非常低，2014 年该比重几乎为 0；从资金来源上看，西藏全社会固定资产投资中利用外资的规模比较小，近年来皆不足 2 亿元，占比不足 0.5%。这充分表明，西藏在外资利用方面严重滞后。

表 5-1　西藏全社会固定资产投资构成

指标	2010 年	2013 年	2014 年	2015 年
投资总额（亿元）	463.26	918.48	1119.73	1342.16
按经济类型分				
国有经济（亿元）	333.70	670.82	770.45	975.38
集体经济（亿元）	3.03	8.19	4.48	1.59
个体经济（亿元）	20.94	32.02	38.38	19.80
联营经济（亿元）	0.06	2.98	5.95	3.11
股份制经济（亿元）	45.89	76.17	134.23	123.01
外商投资经济（亿元）	0.83	0.84	0.04	37.50
外商投资经济占比（%）	0.18	0.09	0.00	2.79
港澳台投资经济（亿元）	1.80	1.33	0.94	0.30
其他经济（亿元）	57.00	126.12	165.25	181.48

续表

指标	2010 年	2013 年	2014 年	2015 年
按资金来源分				
国家预算内资金（亿元）	322.04	611.23	849.31	1173.04
国内贷款（亿元）	9.88	16.12	5.80	10.79
利用外资（亿元）	1.44	1.85	1.40	1.10
利用外资占比（%）	0.31	0.20	0.13	0.08
自筹资金（亿元）	158.81	365.54	381.20	465.31
其他资金（亿元）	26.18	66.14	63.60	59.01

资料来源：根据西藏历年统计年鉴有关数据整理。

　　对外投资状况。在经济全球化背景下，对外投资是一个国家或地区的企业"走出去"的重要方式，也是一个国家或地区主动走向世界、扩大对外开放、融入全球化的重要表现。长期以来，受制于西藏内生发展能力严重不足的约束，西藏企业"走出去"步伐缓慢，对外直接投

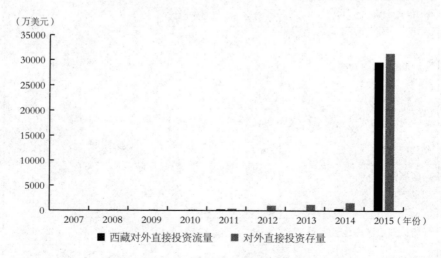

图 5-4　西藏对外直接投资额变动

资料来源：西藏历年统计年鉴、wind 资讯。

资规模有限。近年来，随着西藏经济规模和发展水平的逐步扩大和提高，一些具有一定基础和实力的企业开始开展对外直接投资业务。从2010 年开始，西藏非金融类对外直接投资的存量在低水平上明显加快扩大，2012 年达 1033 万美元；2015 年西藏对外直接投资出现迅猛跃升，对外直接投资流量达到 29681 万美元，对外直接投资存量达 31441 万美元。

近年来，在西藏对外直接投资显著增加的过程中，其企业"走出去"的典型项目是，中国西藏航空公司与尼泊尔合作伙伴签署协议成立喜马拉雅航空公司。新成立的喜马拉雅航空公司注册资本 2500 万美元，西藏航空拥有 49% 的股份，尼泊尔方面拥有 51% 的股份。该合作项目不仅会进一步深化西藏与尼泊尔的经济合作，还将通过诸多新航线的开通增强尼泊尔航空领域同亚洲地区的联通和服务旅游业的发展，未来还将加强环喜马拉雅地区同中东、澳大利亚、美国和欧洲等地区的航空联系，助力提升其开放水平。

不容忽视的是，西藏对外直接投资基础弱、起点低，重大项目对其对外直接投资的增长影响大。未来，在国家战略框架下，结合西藏区域发展实际，继续保持其对外直接投资的可持续性稳步增长对于西藏通过"走出去"与"引进来"相结合扩大对外开放领域、提升对外开放水平具有重要意义。

（二）国际人文交流与合作

对外科技合作与交流。与国外相关科研机构建立科技合作关系、拓展交流合作领域是近年来西藏对外科技合作不断深入的重要表现。位居"世界屋脊"，利用西藏高海拔地理优势和物理潜能、光热资源优势，在物理、能源、农牧等领域加强国际合作交流，拓展开放合作领域，正在助力构建一个更加开放的西藏。

较早如西藏农牧科学院与国际山地综合发展中心（ICIMOD）建立

起了常规而持续的科技合作关系，并一定程度上承担起 ICIMOD 在西藏高原开展国际科研合作工作的主要任务。此外，西藏农科院还与加拿大国际发展研究中心（CIDRC）等建立了合作关系，开展科技交流合作项目。西藏大学宇宙线开放实验室与意大利核研究院，日本东京大学、筑波大学，德国科隆大学等相关科研单位建立了长期、稳定的合作关系。先后有西藏能源研究示范中心、西藏羊八井国际宇宙线观测站等被授予"国际科技合作基地"称号。其中，西藏羊八井国际宇宙线观测站有中日合作广延大气簇射阵列和中意合作 ARGO 实验，是国际四大超高能 γ 天文和超高能宇宙线研究阵列之一。

2016 年 5 月，经西藏自治区科技厅批准，由西藏自治区能源研究示范中心牵头，能源企业、科研院所、高校等 13 家单位组成的西藏新能源产业技术创新战略联盟在西藏自治区能源研究示范中心成立，该战略联盟的成立有利于西藏能源领域对外合作项目的进一步开展。

教育领域的国际合作与交流。西藏大学从 1993 年开始招收留学生，在西藏大学学习藏语，至今已经培养 700 多位留学生。近年来，西藏在教育领域的对外开放合作与交流不断加深。进入 21 世纪后，以西藏大学为主体的西藏教育国际合作交流不断扩展和加深。具体体现在：西藏大学与挪威—中国·西藏大学合作网 4 所大学（挪威奥斯陆大学、卑尔根大学、特隆海姆科技大学和特隆姆瑟大学）在人才培养、科研项目、学者互访交流等方面签订了多轮五年合作协议；西藏大学与德国玛尔堡大学通过两校联合科学研究、学术交流和学者、学生交换等来提高双方的科学考察和研究能力等；西藏大学与美国弗吉尼亚大学在藏族文化信息技术、学者交流及留学生项目等方面开展合作；美国英语学会向西藏大学派遣外籍教师，按照双方的合作协议承担学校旅游与外语学院的英语教学工作。此外，在教育国际合作过程中，西藏大学积极组织和参与国际研讨会加强对内对外交流与联系。2007 年西藏大学和复旦大学联合举办"青藏高原生物多样性国际研讨会"，来自美国、日本、英国、加拿大、德国等 5 个国家的十多名外宾与国内有关专家学者就西藏的生物多样性保护和国际生物多样性科学研究动态等进行研讨。正在积极筹备和尼泊尔特里普文大学共建孔子学院。

旅游业国际合作与交流。西藏自然景观雄伟壮观，人文景观独特神秘，得天独厚的旅游资源对海外游客具有一定的吸引力。进入 21 世纪，西藏的入境旅游具备了较好的发展基础，入境旅游人数总体保持增长，旅游创汇能力显著提升，彰显了西藏旅游业对外开放程度的提升。

统计数据显示，2011—2015 年，西藏入境旅游人数由 2011 年的 27.08 万人次增加到 2015 年的 29.26 万人次，除 2012 年外，西藏入境旅游人数增长率保持在 9.5% 以上，2015 年达 19.73%。在西藏旅游总收入中，外汇收入在 2013—2015 年间保持快速增长，其外汇收入由 2013 年的 12786 万美元增加到 2015 年的 17666 万美元，2013 年至 2015 年西藏旅游外汇总收入增长率分别达 20.96%、13.16% 和 22.10%。

表 5-2　西藏旅游收入情况：2011—2015 年

	2011 年	2012 年	2013 年	2014 年	2015 年
接待旅游者人数（万人次）	869.76	1058.39	1291.06	1553.14	2017.53
接待旅游者人数增长率（%）	26.95	21.69	21.98	20.30	29.90
入境旅游者人数（万人次）	27.08	19.49	22.32	24.44	29.26
入境旅游者人数增长率（%）	18.60	−28.01	14.50	9.50	19.73
入境旅游人数占比（%）	3.11	1.84	1.73	1.57	1.45
外国人（万人次）	24.90	17.46	18.72	20.00	14.26
外国人数增长率（%）	16.29	−29.87	7.17	6.85	−28.69
外国人数比重（%）	2.86	1.65	1.45	1.29	0.71
国内旅游人数（万人次）	842.68	1038.89	1268.74	1528.70	1988.27
国内旅游人数增长率（%）	27.23	23.28	22.12	20.49	30.06

续表

	2011 年	2012 年	2013 年	2014 年	2015 年
国内旅游人数比重（%）	96.89	98.16	98.27	98.43	98.55
旅游总收入（万元）	970568	1264788	1651813	2039989	2819203
旅游总收入增长率（%）	35.86	30.31	30.60	23.50	38.20
国内旅游收入（万元）	886341	1198017	1572633	1949992	2710610
国内旅游收入增长率（%）	37.63	35.16	31.27	24.00	39.01
外汇收入（万美元）	12963	10570	12786	14469	17666
外汇收入增长率（%）	25.14	−18.46	20.96	13.16	22.10

资料来源：《西藏统计年鉴 2016》。

近年来，西藏旅游对外开放程度提升的一个重要表现是，以旅游文化博览会等形式不断提升西藏旅游的国际知名度。其中，近年来连续举办的中国西藏旅游文化国际博览会是由国家文化部、国家旅游局、西藏自治区人民政府共同主办，以"人间圣地·天上西藏"为主题，重在充分展示西藏独特自然景观和优秀传统文化，展示社会主义新西藏的新风貌。2014—2016 年，该博览会连续成功举办三届，正全力打造具有区域带动力、全国辐射力、国际影响力的西藏旅游文化推介交流高端平台，增强西藏旅游文化在国际国内的吸引力、竞争力和影响力。

相对于近年来西藏对内旅游开放及快速发展而言，西藏旅游业对外开放及国际化步伐相对滞缓。由于西藏深居内陆，远离欧美主要国际客源市场，加上周边国家和地区的旅游竞争，其旅游国际化的外部环境相对不利。西藏长期以来的内向型经济特点，致使其旅游国际化的战略规划不够充分，各种微观条件不够理想；同时，出于对国家安全和地区稳定的考虑，西藏某些地区对外国游客的进入还存在一定程度的限制，也给其旅游国际化与进一步对外开放带来一定影响。未来，需要结合国家生态安全、边疆稳固、民族团结、对外开放等战略需求，以"世界屋脊""地球第三极"的高度和开放眼光，着力将西藏打造为重要的世界旅游目的地，以旅游开放为载体助力构建一个更加开放的西藏。

第二节 对外开放合作：2050 愿景

西藏今后的进一步发展离不开对外开放。"一带一路"倡议的提出更使西藏成为面向南亚"内连外接"的窗口，成为国家构建全方位开放格局的前沿地带，为西藏对外开放合作发展带来新机遇。回顾过去，西藏的对外开放合作已取得不错的成绩，国际经济交流与合作快速发展，对外人文交流与合作也逐渐丰富。但是与内地其他省区相比，仍存在诸如对外贸易总量小、对外贸易国别结构相对单一、基础设施条件相对落后等问题。展望未来，西藏仍需要继续努力，加快对外开放合作，力争对外开放合作表现领先全国平均水平，真正实现开放西藏、合作西藏、自信西藏、发展西藏。

综合西藏对外开放合作发展条件与全国战略部署，西藏的对外开放合作发展分三步走：

到 2020 年，西藏开放发展意识与能力不断提升，边境边贸基础设施不断完善，对外合作条件显著改善，对外开放合作全方位快速发展。

到 2035 年，西藏开放发展理念深入人心，现代化对外开放合作能力体系基本建成，基本建成现代化对外开放合作的基础设施和制度体系，并成为中国对外开放合作新前沿。

到 2050 年，人类命运共同体观念成为地区共识，西藏全面建成现代化对外开放合作的基础设施和制度体系，实现全方位高质量的对外开放合作，成为环喜马拉雅地区国际合作交流引领者。

一、2020 愿景

（一）开放发展意识与能力不断提升

对外开放发展的意识和开放合作的能力是对外开放合作的基础，2020 年，西藏将在这些方面出现明显的提升。西藏应在开放中求发展，在合作中优化发展。通过不断扩大的对外开放合作，让民众树立信心，地处高原的西藏同样能做好对外开放合作。开放合作还需要具有国际化的战略眼光和知识储备，以及不断提升的开放合作服务能力。通过吸引和储备具有国际化视野和扎实行动能力的优秀人才落户西藏，带动西藏开放合作的意识快速发展。通过各种形式的语言沟通、国际交往，在宣传西藏、介绍西藏的同时促进西藏民众更多地了解世界、接触世界，在不断扩大的对外开放合作中提升开放发展的意识与能力。

（二）边境边贸基础设施不断完善，对外合作条件显著改善

到 2020 年，西藏将初步具备对外开放合作的基本条件：打通并巩固西藏对外贸易的交通通道，提升口岸的通关能力，抓紧重点铁路公路与机场的建设，鼓励并支持国际航班的开通；初步建立西藏与周边国家长效稳定的合作交往机制，找准西藏对外贸易的特色产品，建设若干高标准贸易保税区、进出口加工区，促进对外贸易稳定地快速增长；加强促进人民生活和对外贸易的基本服务业发展，加快特色服务业和特色服务业贸易的发展；理顺西藏吸引外资和对外投资的管理机制，尽可能减少投资的审批管理环节，积极引导外资落户西藏以及藏资"走出去"。继续挖掘西藏涉外旅游的潜力，拓宽旅游的深度与时间长度，通过文化纪录片、文化交往等形式，广泛对外宣传，初步建立有示范意义的国际人员往来的渠道与机制。到 2020 年西藏将形成比较成熟的对外开放合作局面，对外开放合作在西藏经济活动中的分量将

明显提升。

（三）对外开放合作全方位快速发展

2020 年，西藏将在对外开放合作中获得快速发展。主要表现为对外贸易获得长足发展，充分利用边境口岸，加强对尼泊尔、印度的边境贸易。通过国家级、自治区级产业示范园区，吸引到更多的国际投资。针对西藏周边国家的经济发展特点，促进西藏企业"走出去"。启动全方位国际交流合作的模式，服务业、旅游业获得明显发展，促进与贸易投资相关的金融、法律、教育、医疗等服务业的发展，在做强现有旅游线路的同时，开发新的旅游线路，延长旅游的季节时间，提高酒店餐饮的接待能力与水平。加强文化交流能力，鼓励西藏与各国文化团体交流合作，通过传统文化、非物质遗产保护、文化普及与宣传、文化交往体验等活动，提高与周边国家、世界各国的联系。通过自然资源的共同保护、民众的交往，拉近彼此之间的距离，促进西藏对外开放合作的进一步发展。

二、2035 愿景

（一）开放发展理念深入人心，现代化对外开放合作能力体系基本建成

2035 年，西藏自治区成立 70 周年，西藏开放发展的理念将深入人心。人们不再会认为西藏处于中国对外开放合作的一个角落，反而会转变观念，认为西藏位于中国对外合作的最前沿。对外的交通联络和外向型经济的高度发展，使得西藏民众充分融入对外经济交流、人员交流的生活中。同时，西藏对外开放合作的能力体系基本建成，实现货物通关、人员往来、服务结算、信息传播等方面的高效畅通，政府涉外服务管理能力充分发展，针对涉外企业提供翻译、注册、征税、统计、法

律、会计、人力培训等高质量服务。其他组织团体也具备高效的合作交流能力，成为西藏对外交流合作的中坚力量。民众在对待对外贸易合作中建立充分自信，能从容获取贸易投资伙伴的信息，能够无障碍地进行交流，无障碍地进行对外贸易与合作，并从容应对交往中所出现的所有问题。

（二）基本建成现代化对外开放合作的基础设施和制度体系

到 2035 年，西藏对外开放合作的基础设施和制度体系条件将更加充分完善。中尼、中印、中不交通大通道的建设，边境贸易口岸的不断壮大发展，拉萨等地新机场的建设，使得西藏处于中国对外开放的前沿。交通物流行业的高度发展，西藏所有区、县都有能力参与到对外贸易之中。西藏对外开放合作有充分的制度保障，形成依法办事、依规行动的良性社会管理体系。好的做法形成惯例，得到有效传承，民族特色得到充分发掘与保护。在此基础上西藏吸纳投资和对外投资的水平得到充分发展，在对外交往中形成具有自身优势和适合西藏自然环境的贸易与服务产业，推动西藏对外开放合作良性健康地发展。

（三）成为中国对外开放合作新前沿

2035 年，西藏的对外贸易合作将达到一个全新的高度。通过国际物流大通道的建设，西藏不再是中国贸易与物流运输的末端，转而变成中国对外开放的新前沿。中国与南亚国家的对外贸易，特别是中国西部省份对南亚国家的贸易，将很大比例地取道西藏。大通道的开通将极大带动西藏相关产业发展，促进西藏与周边国家和地区的产业融合，并提高西藏服务业发展水平，优化产业投资环境，极大促进西藏对外投资与对外交往，改变西藏在全国对外贸易交往中的地位。西藏将形成全面对外开放合作局面。开放合作的程度与中国其他省份相比没有实质性区别。对外贸易和涉外投资在经济总量中的占比与其他省份基本接近甚至略微领先，服务业贸易在总贸易额中的比重也得到充分发展。随着区内基础设施的建设，各县各乡都有高等级公路相通，各地区都有铁路通达，西藏各地区能均衡地从对外贸易和对外交流合作中获得收益。西藏的服务业、旅游业和文化产业高度发展，形成大规模人员交往机制。西藏成为中国对外开放的一张名片，引领中国西部对外开放合作发展。

三、2050 愿景

（一）人类命运共同体观念成为地区共识

到 2050 年，随着西藏全方位对外开放，西藏与环喜马拉雅地区建立充分的经贸合作联系，与环喜马拉雅国家和地区一起形成人类命运共同体意识，共同实现对环喜马拉雅自然生态资源的联合保护、人与自然的和谐相处、人民生活的普遍幸福。通过普遍的经贸往来和人员交流，西藏与周边国家和地区以及世界其他国家形成了你中有我我中有你的格局，命运共同体意识使得对外开放合作成为必然选择。在这一进程中西藏的商品和技术更加能造福周边国家和地区。文化与人员的交往极大拉近与周边国家人民的距离，增进人民的情感和相互认同，实现全面的政治互信和全天候的友好交往。作为"世界屋脊"，西藏理应作为核心力量，与周边国家地区一起，共同打造美丽、和平、友好的"世界第三极"，实现人类命运共同体的协调、持续发展。

（二）全面建成现代化对外开放合作的基础设施和制度体系

2050 年，西藏将全面建成现代化的开放合作的基础设施和制度体系。西藏与中国其他省市及与周边其他国家的陆路联系将十分通畅。高原和高山不能成为交通的阻碍，区内路网密集，能够实现常住人口地点的便捷到达。西藏的空运高度发展，能直飞达到国内所有重要城市以及世界的主要机场，能进行高效的空运贸易。边境口岸和边贸加工区、试验园区的极大发展，高质量地保障了贸易的便利来往。同时，经过数十年的对外开放合作发展，西藏积累了一系列具有自身特色的管理制度，形成若干有益的惯例。西藏各级政府服务对外开放合作能力的全面发展，实现贸易和人员往来事务的自动化高效管理。西藏与环喜马拉雅国家、东南亚、中亚国家以及其他国家一起，共同制定合理的具有战略性眼光的规划，在更高的平台上进一步推动西藏对外开放合作良性的高层次的全面发展。

（三）实现全方位高质量的对外开放合作，成为环喜马拉雅地区国际合作交流引领者

到 2050 年，西藏将实现高质量的对外开放合作。西藏的对外贸易、涉外投资以及人员交往极为通畅，开放程度达到国际先进水平，与世界绝大多数国家和地区保持良好的贸易合作关系。西藏的服务业和文化旅游业充分发展，成为支撑西藏经济发展的重要组成部分。作为中国文化的重要组成部分，西藏的文化高速发展，西藏成为推动中国文化对外开放对外交往的重要力量。西藏还将开展虚拟旅游、模拟交互生活等新式的文化交往和人员交往形式，借此拓宽西藏对外开放合作的内容，深化西藏对外开放合作的程度，使尽可能多的民众了解西藏、接触西藏。西藏的开放发展将整合环喜马拉雅国家和地区的合作交流，促进国际分工和生产体系的形成，并为该地区提供开放合作的动力和发展方向，使西藏真正成为环喜马拉雅地区国际合作交流的引领者。

第三节　对外开放合作：路径与保障

西藏是我国通往南亚地区的重要门户，是我国面向南亚"内连外接"的前沿，是实现我国与南亚地区基础设施互联互通的重点区域，也是国

家构建全方位开放格局的前沿地带。西藏发展对外开放合作贸易既是我国"一带一路"倡议的重要支撑，也是对我国对外开放总体布局的丰富与完善。西藏 2050 对外开放合作各阶段目标的实现，需要有利的国际环境，更需在中央政策的支持下，进一步完善基础设施，建设贸易大通道，发展特色贸易，也需要具备有利的外商投资与对外投资政策环境支持。

一、西藏对外开放合作的国际环境与中央政策支持

（一）与周边国家的友好交往

西藏的对外合作发展，离不开中国、西藏自治区与周边国家的友好交往。当前，中国外交确定了"大国是关键、周边是首要、发展中国家是基础、多边是重要舞台"的外交方针。对外开放需要继续巩固与传统合作伙伴的交往，通过贸易与投资往来，文化与人员交往，进一步加深人民的感情，逐渐找到互利的经济贸易合作点，实现经贸合作互赢。对于目前尚存在分歧或接触较少的国家，应努力求同存异，积极挖掘合作潜力，培育优势示范项目，加强推广宣传。积极寻找国家间合作共赢点，以大通道为载体拉近各国经济中心的距离，共同打击国际分裂及恐怖主义。积极关注战略方向的把控，做到经贸、舆论、心理相向而行。通过西藏不断的对外开放和人员交往，逐渐树立开放的自信，并借此广交朋友、深交朋友、避免分歧。

（二）"一带一路"倡议与"第三极"发展战略构想

"一带一路"倡议是新时代中国对外开放最重要的指导方针。历史上西藏是南方丝绸之路、茶马古道、唐蕃古道与"尼婆罗道"的重要节点，是中国通往南亚的重要门户。伴随国家"一带一路"倡议的深度实施，西藏将成为面向南亚"内连外接"的新节点，基础设施互联互通的

重点地区和国家构建全方位开放格局的前沿地带。对内发展方面，通过交通网络的进一步铺设，西藏与内地交往更加密切，经济上逐渐呈现一体化态势；对外开放方面，推动环喜马拉雅经济合作带建设，凭借与印度、不丹、尼泊尔等国山水相连的地理优势，开辟打造南亚陆路大通道，加强与尼泊尔等国家边境贸易和旅游文化合作，积极参与中孟印缅经济走廊、南亚陆路大通道建设，并北经新疆接入中巴经济走廊，或者经新疆等省区联结通往中亚与中东的丝绸之路经济带。实现"一带一路"倡议在西藏的最好发展。

西藏的发展，还能以"第三极"发展为战略构想，从生态环境保护、水资源源头治理、高原山地气候与经济发展等角度联结西藏与周边国家地区，形成以青藏高原为核心，周边国家共同参与的"第三极"合作新模式。西藏在其中能够引导制定发展规划，找到环境友好型的经济发展道路，找准适合高原发展的特色产业。通过与周边国家和地区的合作，建立良好的经济政治互信，从而全方位地推进对外开放与合作。

（三）中央政策支持

西藏对外开放合作的发展，离不开中央政府的政策支持。中央政府一如既往地支持西藏建设，在维护社会稳定、持续反分裂反敌对势力的前提下，坚持教育优先，坚持生态保护，持续不懈改善民生。发展高原特色农牧业产业，采用飞地经济模式，通过打造飞地产业园区逆向引入先进产业技术和资金，培育产业发展和对外贸易的增长极。通过援藏干部人员等人力资源的引进，为西藏发展提供智力支持。积极推进西藏在旅游资源开发、文化国际交往、教育国际合作中作出积极贡献。坚持财政转移支付的"输血"与培育产业发展的"造血"相结合，从国家对外贸易发展、国家安全、对外关系的角度审视西藏发展的收益。

二、西藏对外贸易的发展路径与保障

（一）完善基础设施

基础设施不完善，一直是制约西藏经济和对外贸易发展的重要因素。西藏实现了各县的基本公路相通，但公路的等级和通行能力严重不足，铁路和机场建设较其他省份有明显的差距。因此，为实现西藏全方位地对外开放合作，首先需要实现基础设施达到足够高的标准：争取西藏所有的地区都有高级公路和铁路相通，二级以上公路网能遍布自治区各县，铁路出入藏通道从一条增至三条，更多高标准机场建设，开通国际直飞航线。加强供水供电以及邮政、通信、互联网建设，做到户户通水通电，水电通信建设满足基本生产建设需要。除此之外，教育医疗等配套设施的建设也能适应西藏经济发展的要求，为西藏对外开放与合作提供足够的人才储备与科技支持。

（二）建设贸易通道

西藏地理上与印度、尼泊尔、不丹等国相邻，近些年对外贸易的通道建设已取得一定成果。但通道建设仍有较大空间，如与尼泊尔的贸易通道已不能满足日益发展的贸易发展需求，中印的贸易量仍很小，与贸易口岸相连的国内道路运输能力仍比较差，与不丹尚未建立正式的贸易联系。因此需要与多方面广泛协商，建立良好贸易通道。中尼之间的贸易通道不仅需要满足中尼贸易的需求，还需要考虑规划以尼泊尔为桥梁，建设若干条"中—尼—印"贸易大通道，真正实现中印经济中心的陆路相连。中印两国之间还可以打造其他直接相连口岸与通道。贸易大通道的开通不仅可以拉近环喜马拉雅周边国家的距离，也从很大程度上做到货物的双向流动，从而平衡中国对周边国家的贸易差。

良好的贸易通道，还需要拥有良好的贸易口岸。西藏目前拥有樟木、普兰、吉隆、日屋、亚东等五个国家级口岸，除口岸的硬件设施建设外，还需要规划建设若干边贸互市和边境小额贸易区域，提升边境加工园区和边境口岸软件管理能力。可以与相邻的尼泊尔、印度邦区协商合作，共同建设经贸合作园区，实现共同发展共同繁荣，拉近西藏与周边国家和地区人民的心理距离。

（三）发展特色贸易

西藏对外贸易与合作，离不开有特色的贸易发展。继续巩固农牧业发展优势，推进农牧业生产专业化发展，加强农牧业生产精细化管理、专业化加工、技术型创新，构建绿色、健康、生态的农牧产品产业链，建立特色经济作物种植基地、特色畜牧养殖基地、藏药种植示范基地等，扩大农牧业种植养殖规模、规范种植养殖程序、提高西藏自产农牧产品的质量和经济效益，提高出口农牧产品的国际竞争力。促进工业转型升级发展，找出具有西藏地理特征与禀赋优势的特色工业产业。提高西藏出口产品的加工能力，增加贸易链上的销售附加值。特色贸易的发展最终还需要增加民众就业，促进民众收入快速增长。

三、西藏利用外资与对外投资的政策支持

（一）改善营商环境，优化产业结构

西藏自然资源丰富，特色的地方经济、广阔开发潜力为招商提供有力保障。随着中国南亚大通道的建设，西藏必将成为中国对南亚开放的前沿，巨大的贸易产业发展商机也将促进西藏的招商引资。招商引资有利于弥补财政资金缺口，减轻中央和地方财政负担；有利于完善西藏产业链；有利于促进就业；有利于提升市场机制和企业管理能力。因

此，西藏应顺势而为，努力营造良好的营商环境，尽可能削减政府的限制事项，促进不同性质企业公平竞争和发展。通过编制西藏发展战略产业目录，引导西藏急缺的产业的招商引资。在招商引资的同时，适度补贴急缺技术、人才和管理知识，或通过配套引进，促使引进的资源能够得到充分有效的利用。结合周边国家的经济发展情况，适时促进加工贸易发展，一方面利用周边国家的资源，为其他国家生产制造它们的必需商品；另一方面可以作为进口的重要环节，加工后再销售到中国其他省份的产业。加工贸易可以使西藏和周边国家迅速纳入到国际贸易分工之中，通过产业链的协作快速拉近西藏人民与周边国家和地区人民的感情，促进西藏对外贸易开放的更快更好发展。

（二）发挥西藏特色，加强对外投资

西藏的对外开放合作，需要鼓励西藏企业走出国门，对外进行投资。与周边国家相比，西藏的经济产业发展具有一定的比较优势，可以利用西藏现有的生产技术，到周边国家寻找发展机遇。鼓励企业抱团"走出去"开展对外投资，形成对外投资的产业园区。政府要主动解决对外投资的信息不对称问题，促进涉外法律、税务、金融、安保等服务的提供。西藏的对外投资，应该与国家的对外政策结合在一起，通过实际行动，积极做好民间外交，取信其他国家人民，消除其他国家的顾虑，更好地服务于西藏发展对外开放合作的大局。

四、西藏国际经济合作的对策与保障

（一）加强旅游发展

随着西藏旅游管理体系的不断完善和旅游服务的升级，西藏的旅游人数和旅游收入逐年上升，对西藏旅游的需求逐年增长，旅游业已成为西藏的重要支柱产业。未来西藏应开发更多旅游项目，进一步完善旅游

管理服务，改善住宿餐饮条件，提供更多深度旅游选择。西藏旅游存在淡旺季的较大波动，未来发展中西藏需要重点着眼于延长旺季时间。在面对不同的旅游资源时，合理开发，打造精品，确定不同旅游资源区域功能划分，注重突出各自特色，保护自然环境。另外，旅游产品的开发要注重突出雪域高原的地域特色和民族特色，赋予旅游以一定的文化内涵。着力开发建设一批高原特色的地理旅游、科研探索旅游项目，建立品牌形象突出的国家级和世界级名牌旅游项目，并以此为辐射，增强西藏在国际旅游市场上的吸引力与竞争力，构建一个多元、立体、可交互的旅游平台。

（二）促进文化合作

文化与经济密不可分，文化的交流、传承与发展，使不同国家之间的人民可以相互了解，进一步夯实民意基础，促进经济发展与融合。西藏在开展对外合作过程中，注意文化尤其是藏文化的传播，只有形成了自己的文化品牌，才有机会获取更多的国际合作。文化交往需要彼此了解相互的文化，在了解中求同存异。促进有西藏地区特色的文化建设，主动积极发现保护西藏优秀文化，做好藏语的汉语和其他语言翻译，并通过各种媒介载体，积极对外宣传、推广介绍西藏文化。积极承办和参加国际论坛、会展和贸易洽谈会，增加西藏与世界各国各地区的彼此相互了解，在交流中推动西藏文化发展。

（三）全方位扩大人员交流

"国之交在民相亲"，西藏的对外开放发展，离不开全方位的人员交流合作。扩大工业、商业、贸易、企业技术从业人员的往来，促进工商企业和企业分支机构人员的交流往来。积极促进援藏人员、教育医疗机构、科研院所的人员交流，鼓励开展多种形式的教育科研交流活动和学术会议。促进文化交流，鼓励国际人员共同开展西藏文化的联合保护，主动派出代表团赴世界各国，宣传西藏介绍西藏。鼓励西藏高校和各类机构人员出国留学，同时面向周边国家和世界各国，招收留学人员。鼓励西藏各级政府有计划地对外交流，通过政府人员的互访增进官员间的互信，提高涉外事务的办事效率。

参考文献

[1] 陈继东：《西藏开拓南亚市场及其特殊性研究》，博士学位论文，四川大学 2003 年。

[2] 何薇：《边贸，民族地区对外开放的重要途径——以西藏边贸为实例》，《世界经济研究》2005 年第 7 期。

[3] 刘宗义：《西藏融入"一带一路"的国际挑战与战略选择》，《印度洋经济体研究》2017 年第 1 期。

[4] 苗杨、蒋毅：《融入"一带一路"战略构想推动西藏跨越发展》，《当代世界》2015 年第 1 期。

[5] 毛阳海：《西藏对接"一带一路"战略的历史渊源和现实意义》，《西藏民族大学学报（哲学社会科学版）》2015 年第 4 期。

[6] 王守宝、刘洪明：《"一带一路"拓宽西藏对外开放路》，《新华每日电讯》2015 年 3 月 15 日。

[7] 王亚欣、李泽锋、史博鑫：《民族地区旅游国际化水平研究》，《中央民族大学学报（哲学社会科学版）》2017 年第 2 期。

[8] 西藏自治区统计局、国家统计局西藏调查总队：《2016 年西藏自治区国民经济和社会发展统计公报》，《西藏日报》2017 年 5 月 4 日。

[9] 扎顿：《加大对外开放力度提升西藏沿边开放水平》，《西藏日报》2008 年 9 月 27 日。

[10] 周路：《论西藏的对外开放》，《西藏研究》1986 年第 1 期。

[11] 朱尧平：《彻底敞开西藏区门，加速扩大对外开放》，《经济问题探索》1993 年第 9 期。

[12] 中华人民共和国国务院新闻办公室：《西藏的发展与进步》，《人民日报》2013 年 10 月 23 日。

第六章

和谐西藏

建设和谐社会是社会主义社会的基本特征，是中国共产党的执政理念。党的十六届六中全会以来高度重视建设社会主义和谐社会，特别是党的十九大报告提出了把我国建成"富强民主文明和谐美丽的社会主义现代化强国"的目标任务。西藏作为边疆民族地区，是国家构建和谐社会的重要组成部分。在和谐西藏的发展历程中以构建和谐民族关系为主要内容，西藏各民族在多元一体中华民族形成中不仅有共同的历史命运，还体现出自身的发展特点。和谐西藏建设在注重国家总体布局"中国特色"的同时体现"西藏特点"的发展道路，和谐西藏所要实现的是"富裕民主文明和谐美丽"的社会主义新西藏。

第一节　民族和谐：历史与现状

和谐社会的追求，自古就有之。中国古代先哲们有许多关于和谐社会的名言，如"礼之用，和为贵"①"天时不如地利，地利不如人和"②"老

① 《论语·学而》。
② 《孟子·公孙丑下》。

吾老以及人之老，幼吾幼以及人之幼"①"畜之以道，则民和；养之以德，则民合。和合故能习，习故能偕，偕习以悉，莫之能伤也"② 等，形成了仁、天人合一、和、中庸之道等命题。"和谐"思想作为中国传统文化的重要精髓，在中国传统语境中有着丰富的内涵，其所蕴含的处世理念、社会价值、人生价值、审美情趣、思维方式等，已经积淀为多元一体中华文化的深层底蕴，是中华民族文化的重要内涵、民族性格和气质，是维系中华民族生存、发展和辉煌的文明体现，这为构建新时代中国特色社会主义和谐社会提供了宝贵的思想资源。

本章的民族和谐是指在各民族之间存在着差异和文化多样性的基础上，各民族的合法权益得到保障和实现，各民族的经济和社会事业得到协调发展，各民族的特点和文化受到尊重，各民族在社会主义大家庭中和睦相处、和衷共济、关系融洽，各民族对多元一体中华民族和中华文化充分认同。建立和谐的民族关系要求各民族在交往交流交融中以平等协商等方式不断加深理解和相互尊重、相互学习，在此基础上建立并巩固友好互惠共同发展的关系。

新时代中国特色社会主义和谐社会与和谐西藏是整体与部分的关系，构建和谐既要把握国家整体的宏观战略，也要结合西藏自身特点，走"中国特色、西藏特点"的发展道路。和谐西藏的建构是以建设"团结、富裕、民主、文明、法治、和谐、美丽"的社会主义新西藏为目标，以坚持"依法治藏、富民兴藏、长期建藏、凝聚人心、夯实基础"为重要原则③。构建一种在西藏各民族、各阶层和睦融洽并且各民族齐心协力谋发展的社会状态，体现一种民族团结、社会稳定、人民幸福安康生活的社会局面。

---

① 《孟子·梁惠王上》。

② 《管子·幼官》。

③ 新浪网新闻中心：《中央第六次西藏工作座谈会在京召开》，news.sina.com.cn/o/2015-08-26/。

一、和谐民族关系历史回顾

"民族是在一定的历史发展阶段形成的稳定的人们共同体。一般来说，民族在历史渊源、生产方式、语言、文化、风俗习惯以及心理认同等方面具有共同的特征，有的民族在形成和发展中，宗教起着重要作用"。[①] 自新中国成立以来，我国先后三次共识别了 56 个民族。在西藏有藏族、汉族、门巴族、珞巴族、白族、纳西族、土族、裕固族、回族、独龙族、蒙古族等 20 多个民族。民族作为人们共同体在社会主义时期是共同繁荣发展的，各民族间的共同因素不断增多，但民族特点、民族差异仍将长期存在，民族在发展中没有凝固不变的特性和内容。随着时代的发展，其内容和实质也在发生着变化。随着现代工业革命和信息时代的发展，不同地区的民族跨区域大流动十分明显，不同民族之间的交往、交流、交融不断增多成为历史必然。

（一）古代西藏同内地各民族关系回顾（1840 年以前）

从西藏考古发掘和史学研究来看，远古青藏高原的人们频繁流动和迁徙，不同族系不断融合为最终民族的形成奠定了条件。如有 4000 年以上历史的昌都卡若文化、拉萨曲贡文化就代表了青藏高原原始农业为主、兼有畜牧和狩猎的古代综合生产结构的文化类型。"卡若文化遗迹在石器和陶器等加工中吸收了马家窑、半山、马厂以及丽江人系列文化因素，说明在原始社会黄河中上游以及青藏高原边缘的云川远古人类已有相互频繁的交流。"[②]"考古学证据表明，早在 1 万年前到 5000 年前的旧石器时代晚期和新石器时代，西藏史前时期的文化就同我国华北的旧石器文化、新石器文化建立了千丝万缕的联系，并且融入自成体系的中

---

① 吴仕民：《中国民族理论新编》，中央民族大学出版社 2015 年版，第 16 页。
② 董恩正：《西藏考古综述（藏族史论文集）》，四川人民出版社 1988 年版。

国考古文化的大圈子内，成为中国远古文化的一个不可分割的组成部分。"① 后来青藏高原出现的象雄、苏毗、羊同、悉立、附国、党项、白兰、达布、工布、娘布等十几个部落或小邦，在频繁的交往交流中不断交融，为最终组合成藏族等不同民族共同体奠定了基础。

在青藏高原统一前，一些部落邦国已同内地建立了密切的政治经济联系。据记载，"隋开皇六年（公元 586 年），苏毗向隋进贡，大业四年（公元 608 年），附国也向隋朝进贡，出现了以部落为单位与中原王朝联系的局面"。② 到公元 7 世纪初，后起于雅鲁藏布江中游雅隆河谷的悉卜野部落迅速崛起，先后兼并降伏了达布、工布、娘布、羊同、苏毗、象雄等部落，最后统一了青藏高原，建立起统一的吐蕃奴隶制军事联盟政权，同时也开始了与中原汉族及其他民族的紧密联系与交往。

松赞干布统一西藏后，主动采取对外开放政策，积极同周边各国各民族发展关系，同大唐、尼婆罗、突厥、波斯等不同民族开辟经济贸易关系，把藏区的农畜产品推销到各地并聘请其他国家的医药学大师、工匠师及艺人到藏传授药学、建筑、绘画、雕刻技艺等工艺，派出青年学子，赴大唐、印度等学习天文历算、农耕技术等先进知识，这种交流极大推动了吐蕃经济文化事业的发展。此后先后同邻国尼婆罗和大唐联姻，建立密切的联系。大昭寺门前的吐蕃时期《唐蕃会盟碑》碑文记载："东方之地曰唐，地极大海，日之所出，此王与蛮貊诸国迥异，教善德深，典笈丰闳，足以与吐蕃相颉颃。初，唐以李氏得国，当其创立大唐之二十三年……圣神赞普弃宗弄赞与唐太宗文武圣皇帝，和叶社稷如一，于贞观之岁，迎娶文成公主至赞普牙帐。"③ 公元 641 年，文成公主作为汉藏民族团结友好的先驱远嫁吐蕃，将中原诸如纺织、农具制造、

---

① 罗广武、何宗英：《西藏地方史通述》（上卷），西藏人民出版社 2007 年版，第 37—46 页。

② 翁独健主编：《民族关系史纲要》，中国社会科学出版社 2001 年版，第 253 页。

③ 王尧：《吐蕃金石录》，文物出版社 1982 年版，第 43 页。

造纸、缫丝、建筑、酿酒、制陶、碾磨、冶金等生产技术和中医药、历算等知识文化传播到西藏，增进了汉藏等民族的了解和团结。同样，当时在吐蕃妇女中流行的椎髻、赭面妆容法，以及在吐蕃流行的马球体育竞技等，也传到了中原地区。文成公主进藏有力促进汉地和吐蕃地区经济文化的交流和发展，在历史上产生了重要影响。另一方面，由于尼婆罗赤尊公主和唐朝文成公主两位虔诚信佛教公主先后到来，并在逻些城（拉萨）建立了热萨祖拉康（即拉萨大昭寺）和然木切拉康（拉萨小昭寺）供放两个圣缘释迦不动金刚佛像、佛经和佛塔，从此在西藏民众开启了新的佛教文化传播的旅途，青藏高原不同民族的宗教文化底蕴开始发生新变化。公元 650 年，松赞干布在色莫冈沃宫去世，其子孙芒松芒赞、都松芒波杰、赤德祖赞等继续加强唐蕃关系，互派友好使者。据《汉藏史集——贤者喜乐赡部洲明鉴》载：吐蕃从汉地引进种茶技术及饮茶习俗，从唐朝请人传授制作陶瓷技术，自此吐蕃地方的茶文化发生新的变化。公元 710 年，唐朝宗室之女金城公主远嫁吐蕃，从长安带来大量佛经、医学、历算等著作，并组织人力物力进行译著工作，同时，金城公主初次推行按佛教仪轨对故人举行七期亡灵超荐的佛事活动，这种为故人向神献供、向众人布施的荐亡仪式，逐渐成为高原不同民族的重要丧葬习俗。在文化交流上藏民族的马球技术此时已在唐朝有了极大发展，马球竞技自松赞干布时期以民间形式传入唐朝，此时该竞技已发展成为唐朝王公贵族中普遍喜爱的运动。这时，唐蕃之间常以官方形式组织马球比赛，有力地促进了该体育文化发展。该竞技通过唐蕃两王朝向西亚推广，后又通过西亚传播到欧洲，成为我国历史上创立的重要的世界性体育竞技文化遗产。赤德祖赞时期西域佛教受到排挤，唐朝也出现禁佛事件，西域不少汉僧在金城公主的促成下避难吐蕃，赞普下令收留并供养，允许他们在藏区自由活动，从西域来的佛教僧人在西藏开始传播大乘佛教思想，该教派的发展一直延续到赤松德赞时期才告一段落。

吐蕃政权解体之后，分裂割据时期西藏对外的交往，体现在宗教、政治和经济方面。宗教方面的交往特点是同南亚的印度、克什米尔、孟加拉、尼泊尔等国家和地区来往较多。同时，也有藏区的很多佛教高僧大德到我国西北各部、西夏等地传经讲法，有的高僧获得西夏君主的帝师、国师称号，在当地形成崇高的地位。从西北、西南等汉地到藏区传法的班智达们和藏区僧侣到印度等地学习宗教、医学，推动了西藏佛学、医药学、天文历算学以及文学等方面的翻译事业，极大地推动和丰富了藏文化的发展。

分裂割据时期西藏的部分僧人到河西陇右、西夏国以及甘青的六谷部和唃嘶啰统治的区域去讲经传法，传播宗教事业，为西北等地不同民众的交融创造条件。在经济上西藏通过西北唃嘶啰政权和西夏王朝、汉地的宋王朝保持着密切往来。此时西北、西南藏区成为宋朝重要战略资源战马的主要来源地，而汉地又成为广大藏区重要的物资茶叶、丝绸、布料等生活必备品的主要来源地。茶马交易制度，最早出现于唐代，但直到宋朝才成为定制。宋朝为了使边贸有序进行，还专门设立了茶马司，茶马司的职责是："掌榷茶之利，以佐邦用；凡市马于四夷，率以茶易之"，即以官茶换取青海、甘肃、四川、西藏等地少数民族马匹的贸易。这不但促进了两者当地手工业、畜牧业和茶业的发展，也带动了其他商品的交换，频繁的经济贸易活动，促进了科学技术和文化艺术的交流。

12—13世纪，蒙古族在我国北方草原兴起，中国各民族空前大统一与交融的道路从此开端。1247年萨迦班智达到凉州赴会阔瑞王子，他代表西藏各地首领和僧俗民众表示归顺蒙古汗国，从此，西藏各族各阶层同中央王朝统治的区域民众交往交流更加畅通。蒙古汗国对西藏的统一，也促进了西藏不同族群对中央王朝的认同感和归属感并趋于多元一体中华文化的认同。西藏地方宗教首领也借助元朝统治阶级的支持，从薛禅皇帝忽必烈开始在内地大量建寺收徒，把藏传佛教萨迦派、噶举派等的影响力进一步扩大到甘、青、康、川、蒙、京乃至到江南等各地。

元朝时期，由于战争、政治、经济、宗教、交通等各种原因，各民族之间广泛杂居共处，不断相互交融。元朝在吐蕃设立了驿站，修建了驿道，加上政治的统一，改变了吐蕃原来总体闭塞的局面，为吐蕃与内地的经济文化交流提供了空前有利的条件。内地的雕版印刷术经八思巴随从弟子之手流传到吐蕃，促进了吐蕃文化的发展。"茶马互市"更为发展。元朝时期在川藏交界处的朵甘思一带，允许汉藏等不同民族可以自由贸易，不受限制。元政府于 1277 年设置"榷场"，作为方便内地同吐蕃商贸关系的举措，允许蕃人以马匹、氆氇等土产品换取汉地所产的茶、陶瓷、绢帛等物品，极大地满足了各自的需要。

明朝取代元朝以后，对藏族地区采取了广行招谕、僧优厚纲和纳贡、互市等政策，以达到"率修善道，阴助王化"的目的。在管理机构设置上，明朝基本继承元朝的设置，但是针对藏族地区教派众多、政教合一、各霸一方的特点，明朝便采取了多封众建、尚用僧徒的政策经略，先后分封了一系列的宗教和地方首领为法王、王、西天国师、国师、禅师、都刚、喇嘛等封号，还采取纳贡与赏赐的策略，加强对藏区的管理。藏传佛教也借助明朝统治阶级，在内地原有的萨迦、噶举等旧派的基础上，新兴的格鲁派有了迅速发展，明廷先后派金字使者邀请格鲁派创始人宗喀巴大师到朝廷，宗喀巴由于年事已高未能成行，就先后派大弟子释迦也失两次到内地朝见皇帝，释迦也失担任明朝国师达 10 年之久，先后担任了永乐、洪熙、宣德、正统四位皇帝的上师[①]。明朝时期格鲁派首领三世达赖索南嘉措是西藏同蒙古土默特等北方不同民族势力集团建立关系的第一人，索南嘉措一生中最大的成

---

① 恰白·次旦平措等著，陈庆英等译：《西藏通史——松石宝串》，西藏古籍出版社 2004 年版，第 562 页。

就是把藏传佛教格鲁派传播到蒙古地区。许多蒙古人放弃萨满教，皈依了格鲁派，使藏传佛教格鲁派风靡整个蒙古地区，让蒙藏等西北不同民族的关系得到进一步的巩固和发展。索南嘉措按明朝的要求劝说俺答汗从甘青率部回内蒙古，避免西北蒙古势力同明朝的冲突。索南嘉措在蒙古地区传教，为清朝建立后借用该教派治理蒙藏地区奠定了基础。经济文化方面，茶马互市的规模更大，制度更加完善。这一时期汉族的学术思想进一步传入藏族地区并产生广泛的影响，如受汉族史学的影响，藏族史学得到发展，产生了《萨迦世系》《红史》《青史》等一系列名著。藏族的佛教建筑、绘画、雕塑风格等也传入汉地的建筑风格等中。

　　清朝是我国最后一个封建王朝。这一时期，西藏地方在蒙古地方势力和清王朝的直接介入下，推翻支持噶举派的藏巴汗地方政权，清朝从顺治帝开始实行"兴黄教，即所以安众蒙古"之政策，借助格鲁派治理蒙藏地区。格鲁派两大活佛系统，即达赖和班禅活佛系统得到清帝的册封，西藏格鲁派掌握地方政权。由于西藏各地方势力在活佛世系的继承权上斗争激烈，也容易引起外部如准噶尔、廓尔喀、森巴人等势力介入，为此清政府正式在西藏通过颁布《酌定西藏善后章程十三条》《钦定藏内善后章程二十九条》，设立"金瓶掣签"制，设"驻藏办事大臣衙门""整顿藏政"，派遣军队等措施来加强对西藏的管理，完善大活佛转世传承。由于清中央王朝从顺治帝到清宣宗道光时期治藏有方，西北蒙古族等不同民族组成的到藏朝拜、经商的驼马队络绎不绝，藏区各地到西北、西南经商的马帮延绵不断，来自蒙古、汉、回等不同民族的商铺在拉萨八廓街、日喀则桑珠孜等几个市场不断涌现。清朝著名史学家魏源说："于是权始归一。自唐以来，未有以郡县治卫藏如今日者。""自元明以来，未有以齐民治番僧如今日者。"这时期在祖国西南边疆各民族、各阶层共同防御外敌入侵，增进各民族之间政治、经济、文化的联系和交流，促进统一国家不断发展。

（二）近代以来民族关系在曲折中发展（1840 年至 1951 年）

鸦片战争爆发后，我国在帝国主义的侵略下，沦为半殖民地半封建社会。率先入侵西藏的是英国。英国控制印度后，认识到环喜马拉雅山以南的尼泊尔、锡金、不丹、拉达克等清朝的藩属国是通往西藏地方的天然屏障，遂通过 1814 年对尼泊尔的兼并战争，1840 年的森巴入侵拉达克，完成了对中国西藏的包围圈，从此，西藏地方漫长的边防线完全暴露在英国人的面前。1841 年森巴军第二次分三路进犯阿里终使拉达克被道格拉控制。1855 年春又派兵入侵西藏，首先占领了吉隆、聂拉木、宗噶等地，而后又占据阿里的普兰和后藏的绒辖地方。1864 年，英国再次出兵不丹，不丹不敌，被迫签订《新曲条约》，英国取得了出入不丹的特权。清中央王朝反侵略反殖民主义的斗争不断妥协弱化，表现出息事宁人的投降主义政策，但包括西藏人民在内的广大民众积极参与到抵抗外来侵略者的斗争，为捍卫国家领土完整出现了许多可歌可泣的英雄事迹。各族人民反帝反封建斗争的一致性，构成了近代民族关系发展的主要特点。

辛亥革命爆发后，在中国社会制度新旧更替阶段，英帝国主义积极培植西藏地方高层中的亲帝分子，唆使和武装他们企图把西藏从中国分裂出去，这种图谋最后在西藏各族爱国民众和全国各族人民坚决抵制下被挫败。在经济民生方面，18 世纪中期以来，由于实行政教合一的西藏地方僧俗大领主特权不断增长，致使各阶层苦乐不均，广大农牧民不堪重负，遂成为西藏社会的痼疾。为解决西藏地方广大差民沉重差役和农奴时常逃亡，政府收入日渐减少，入不敷出的局面，在清中央政府的要求和驻藏大臣的督导下，1830 年西藏地方制定并颁布《铁虎清册》。该清册核定了各类领地应当负担的乌拉差役份额，明确了各类土地应支、应免的差项和不同区域各民族各阶层交易点的管理等问题。清朝晚期的驻藏大臣张荫棠、联豫等人在西藏强制推行"整肃藏事、推进新政"

政策。这种推行政教分离，改革军事体系，兴办教育、开发民智、兴农促商的改良运动，由于采取高压、震慑手段，加之改革目的同西藏地方上层统治阶级的利益发生矛盾，改革举措没有得到上层统治阶级的支持，最终以失败告终。

民国时期，随着国内政局稳定下来，各地趋于统一。但西藏地方政权仍然掌握在政教合一政治制度下的三大领主手中。为了维护他们的既得利益，对于在内地出现的新的政治体制他们望而却步，加之英殖民主义者的干涉、阻挠以及挑拨离间，致使西藏地方与中央政府之间的关系进一步复杂化。民国初期虽然从国家结构层面西藏地方仍然在中央政府管辖范围内，中央政府专门设置管理机构，在主权上不放松管理，但由于民国政府的脆弱、妥协，造成了中央政府与西藏地方关系不正常，西藏地方和祖国内地各民族关系在曲折中发展。

1949 年，中国共产党带领各族人民经过长期艰难曲折的反帝反封建的武装斗争，终于推翻三座大山，取得了新民主主义革命的伟大胜利，中华人民共和国的成立开启了我国和谐民族关系的新纪元。

（三）和平解放以来和谐民族关系的确立与发展（1951 年至 2012 年）

从 1951 年到 2012 年的 60 多年是中国共产党在西藏完成和平解放、推动民主改革、创立社会主义制度、推进改革开放、贯彻党的民族政策和宗教政策"五件大事"的重要时期，"五件大事"的推进，使西藏各族人民摆脱了当地三大领主的"精神控制、政治压迫、经济剥削"的悲惨命运，人民的日子由苦变甜，实现当家作主，确立了新型民族关系。

和平解放。1951 年和平解放使西藏宣告了帝国主义制造"西藏独立"图谋的破产，各族人民摆脱了帝国主义侵略势力的羁绊。西藏实现和平解放，为后来进行的民主改革和民族区域自治制度的建立，为西藏各民族的和谐进步、经济发展奠定了坚实的基础，使西藏各族群众走上了团结、和谐、进步、发展的光明大道。

民主改革。1959 年 3 月，以十四世达赖为首的西藏上层反动集团公然撕毁"十七条协议"，悍然发动全面武装叛乱，企图脱离祖国并永远保持政教合一的封建农奴制度。从 1959 年 3 月开始，中央政府领导西藏各族人民一边平叛一边进行民主改革，废除了极端腐朽、黑暗的封建农奴制，实现了西藏社会制度的历史性跨越，西藏广大农奴走上了翻身解放的道路，开创了西藏各族群众成为国家的主人，政治上实现民族平等，经济社会同祖国共同发展的和谐民族关系新历史纪元。

建立社会主义制度。社会主义制度在西藏的确立，是中国共产党维护统一国家，实现民族平等和团结，推进西藏各族人民同全国各族人民一道实现共同繁荣发展的必然要求。西藏作为中国领土不可分割的一部分，在漫长的历史长河中，当地的各族群众与全国各族人民共同创造了统一的多民族国家，数百年来与祖国同命运、共发展，形成了同甘共苦、谁也离不开谁的中华民族大家庭。自鸦片战争以来中国沦为半殖民地半封建社会，西藏地方也在这时期遭到西方列强的侵略和蹂躏，面临被瓜分、肢解的厄运。社会主义制度和民族区域自治制度在西藏的确立，实现了西藏各族人民当家作主的新社会制度，各族群众焕发出了前所未有的主动性、积极性和创造性投入到新西藏建设，各族人民走上了与中华各民族同步发展的光明大道。

改革开放。改革开放是中国共产党在新的历史条件下带领全国各族人民奔小康社会的新的伟大革命实践。中国共产党带领全国各族人民进行改革开放，社会生产力得到空前解放和发展。各族群众的生产积极性、主动性和创造性得到极大激发，西藏经济社会发展从加快发展走向长足发展；西藏社会局势不断走向稳定；民生得到切实保障和改善，人民生活向全面建成小康社会迈进；民族和谐共生深入人心，社会主义民族关系更加融洽，民族团结进步事业蒸蒸日上，西藏各族群众更加心向党、心向中国特色社会主义、心向祖国繁荣昌盛，认同中华民族和中华文化的自觉性、追求各民族和睦共处的思想日益增强。

落实民族宗教政策　中国共产党根据西藏的特殊区情，在西藏社会发展的各个历史阶段全面正确地贯彻、坚持民族平等与团结，宗教信仰自由政策，反对民族歧视和压迫，彻底废除了民族压迫制度和政教合一制度，实行各民族一律平等的社会主义新型的民族关系和宗教信仰自由政策；实行民族区域自治制度；坚持改革开放，增进各民族之间的交往交流交融；高度重视和大力支持西藏经济社会发展；从法律上保障当地各民族的政治权利、宗教信仰权利、经济权利、文化权利和受教育的权利，创建互助、和谐的新型民族关系。落实民族宗教政策，取得了举世瞩目的伟大成就。

（四）新时代和谐民族关系不断巩固和发展

党的十八大以来，以习近平同志为核心的党中央高度重视西藏工作，提出了"治边稳藏"重要论断。2015 年中央第六次西藏工作座谈会明确指出："坚持依法治藏、富民兴藏、长期建藏、凝聚人心、夯实基础的重要原则"。① 进入新时代，党的"治边稳藏"重要论断为建立和谐西藏指明了方向，具有重要指导意义。

一是坚持富民兴藏，促进长足发展。要求西藏工作要紧密结合当地实际，坚持因地制宜、实事求是，科学制定西藏全面建成小康社会总体布局，走出一条既符合中央总体战略布局和对西藏发展的要求，也符合西藏发展实际的新路子。确保新时代"三步走"发展目标，从而把西藏全面建成各民族安居乐业、社会保障有力、经济健康快速发展、民族和睦团结、社会文明和谐的新西藏。

二是坚持依法治藏，推进长治久安。要求在西藏深入开展反分裂斗争，牢牢掌握反分裂斗争的主动权是依法治藏，实现长治久安的基础性工作。因此始终把维护稳定作为第一责任和硬任务，进一步实施好维稳

---

① 《习近平关于全面建成小康社会论述摘编》，中央文献出版社 2016 年版，第 99 页。

各项措施，并不断完善创新，提升水平，形成完善的社会治理体系和治理能力建设，不断强化治边稳藏的长效机制，确保西藏持续稳定、长期稳定、全面稳定。

三是坚持长期建藏，做到慎重稳进。兼顾当前和长远、需要和可能、国内和国际，确保一切措施具有可行性，形成常态化、可持续、和谐化。在增强内生动力上下功夫，在用足用好中央特殊优惠政策的同时，进一步转变发展理念，创新发展模式，充分发挥自身优势和潜力，调动中央、发达地区的支持和自身的努力，确保经济持续快速健康发展的良好态势。

四是坚持凝聚人心，做好群众工作。扎扎实实做好联系群众、改善民生、凝聚民心工作，深化直接联系服务群众制度，提高各族群众幸福指数，最大限度地实现好维护好发展好各族群众的根本利益，最大限度地团结各族群众、广大僧尼，最大限度地孤立分裂势力，紧紧依靠各族群众筑起发展稳定的钢铁长城和反分裂斗争的铜墙铁壁。

五是按照"美丽西藏"的要求，在永续发展上下功夫。牢固树立"保护生态环境就是保护生产力，绿水青山就是金山银山"的理念，像爱护眼睛一样爱护生态环境，坚持生态保护第一，不以牺牲生态环境为代价发展经济。以生态环境保护与建设为载体，坚持生态环境保护优先，在发展中保护，在保护中求发展，走生产发展、生活富裕、生态良好的文明发展道路，构建国家生态安全屏障。

六是坚持夯实基础，巩固党的执政地位。做好西藏工作，关键在党。努力建设好各级领导班子、干部队伍、基层组织、党员队伍，不断提高党的创造力、凝聚力、战斗力。坚持党要管党、从严治党，打牢执政根基，不断扩大党组织覆盖面和壮大党员队伍。深化驻村工作，继续选派优秀干部驻村，强化落实惠民政策新任务。着眼于实施人才兴藏战略，切实加强人才队伍建设。弘扬清风正气，着眼于构建惩治和预防腐败体系，切实加强党风廉政建设，营造雪域高原风清气正的政治生态。

在中央的亲切关怀、全国的大力支持和西藏各族人民的自身努力下，西藏经济健康快速发展，基础设施日趋完善，质量效益明显改善，人民生活水平大幅提高，改革开放力度不断加大，生态环境保持优良，社会大局和谐稳定，各项事业取得新成就。

二、民族关系现状

（一）关系现状

在中国共产党领导下，我国消除了民族剥削、民族压迫的阶级根源和社会根源，从法律上和政治上实现了民族平等，和谐新型民族关系深入人心。为了解决边疆民族地区发展滞后问题，国家采取一系列特殊优惠的扶持政策，极大推动了民族地区经济社会发展，为最终实现共同富裕打下坚实基础。新中国成立以来，各民族平等、团结、互助、和谐的社会主义民族关系已经确立，共同团结奋斗、共同繁荣发展成为各族人民的共同心愿。和睦相处、和衷共济、和谐发展成为我国民族关系的主流。同时也要清醒看到，民族问题在社会主义时期也将长期存在，这是因为：首先，民族还将长期存在。其次，阶级斗争还将在一定范围内存在。由于民族问题仍然存在，国内外敌对势力还会利用民族问题向我国社会主义制度发动进攻，国际国内的阶级矛盾和斗争不可避免要反映到民族问题上来。最后，由于历史和自然条件的原因，各民族间经济文化发展水平存在一定差距。

总之，当前西藏已建立平等团结互助和谐的新型民族关系，但是也存在一些问题，应该同心协力继续发展良好的和谐民族关系，自觉抵制不良因素，克服滞后性，从而实现共同团结进步，共同繁荣发展。

（二）面临挑战

构建社会主义和谐西藏，在中国共产党的英明领导和中国特色社会主义建设中取得了重大的成就，但是西藏社会发展中仍然存在着一些不和谐的现象与问题，主要表现在以下几个方面。

第一，西藏少数分裂势力和国际上一些反华势力的破坏是构建和谐西藏的最大障碍。由于十四世达赖集团一直打着民族宗教的旗号，从事分裂活动，加之西方部分敌对势力把"西藏问题"作为遏制和破坏我国不断发展与社会稳定的突破口之一，公开挑战我国主权和领土完整，西方部分反华势力和西藏少数分裂势力的渗透、颠覆和破坏活动是构建和谐西藏的特殊矛盾，解决这一特殊矛盾具有长期性、复杂性和尖锐性。

第二，发展不平衡不充分也影响和谐民族关系。地处青藏高原的西藏高寒缺氧，自然条件和环境恶劣，人口居住分散，交通滞后，信息高度不对称，工业化、城镇化发展条件差，发展起点低，历史欠账多，城乡发展不平衡，市场经济的快速发展、科学技术的快速发展与群众思想观念滞后矛盾，欠发达的边疆民族贫困地区与东部地区的发展差距不断拉大等问题，明显体现出边疆地区、民族地区、贫困地区的特点。这些问题对实现民族间事实上的平等，构建和谐民族关系也产生不利影响。

第三，随着改革开放，不同民族交往交流日益密切，这极大促进当地社会经济的快速发展，同时在发展中不同民族在经济利益、文化差异、宗教信仰差异等问题上的矛盾，在某些地方对和谐关系产生一些负面影响。

第四，民族传统文化与现代化的矛盾和冲突也是影响因素之一。文化是民族的血脉，是人民的精神家园。西藏民族文化中强调崇尚自然、爱惜生灵、热爱生活、勤劳简朴、各族相亲、敬重长者、热情好客、守望相助、讲求道义、勇敢无畏、信守承诺、重情重理等理念，为今天和谐社会的构建提供文化养分，丰富了中华民族的思想文化体系。与此同时，近代以来由于地理环境的隔绝，特别是政教合一的封建农奴制度走向没落，对民族文化的正常发展产生了制约作用，严重阻碍了西藏与外界的文化交流。同时宗教文化对西藏传统文化影响广泛，这些特点造就西藏文化在相对封闭的区域内缓慢发展，具有明显的内闭性、保守性的特点，在高速发展的当代社会，传统民族文化与现代化的矛盾和冲突形成鲜明的不和谐特点。

第五，部分党员干部思想道德素质和能力不高，也影响和谐社会构建。构建和谐西藏，根本在人，关键在党员领导干部。党的十八大以来，中央加大从严治党的力度，加大反腐力度，提高党员干部素质。西藏的党员干部主流是好的，但是也存在一些问题，严重影响构建和谐西藏。表现在：一些党员领导干部责任感和事业心不到位，创新意识和开拓进取意识不强，思想观念、思维方式和工作方法跟不上时代发展步伐，工作上不思进取，碌碌无为，"等靠要"思想严重；形式主义、官僚作风时有发生；一些基层组织软弱涣散，不注重民生、基层、就业、教育等争取人心、夯实基础的工作。极少数基层党员干部自以为"天高皇帝远"，违法违纪、以权谋私行为时有发生，也影响和谐社会建构。

（三）建构条件

第一，社会制度优势。中国共产党领导下的中国人民在近代以来找到一条符合中国国情的道路，实现了民族的解放和独立，建立了社会主义制度。西藏和平解放以来，党领导西藏各族人民驱逐了帝国主义势力，西藏各族人民回到祖国怀抱。经过民主改革，废除了西藏反动的、落后的、残酷的政教合一的封建农奴制度，确立了社会主义制度，西藏各族人民成为国家的主人。自改革开放以来，西藏大力发展和解放生产力，推动了经济的跨越式发展，西藏人民的经济文化生活得到极大的发展。面对十四世达赖集团的分裂破坏活动，党领导西藏人民毫不动摇地反对分裂活动，加强民族团结教育，维护西藏社会稳定，实现了社会长期稳定的目标。长期坚持发展和完善民族区域自治制度，保障西藏人民权利得到真正实现。党领导西藏人民创造了一个又一个奇迹。实践证明，没有共产党就没有社会主义新西藏。中国共产党在西藏实施的社会制度和民族政策得到西藏人民的广泛拥护和热烈欢迎，赢得了民心，这充分证明了党领导的中国特色社会主义政治制度的优越性深入人心，符合历史发展。

第二，中央优惠扶持政策。中国共产党为了加快少数民族经济发展，推动各民族平等和共同富裕，20世纪80年代以来，在西藏实行了一系列优惠政策：为农牧区休养生息，免征农业税，增加财政补贴，实行优惠贷款利率等一系列政策。这些扶持政策的优势不断彰显，西藏的经济社会发展水平显著提高，为构建和谐社会打下坚实基础。西藏和平解放以来，特别是改革开放以来，经济社会建设实现了跨越式发展，人民生活水平得到极大改善，经济建设全面进步，各项事业蓬勃发展，社会风貌呈现欣欣向荣的局面。这些经济社会发展成就为实现民族平等，构建和谐民族关系打下了坚实的经济基础与思想条件。

第三，民族区域自治制度。民族区域自治制度是在国家宪法的保障下，在我国少数民族聚居的地方建立民族自治机关，行使自治权利，少数民族自己管理本民族内部事务的制度。它充分体现了各民族的根本利益，不仅符合国情，而且充分调动了少数民族建设统一多民族国家积极性。1965年9月，西藏自治区正式成立。标志着宪法赋予西藏人民的民族区域自治权利和其他民主权利已经开始实现。经过几十年的实施，民族区域自治政策已经更加成熟与完善，西藏各族群众积极参与国家建设的主人翁责任感充分调动起来，这为构建西藏的和谐民族关系提供了制度保障。

第四，培养和使用少数民族干部政策。西藏和平解放以来，党和国家培养了大批的西藏本民族干部队伍，以藏族为主体的民族干部的数量和质量在稳步增长，队伍结构日趋合理，实现了西藏各族人民群众当家作主的愿望。民族干部在执行党的政策，为人民群众服务等方面更了解西藏实情，有力增强了党和国家的号召力和凝聚力，为构建和谐西藏打下了坚实的群众基础。自民主改革以来，在党特殊关怀和国家大力支持下，广大群众生活发生重大改变，广大群众心向党，坚定拥戴中国共产党，热爱社会主义新中国的自觉性高度一致，"五个认同"思想的自觉性不断强化，为和谐西藏的发展奠定了强大的群众基础。

第五，保护和传承民族文化政策。党和国家在西藏制定一系列保护和传承民族文化政策，保障藏族等各族人民使用和发展本民族语言文字的权利，将建设社会主义文化与保护西藏优秀传统民族文化结合起来，保护民族文化遗产，培养文化干部与文化人才，为民族文化发展提供各种保障，积极推进社会主义文化建设，帮助人们树立正确的世界观与人生观。同时实行宗教信仰自由政策，积极引导宗教文化与社会主义社会相适应，国家以宪法和法律保障人民宗教信仰自由，并为宗教文化活动的正常开展创造基本条件，积极发挥宗教的积极因素推动社会主义事业发展，为构建和谐西藏社会营造了有利的文化氛围和文化自信。

第六，援藏支持政策。在党中央的统一号令下，中央部委和全国各省市发挥人才、资金等优势对口援藏，各支援部门发挥强大的组织优势，动员社会广泛参与，补位支撑，凝聚起西藏与全国同步建成小康的"中国力量"。为构建和谐西藏提供了坚实可靠的后备力量，同时促进了西藏和内地的联系，内地不同地方的人员物资流入西藏，为推动西藏经济社会发展增加了人力资源和物质基础。各省市援藏政策也带动了内地人口向西藏的流动，各族人民生活融合在一起，增进了了解，建立了友好的民族关系。

第七，党和国家治藏经验。中国共产党自取得政权以来，在西藏革命、建设和改革的过程中，形成了慎重稳进、因地制宜的根本策略，在民主改革中，主要实行"稳、宽、长"政策，即步子更稳些、政策更宽些、时间更长些。在农区和牧区实行不同政策，因地制宜，极大保护了西藏各族群众的权益，形成了具有中国特色、西藏特点的路子。在中央第五次西藏工作座谈会上提出把西藏打造成"两屏障、四基地、一通道"与推进西藏跨越式发展和长治久安的战略思想，中央第六次西藏工作座谈会上进一步提出"六个必须"的治藏方略，科学总结了我们党60多年来经营西藏、发展西藏、繁荣西藏、稳定西藏的实践经验。这充分体现了西藏的特点，体现了党和国家治藏的经验，为推进西藏经济社会发展和长治久安指明了方向、提供了根本遵循和强大动力。

总之，构建和谐西藏是造福西藏各族人民的伟大事业，既要认清不利因素，更要克服困难，抓住有利条件，努力开创社会和谐人人有责、和谐社会人人共享的生动局面。

第二节　民族和谐：2050愿景

党的十八大以来，我国对全面深化改革、全面从严治党、全面推进依法治国、制订"十三五"发展规划等重大问题作出战略决策和部署，统筹推进"五位一体"总体布局、协调推进"四个全面"战略布局，坚持稳中求进工作总基调，迎难而上，开拓进取，取得了改革开放和社会主义现代化建设的历史性成就。党的十九大明确中国特色社会主义进入新时代，中华民族迎来了从站起来、富起来到强起来的新的伟大征程，迎来了实现中华民族伟大复兴的现代化强国的重要阶段，产生了习近平新时代中国特色社会主义思想。提出了实现中华民族伟大复兴的基本方略、阶段性目标和实现路径。"科学社会主义在二十一世纪的中国焕发出强大生机活力，在世界上高高举起了中国特色社会主义伟大旗帜。""中国特色社会主义道路、理论、制度、文化不断发展，拓展了发展中国家走向现代化的途径，给世界上那些既希望加快发展又希望保持自身独立性的国家和民族提供了全新选择，为解决人类问题贡献了中国智慧和中国方案。"[1]

---

[1] 《决胜全面建成小康社会　夺取新时代中国特色社会主义伟大胜利——在中国共产党第十九次全国代表大会上的报告》，人民出版社2017年版，第10页。

一、2020 愿景

到 2020 年，西藏各族群众要按照党的十九大报告精神和西藏自治区党委九次全委会和九届三次全会精神，紧扣西藏社会主要矛盾和特殊矛盾新变化，全面贯彻落实习近平总书记关于"治边稳藏"重要论述和"加强民族团结、建设美丽西藏"的重要指示精神，坚持"五位一体"总体布局和"四个全面"战略布局，坚持党的治藏方略，坚持依法治藏、富民兴藏、长期建藏、凝聚人心、夯实基础的重要原则，到 2020 年全面建成"中国特色、西藏特点"的小康社会。

这一时期的愿景包括：

一是各族群众获得感幸福感明显增强。体现在紧扣西藏发展中的社会主要矛盾新变化，以保持社会和谐稳定与实现长足发展为目标，统筹推进经济、政治、文化、社会、生态文明"五位一体"建设水平基本达到全国平均发展水平，在全面实施科教兴藏战略、人才强区战略、创新驱动发展战略、特色文化发展战略、乡村振兴战略、区域协调发展战略、人与自然和谐共生发展战略方面实现新突破。调动中央政府、发达省市和西藏自身三个方面的积极性，着重在发展、稳定、生态三件大事上取得实效，以精准扶贫、精准脱贫为主要工作任务的攻坚战取得预期目标，在补短板、强弱项方面有长足发展，经济社会发展得到人民群众认可，各族群众的获得感明显增强。

二是各族群众交往交流交融不断深入，"五个认同"思想不断加强。为了实现西藏长足发展，各级部门高度重视西藏经济社会协调发展，不断加强对外开放，各族群众交往交流交融不断深入。通过政治体制、经济体制的改革，大力发展经济缩小发展差距，把关系群众生产生活的民生、基层、就业、教育工作放在首位，不断加强中华民族共同体意识教育，"五个认同"教育和"四个自信"教育，强化各族群众"五个认同"上取得新突破，各民族之间手足相亲、守望相助的中华民族大团结氛围不断强化，和谐民族关系不断巩固。

三是社会持续稳定，民族和谐不断巩固。牢牢把握西藏社会的特殊矛盾，坚持国家利益至上，坚决反对十四世达赖集团的分裂活动、维护祖国统一，依法管理宗教事务，积极引导宗教与社会主义社会相适应方面取得明显进步，群众的科学文化素质不断提高，创新完善社会治理，推动社会治理由"要我稳定"向"我要稳定"转变，确保持续稳定、长期稳定、全面稳定。

二、2035 愿景

2035 年，是西藏自治区成立 70 周年。2020 年到 2035 年，是我国不断向第二个百年奋斗目标进军的重要过渡期。

这一时期的愿景包括：

一是西藏与全国其他地区一道基本实现现代化。西藏在同全国一道全面建成小康社会的过程中，地方科技实力、经济实力、文化软实力得到大幅提升；西藏特色的旅游业、民族特色手工艺产品、高原特色农畜产品产业、水资源开发、光电产业、有色矿产品深加工等有长足发展；各族群众实现充分就业，青年学生创业意识和创业积极性强烈，西藏创业环境拓宽新局面，经济社会发展得到人民群众认可，各族群众爱党爱国爱社会主义制度的觉悟空前提高，现代化西藏各族群众共享共治、平等发展的氛围得到世人肯定。经济社会的长足发展，有力促进民族之间的和睦团结，与全国其他地区同步基本实现现代化。

二是各族群众交往交流交融更加深入，中华民族命运共同体意识显著增强。随着对外开放的进一步深入，在发展中各族人民交往交流交融更加深入，多元一体中华文化认同得到全面深入，群众科学文化素养得到全面提升，社会文明程度达到新的高度，文化强区战略不断彰显。各族群众生活更为富裕，中高收入群体比例达到多数，城乡区域发展差距和居民生活水平差距不断缩小，基本公共服务均等化基本实现，各族群众共同富裕迈出坚实步伐。中华民族共同体意识显著增强，各族群众和睦共处又和谐团结；人与自然和谐共生的理念深入人心，生态环境保持良好，美丽西藏目标基本实现。

三是维护社会和谐稳定的目标取得全面巩固。到 2035 年西藏各项制度建设更加完善，各族群众的政治权利、经济权利、文化权利和受教育的权利得到根本保障，依法治藏、法治社会、法治政府基本建成；地方治理体系和治理能力现代化基本实现；民族交往交流交融更加密切、宗教日益和谐、干部作风优良、社会风气持续净化，各族信教群众和宗教界人士的爱国爱教意识、维护正常宗教秩序觉悟普遍高涨，宗教活动完全能够在宪法、法律和政策范围内活动，各族各界维护社会和谐稳定，反对敌对势力、分裂势力的渗透、破坏斗争取得全面胜利，社会和谐稳定目标取得全面巩固。

三、2050 愿景

到 2050 年，我国将建成富强民主文明和谐美丽的社会主义现代化强国，西藏物质文明、政治文明、精神文明、社会文明、生态文明将显著并充分展现。

这一时期的愿景包括：

一是各族群众共同富裕的和谐社会全面建成。在西藏基本实现地方治理体系和治理能力现代化的基础上，发挥地方特色优势，使经济长足发展、各族人民共同富裕的和谐社会完全实现。同时各族人民将享有更加幸福安康的生活，各民族团结和睦，交往交流交融全面体现；传承和弘扬中华民族优秀传统文化更加深入人心，西藏文化强区发展战略基本实现，民族特色文化不断彰显，各民族对中华文化认同全面巩固。

二是中华民族精神得到国际社会普遍认可。中国特色社会主义思想引领多元文化和科学社会主义思想深入人心，我国社会主义意识形态领域的主导权、主动权、话语权在世界范围内，特别是第三世界的影响日趋扩大，多元一体中华文化和"具有的伟大创制精神、伟大奋斗精神、伟大团结精神、伟大梦想精神"的中华民族精神得到国际社会的普遍认可。

三是民族和谐发展成为环喜马拉雅地区示范，为世界多民族国家解决民族问题提供中国智慧和中国方案。中华民族共同体意识得到全面加强，民族团结和睦基础得到全面提升，中华民族将以更加昂扬的姿态屹立于世界民族之林，中国特色解决民族问题的正确道路，为世界不同民族拓展解决民族问题和发展道路提供启迪，中华民族和谐共生的发展道路为世界上那些既希望加快发展又希望保持自身独立性的国家和民族提供了全新选择，贡献了中国智慧和中国方案。

第三节　民族和谐：路径与保障

和谐社会始终是人类共同向往的一种美好的社会生活状态，是历史发展的永恒主题。古今中外概莫能外，和谐理念、和谐目标源远流长。社会和谐是中国传统文化的基本精神，是中华民族不懈追求的理想境界，从《礼记·礼运》描绘的美好世界到陶渊明的"桃花源"；从康有为的《大同书》到孙中山设想的"大同世界"。在西方历史上，从古希腊著名哲学家柏拉图的"理想国"到空想社会主义的"乌托邦"；从傅立叶的社会改造计划到欧文创办的"新和谐公社"；从法国无产阶级 1848 年的 6 月起义到 1871 年的巴黎公社，人们对和谐社会提出过很多美好的设想和期盼，进行过种种艰辛的探索和实践。马克思主义认为，"未来理想社会是社会生产力高度发达和人的精神生活高度发展的社会，是每个人自由而全面发展的社会，是人与人和谐相处、人与自然和谐共生的社会"。这就是说，社会和谐是科学社会主义的应有之义，并且找到了实现社会和谐的"头脑"和"心脏"。"头脑"就是马克思主义，"心脏"就是广大人民群众。而两者的中枢神经和连接组织是先进的马克思主义政党的领导。

　　中国共产党在 90 多年的峥嵘岁月中，历经革命、建设、改革，不忘初心，牢记使命，紧紧团结依靠广大人民群众，实现了中华民族从站起来、富起来到强起来的历史跨越，为实现中华民族伟大复兴的中国梦而不懈奋斗。历史雄辩地证明，中国共产党是为全国各族人民谋解放、谋发展、谋幸福的政党。中国共产党领导地位和执政地位的确立是大势所趋、民心所向。所谓"国家富强、民族复兴、人民幸福"的中国梦即蕴含着中华民族和谐共生共荣的伟大夙愿和实践诉求，也就是"和谐社会"的思想。

　　"和谐社会"的理念，直接来源于党的十六大报告。党的十六大第一次将"社会更加和谐"作为全面建设小康社会的重要奋斗目标。在此基础上，党的十六届四中全会第一次完整地提出了构建社会主义和谐社会的理念。党的十六届六中全会深刻阐明了社会主义和谐社会的性质和定位，指明了建设社会主义和谐社会的指导思想、目标任务、工作原则和重大部署。此后，党的十七大、十八大、十九大都反复强调建设社会主义和谐社会的重要性，并将社会建设纳入建设中国特色社会主义的总布局。构建社会主义和谐社会，关系到最广大人民的根本利益，关系到巩固党执政的社会基础、实现党执政的历史任务，关系到全面建成小康社会的全局，关系到党的事业兴旺发达和国家的长治久安。明确提出构建社会主义和谐社会，反映了党对中国特色社会主义事业发展规律的新认识，也反映了党对执政规律、执政能力、执政方略、执政方式的新认识。

　　2012 年 12 月，《中共西藏自治区委员会关于深入贯彻落实党的十八大精神，推进西藏跨越式发展和长治久安的意见》提出了建设富裕西藏、和谐西藏、幸福西藏、法治西藏、文明西藏、美丽西藏的明确目标。2013 年 3 月，习近平总书记在参加十二届全国人民代表大会一次会议西藏代表团审议时明确提出"治国必治边、治边先稳藏"的重要论断，作出"坚定不移走有中国特色、西藏特点的发展路子，积极构建维护稳定的长效机制，加快推进西藏跨越式发展和长治久安，确保到 2020 年同全国一道实现全面建成小康社会宏伟目标"的重要指示。2015 年 8 月，中央第六次西藏工作座谈会对西藏的战略定位作了进一步的修正和完善，确立了"西藏是重要的国家安全屏障、重要的生态安全屏障、重要的战略资源储备基地、重要的中华民族特色文化保护地和面向南亚开放的重要通道，是我国同西方敌对势力和境内外敌对势力、分裂势力斗争的前沿"即"两屏两地一通道一前沿"的战略定位。2017 年 11 月，中共西藏自治区党委审议通过《不忘初心、牢记使命，高举习近平新时代中国特色社会主义思想伟大旗帜，决胜全面建成小康社会，加快全面建设社会主义现代化西藏的意见》，对西藏今后中长期发展目标提出了具体要求。可见，西藏在整个国家战略全局中地位举足轻重，关乎国家安全、边疆稳定、社会和谐以及互联互通。西藏是中国不可分割的一部分，没有西藏的和谐就没有全国的和谐。

和谐西藏的路径和保障主要从以下方面体现：

一、中国共产党领导：根本保证

中国共产党 90 多年波澜壮阔的历史，是团结带领全国各族人民不懈探索和奋斗的历史，是为全国各族人民谋解放、谋发展、谋幸福的历史。党中央历来高度重视西藏工作，60 多年来，中国共产党紧紧团结依靠西藏各族人民，在西藏主要完成和推进了和平解放西藏、进行民主改革、建立社会主义制度、推进改革开放、贯彻党的民族政策和宗教政策这五件大事，使西藏创造了"短短几十年，跨越上千年"的人间奇迹，西藏"换了人间"，人民日子"由苦变甜"。在恢宏的伟大实践中，孕育升华出中国共产党的治藏方略。在党的治藏方略的指引下，西藏经济快速发展、社会事业全面进步、群众生活水平明显提高、生态环境保持良好、社会大局持续稳定，民族团结和睦前所未有。

中国共产党作为中国特色社会主义事业的领导核心，是历史的选择、人民的选择。只有坚持中国共产党的领导，中国才能实现人民解放、国家富强和民族振兴。中国共产党的领导是西藏革命、建设和改革开放事业取得胜利，西藏社会发生历史性飞跃、实现长治久安的根本保障。有了共产党，才有今天的新西藏；有了共产党，才有百万农奴的翻身解放；有了共产党，才有西藏各族人民今天的幸福生活。历史雄辩地证明，没有共产党就没有新中国，更没有社会主义新西藏。任何时候都要坚持中国共产党的领导，坚决听党的话，坚决跟党走，在思想上政治上行动上同党中央保持高度一致，任何时候都不能动摇。

中国共产党是执政党，党的领导是中国特色社会主义最本质的特征，是中国特色社会主义制度的最大优势，是做好党和国家各项工作的根本保证。党的十九大明确了以习近平新时代中国特色社会主义思想为指导，这是党的选择、人民的选择、历史的选择，是党心所向、军心所向、民心所向，是党和国家根本利益之所在，反映了全党的共同意志，反映了全党全军全国各族人民的共同心愿。一个有 13 亿多人口的多民族国家，必须有一个与时俱进的先进思想。这是中国革命、建设、改革实践所揭示的一条规律，已被历史和现实充分证明。有了党中央的集中统一领导，就能一呼百应，把全党全国各族人民紧密地团结起来，形成排山倒海的磅礴力量，不断推进新时代中国特色社会主义伟大事业和党的建设新的伟大工程，不断赢得具有许多新的历史特点的伟大斗争的胜利。

当前和今后一个时期是西藏保持持续稳定、长期稳定和全面稳定，走向长治久安的关键阶段，是打赢脱贫攻坚战、全面建成小康社会的决战决胜阶段，是加紧生态功能区建设、增强自我发展能力的重要阶段。西藏面临的最大干扰是十四世达赖集团的渗透破坏，最大短板是发展不足，最大动力是改革开放，最大使命是治边稳藏，最大机遇是中央关心、全国支援，最大潜力是各族干部群众自力更生、艰苦奋斗和对美好生活的期盼。以习近平同志为核心的党中央是社会主义新西藏各项事业从胜利走向胜利的根本保障，一定要不断增强"四个意识"，坚决在思

想上政治上行动上同以习近平同志为核心的党中央保持高度一致，确保
西藏到 2020 年同全国一道实现全面建成小康社会宏伟目标的实现，确
保国家安全和长治久安、确保经济社会持续健康发展、确保各族人民物
质文化生活水平不断提高、确保生态环境良好、确保民族团结、确保宗
教和睦、确保社会和谐。进而确保在本世纪中叶建成富强民主文明和谐
美丽的社会主义现代化强国。

二、中国特色社会主义道路：前提条件

新时代中国特色社会主义思想是科学社会主义理论逻辑和中国社会
发展历史逻辑的辩证统一，是根植于中国大地、反映中国人民意愿、适应
中国和时代发展进步要求的科学社会主义。党领导全国各族人民完成了
新民主主义革命，进行了社会主义改造，确立了社会主义基本制度，成
功实现了中国历史上最深刻最伟大的社会变革，为当代中国的发展进步
奠定了根本政治前提和制度基础。社会主义建设的早期探索和实践为新的
历史时期开创中国特色社会主义提供了宝贵经验、理论准备和物质基础。

1965 年 9 月，西藏自治区第一届人民代表大会第一次会议在拉萨
召开，标志着西藏自治区的正式成立，社会主义制度在雪域高原正式确
立。经历半个多世纪，西藏迎来历史上最为辉煌的时期，经济发展、政
治进步、文化繁荣、社会和谐、生态良好，一个传统与现代交相辉映、
各民族和谐相处的新西藏展现在世人面前。西藏自治区走过的光辉历
程，是社会主义制度优越性的集中体现。

改革开放以来，党团结带领全国各族人民不懈奋斗，推动我国经济
实力、科技实力、国防实力、综合国力进入世界前列，推动我国国际地
位实现前所未有的提升，党的面貌、国家的面貌、人民的面貌、军队的
面貌、中华民族的面貌发生了前所未有的变化，中华民族正以崭新姿态
屹立于世界的东方。经过长期努力，"中国特色社会主义进入新时代，
中国特色社会主义进入新时代，意味着近代以来久经磨难的中华民族迎

来了从站起来、富起来到强起来的伟大飞跃，迎来了实现中华民族伟大复兴的光明前景；意味着科学社会主义在二十一世纪的中国焕发出强大生机活力，在世界上高高举起了中国特色社会主义伟大旗帜；意味着中国特色社会主义道路、理论、制度、文化不断发展，拓展了发展中国家走向现代化的途径，给世界上那些既希望加快发展又希望保持自身独立性的国家和民族提供了全新选择，为解决人类问题贡献了中国智慧和中国方案。"① 党和国家的长期实践充分证明，只有社会主义才能救中国，只有中国特色社会主义才能发展中国。

正是在党的领导下，坚持走中国特色社会主义道路，西藏各族人民才真正成为国家、社会和自己命运的主人，西藏才实现了由贫穷落后到富裕文明和谐的转变。实践证明，只有走中国特色社会主义道路，坚持民族区域自治制度，才能真正实现和保障西藏人民当家作主，才能实现好维护好发展好西藏各族人民的根本利益。在未来的岁月里，西藏的发展进步依然离不开马克思主义中国化最新理论和社会主义道路，这是构建和谐西藏的前提条件。

三、民族区域自治制度：制度保障

西藏是少数民族聚居区之一，截至 2016 年，西藏总人口约 330 万，民族结构主要以藏族为主，还居住着汉族、蒙古族、回族、纳西族、怒族、独龙族、门巴族、珞巴族等几十个民族。随着西藏社会的进一步开放，祖国不同区域的人到西藏创业就业，民族结构多元化日趋明显，这也是时代发展的必然趋势。2014 年习近平总书记在第四次中央民族工作会上指出，民族区域自治是党的民族政策的源头，我们的民族政策都是由此而来、依此而存。提出新时代坚持和完善民族区域自治制度，要

---

① 《决胜全面建成小康社会 夺取新时代中国特色社会主义伟大胜利——在中国共产党第十九次全国代表大会上的报告》，人民出版社 2017 年版，第 10 页。

做到"两个结合"。一是坚持统一和自治相结合。二是坚持民族因素和区域因素相结合。

西藏是边疆民族地区，又是边疆贫困地区，要全面建成小康社会，实现长足发展，必然要求处理好民族与民族、城市与乡村、现代化与传统文化、经济发展与生态环境保护等方方面面的关系。而要处理好这些关系，就必须立足于西藏的区情，根据西藏的发展水平和区域特点，因地制宜。民族区域自治制度正是在确保国家统一的前提下，尊重民族差异，以制度化的形式保证各族人民充分享有自主管理本民族本地区事务的权利。西藏依照西藏政治、经济和文化特点，享有制定自治条例和单行条例的权利，内容涉及政权建设、经济发展、社会稳定、文化教育、语言文字、文物保护、生态环保等各个方面。例如除执行全国性法定节假日之外，根据西藏的民族传统文化，将"藏历新年""雪顿节"等传统节日列入自治区的节假日，根据西藏特殊的地理、气候等自然特点，规定职工一周工作时间为 35 小时，比全国法定工作时间少 5 小时。这些地方性法规适合西藏区情，在加快西藏经济社会长足发展、充分调动西藏各族人民积极性和实现各民族共同繁荣发展方面发挥了重要作用。

1965 年，西藏自治区正式成立。自此，西藏开启了历史的新篇章。自治区成立 50 多年来，在经济建设、政治建设、文化建设、社会建设、生态建设、民生改善等各方面取得了辉煌成就。这些成就的取得离不开民族区域自治制度在西藏的成功实践。因此，构建和谐西藏，必须一如既往地在发展中坚持和完善民族区域自治制度，充分行使民族区域自治权，使西藏各族人民群众当家作主，享受民主权利和广泛的经济社会文化权利，彰显制度自信与中国特色社会主义道路自信的内涵，有力促进和谐民族关系。根据民族区域自治制度，我国在边疆民族地区以自治区、自治区州县等形式实行民族区域自治政策，但民族区域自治并不是某个民族独享的自治，民族自治地方更不是某个民族独有的地方，在边疆民族地方要防止狭隘民族主义思潮。

四、五个认同：重要内容

加强对伟大祖国的认同、对中华民族的认同、对中华文化的认同、对中国共产党的认同、对中国特色社会主义道路的认同是我国当代国家建设的重要内容，是不同民族的向心力和凝聚力的重要体现。新时代中国特色社会主义国家建设中，必然要求公民具备强烈的国家认同、对党领导的中国特色社会主义道路的认同以及多元一体中华文化和中华民族认同，提倡对理论、道路、制度、中华文化和中华民族形成深厚的感情和归属感，是统一的多民族国家，在处理多元与一体的关系问题上，最深层次的认同，是民族团结之根、民族和睦之魂。因此，新时代积极培养中华民族共同体意识，加强"五个认同"教育，推进各民族对党的认同、国家的认同、社会主义道路的认同以及中华民族和中华文化的认同，其重要性不言而喻。

西藏是伟大祖国不可分割的一部分。习近平总书记在中央第六次西藏工作座谈会上指出："西藏工作关系党和国家工作大局。党中央历来重视西藏工作。在60多年的实践过程中，我们形成了党的治藏方略，这就是：必须坚持中国共产党领导，坚持社会主义制度，坚持民族区域自治制度；必须坚持治国必治边、治边先稳藏的战略思想，坚持依法治藏、富民兴藏、长期建藏、凝聚人心、夯实基础的重要原则；必须牢牢把握西藏社会的主要矛盾和特殊矛盾，把改善民生、凝聚人心作为经济社会发展的出发点和落脚点，坚持对达赖集团斗争的方针政策不动摇；必须全面正确贯彻党的民族政策和宗教政策，加强民族团结，不断增进各族群众对伟大祖国、中华民族、中华文化、中国共产党、中国特色社会主义的认同。必须把中央关心、全国支援同西藏各族干部群众艰苦奋斗紧密结合起来，在统筹国内国际两个大局中做好西藏工作；必须加强各级党组织和干部人才队伍建设，巩固党在西藏的执政基础。""西藏工作的着眼点和着力点必须放到维护祖国统一、加强民族团结上来。"① 和谐西藏的应有之义是各族人民爱国、爱党、爱中国特色社会主义，和谐西藏也蕴含着各民族、各阶层、各职业的同胞之间的和谐共处，因之，必须有共同的感情纽带与桥梁在各族人民之间的交往交流交融中发挥联结作用。这个纽带正是对共同生活的国家，守望相助的不同民族和共同创造的民族文化、中华民族选择的道路和来自于人民中的中国共产党的一种共享感和认同感。对中国的认同，对中华民族这个大家庭，以及对这个大家庭中由各民族共同创造的光辉灿烂的中华文化的认同，对中国共产党的认同、对中国特色社会主义道路的认同能够更加强有力地将西藏各族人民凝聚起来。因此，做好西藏工作，建设好和谐西藏，必然要求高度重视各族干部群众"五个认同"思想教育，使各族人民以作为中国公民、作为中华儿女的一分子而感到无比自豪，以此更好地凝聚人心，牢牢掌握反分裂斗争主动权。在巩固团结的边疆齐心协力谋发展，把中央关心、全国支援同西藏各族干部群众的艰苦奋斗紧密结合起来，调动各族人民群众的积极性，促进各族人民群众和谐共生，共享改革发展的成果，使西藏各族人民有更好的获得感、幸福感、成就感，并在团结奋进中使中华民族伟大复兴的中国梦得以实现。

五、民族平等：根本原则

民族平等是我国作为多民族国家解决民族问题的基本原则，也是一项政策。民族平等体现在各民族不论人口多与少，经济社会发展程度高与低，风俗习惯和宗教信仰异同，都是中华民族大家庭平等的一员，具有同等的权利，拥有同等的地位，履行同等的义务。任何一个民族没有特权。反对一切形式的民族压迫、民族剥削和民族歧视。这就要求不同

---

① 新浪网新闻中心：《中央第六次西藏工作座谈会在京召开》，2015 年 8 月 26 日，见 news.sina.com.cn/o/2015-08-26/。

民族的人们在交往时，不能只认可本民族而对其他民族带有歧视和偏见，持高人一等的态度。民族间的友好对话是建立在平等基础之上的，有了平等，才能促进民族间的和谐共处。

平等、团结、互助、和谐的民族关系是我国社会主义民族关系的本质特征，其中，平等是基石，团结是主线，互助是保障，和谐是本质。和谐的基本要义之一是要各美其美、美人之美、美美与共。西藏是我国的一个少数民族聚居区，民族成分多元、民族文化多样，不同民族、不同文化的人们在西藏共同生存与发展。和谐西藏，蕴含着人与人之间、人与自然之间的和谐。毋庸置疑，和谐西藏离不开民族关系的和谐。而民族关系的和谐，首先就需要民族平等作为基石。要解决好民族问题、处理好民族关系，促进民族之间的交往交流与交融，其前提是互相尊重，确立各民族的平等地位。

因此，构建和谐西藏必然要求始终坚持民族平等，使各民族在互相尊重、互相包容中真正做到各美其美、美人之美，营造美美与共的友好氛围，加强各民族之间的交往交流交融。尤其是在城市化进程不断加快的今天，各民族之间交往的层面更广、频率更高，民族间的差异又将长期存在，这更加凸显了尊重差异和民族平等的重要性。只有在交往中坚持民族平等原则，才能做好民族工作，构建和谐西藏。

六、共同发展：根本目的

社会主义的本质是解放生产力，发展生产力，消灭剥削，消除两极分化，最终达到共同富裕。社会主义的西藏，也必然是同全国一道达到共同富裕，共同富裕离不开各民族的共同参与。共同团结奋斗，共同繁荣发展更是我国新时代民族工作的主题，是我们党在民族政策上的新发展。促进各民族共同团结奋斗、共同繁荣发展，最终实现各族人民共同富裕，这是党的民族政策的根本出发点和落脚点，也是我们解决民族问题的根本原则和目的。习近平总书记强调："全面正确贯彻落实党的民族政策，坚持和完善民族区域自治制度，牢牢把握各民族共同团结奋斗、共同繁荣发展的主题""促进各民族和睦相处、和衷共济、和谐发展"。① 这是着眼于中华民族伟大复兴的中国梦的战略全局，对增进民族团结、凝聚复兴力量提出的新要求。同时，也为加强民族团结和推动共同发展指明了方向和路径，是新时代促进民族团结的重要遵循。

和谐的西藏，其鲜明特征是各民族都能有获得感、满足感和幸福感，其目的是共同发展，共同富裕。因此，和谐西藏的建设必然要求把握好新时代民族工作主题，彰显社会主义的优越性和社会主义民族关系的本质特征。必然要求在实现"两个一百年"奋斗目标和实现中华民族伟大复兴过程中，一个民族都不能少，一个民族都不能落下。坚持共同团结奋斗、共同繁荣发展，其根本原因在于西藏各民族有着共同的根本利益，各民族都是我国民族大家庭中平等的一员，西藏经济的发展和社会的长治久安离不开各民族的支持和参与。

西藏自治区成立以来取得巨大成就的事实证明，只有同心同德、团结奋斗，各民族共同繁荣发展，西藏的持久稳定与发展才能具有强大动力。只有在推动西藏全面发展过程中，始终牢牢坚持"两个共同"，努力增强西藏的经济实力，促进西藏各民族文化繁荣，维护社会稳定，使各民族群众的生产方式和生活水平共同发生历史性飞跃，才能达到西藏的真正和谐。

七、依法治藏：重要保障

依法治藏是我国依法治国基本方略在边疆治理过程中的重要体现，是治藏方略的重要原则之一。习近平总书记指出："依法治藏，就是要维护宪法法律权威，坚持法律面前人人平等。……实现西藏和四省藏区长治久安，必须常抓不懈、久久为功，谋长久之策，行固本之举。要把

---

① 《十八大以来重要文献选编》上，中央文献出版社 2014 年版，第 23 页。

基础性工作做深做实做细，坚持依法治理、主动治理、综合治理、源头治理相结合，紧紧依靠各族干部群众。"①依法治藏为如何治理西藏提出了明确方向和基本遵循。依法治藏，是实现西藏社会局势持续稳定、长期稳定、全面稳定的基本方式和根本保障。

实现西藏的和谐，极为重要的一点就是严格按照中央关于全面推进依法治国的要求和部署，全面推进依法治藏，用法治为西藏的和谐构建起牢固保障，确保西藏的长治久安。西藏的有效治理，其重要特征是和谐，其手段是法治和德治的良性结合。和谐西藏的构建，离不开以德治藏、依法治藏的有机统一。以德治藏与依法治藏两者不可偏废。以法治的方式体现道德理念和规约，在加强法治中体现法律对道德建设的促进作用。同时，以道德建设的内涵滋养法治精神，在强化对各民族公民的道德规约中繁荣法治文化，有力地支撑依法治藏，从而营造依法治藏与以德治藏相辅相成，法治和德治相得益彰的良好氛围。可以说，和谐西藏的构建，既需要以中华民族优秀传统文化和社会主义核心价值观来引领和谐共享、平等团结的风尚，形成良好的民风民俗与井井有条的社会公共秩序，也需要以法律法规为和谐的构建保驾护航，充分体现法律的国家强制力特征，强化公民的规则意识，倡导契约精神，使全体公民自觉守法、维护法律权威，按照法治精神与要求来处理人与人之间的关系、人与社会之间的关系、人与自然之间的关系，使各方面和谐共处，在统筹发展的大局中实现良性互动与协调。

西藏自治区成立以来的历史经验表明，维护西藏的长治久安，最有效、最可靠的办法是实行法治。西藏要维护和谐稳定的大好局面，根本途径也在于实行法治，全面推进依法治藏。全面推进依法治藏，就是要把西藏社会生活的各个方面、各项事业发展纳入法治轨道，才能更好地促进社会的和谐稳定与有序发展，更好地维护来之不易的良

---

① 习近平：《依法治藏 富民兴藏 长期建藏》，《人民日报·海外版》2015 年 8 月 26 日。

好局面。

总之，构建社会主义和谐社会不仅要构建经济建设、政治建设、文化建设、社会建设和生态建设的和谐，而且要构建民族关系的和谐。实现全社会的和谐，必须要处理好国内民族问题，搞好民族关系，实现民族和谐。

民族和谐与民族平等、团结、互助的关系是辩证统一关系，它们既相互联系又相互制约，既相互作用又相互依赖。民族平等和共同发展是社会主义民族关系的基石；团结是社会主义民族关系的主线；互助是社会主义民族关系的保障；和谐是社会主义民族关系的本质。正确认识和处理民族关系，最根本的就是要始终不渝地坚持新时代各民族一律平等，不断加强民族交往交流和交融，促进民族和谐。

参考文献

[1] 费孝通：《中华民族多元一体格局》（修订本），中央民族大学出版社 1999 年版。

[2] 黄玉生等：《西藏地方与中央政府关系史》，西藏人民出版社 1995 年版。

[3] 金炳镐：《民族理论前沿问题研究》，中央民族大学出版社 2014 年版。

[4] 吴仕民：《中国民族理论新编》，中央民族大学出版社 2016 年版。

[5] 习近平：《决胜全面建成小康社会　夺取新时代中国特色社会主义伟大胜利——在中国共产党第十九次全国代表大会上的报告》，人民出版社 2017 年版。

[6] 夏建国：《和谐社会的实践基础研究》，武汉大学出版社 2013 年版。

[7] 字振华：《马克思主义民族理论中国化研究》，人民出版社 2014 年版。

第七章

科技西藏

经济发展、科技先行，科学技术是第一生产力。党的十九大报告指出："加强应用基础研究，拓展实施国家重大科技项目，突出关键共性技术、前沿引领技术、现代工程技术、颠覆性技术创新，为建设科技强国、质量强国、航天强国、网络强国、交通强国、数字中国、智慧社会提供有力支撑。"[①]藏族是中华民族大家庭中的重要一员，拥有悠久的历史，创造了灿烂的文化和许多重要科技成果，为中华民族的科技事业作出了重要贡献。西藏的科技创新与发展将随着开启全面建设社会主义现代化国家新征程迎来快速发展的新时代。到 2050 年，西藏将全面建成现代化创新型社会，成为国内高原科技创新的重要基地和环喜马拉雅地区科技创新重镇。

第一节　科技发展：历史与现状

回顾和梳理西藏古代科学技术产生的历史背景、社会条件、体系

---

① 《决胜全面建成小康社会　夺取新时代中国特色社会主义伟大胜利——在中国共产党第十九次全国代表大会上的报告》，人民出版社 2017 年版，第 31 页。

和特点是全面认识西藏科学技术发展历史必不可少的一环，对未来西藏科技发展和科技西藏的建设有重要的启示（牛治富，2003；张天锁，1999）。

一、历史

科学技术的发展与远古时期的先辈积累的经验知识密不可分，这些知识正是科学技术的萌芽。从旧石器时代和新石器时代，直至公元前200年吐蕃第一代赞普时期，是西藏古代科技的萌芽期。截至1985年，在西藏地区发现5处旧石器遗址，28处细石器地点，20余处新石器时代遗址。特别是那些出自昌都卡若遗址（距今已有4000—5000年）的大量石器、陶器和骨器，是西藏科技正处于萌芽期的明证。

从公元前200年吐蕃第一代赞普聂赤开始至吞弥·桑布扎创造藏文为止即公元633年，这一时期是西藏科学技术的奠基期。西藏传说中的"七贤臣"中有四位就生活在这一时期。正是这些先贤的努力，使吐蕃的农牧业技术得以开创，这些技术包括驯养野牛、垦辟农田、引水灌溉、改进农具、冶炼诸金等。另外，这一时期西藏的手工技术也已达到当时较为先进的水平。特别是藏文的创立，使得吐蕃文明成果的保留、传承、交流和创新成为可能。

松赞干布在吐蕃建立的奴隶制度，比前期的社会制度更加先进，这就为西藏科学技术在这一时期的快速发展提供了良好的社会基础。另外，通过与唐朝和尼泊尔的和亲，吐蕃了解了中原和尼泊尔的文化科技，这一阶段西藏的科技事业步入高速发展时期。公元8世纪后半叶，叶宇妥·元丹贡布撰写了《四部医典》，此著作是这一时期最为重要的成果，其中令世界瞩目的发现是有关人胚胎发育分为3个不同阶段，这项医学方面的成就达到西藏古代科技发展水平的最高峰。同一时期，吐蕃科技的其他方面，如建筑、天文、数学和手工业技术都有着不错的发展并达到了相当高度。公元842年是西藏历史上科技发展持续了约210

年的第一次高潮的终结点，这一年赞普朗达玛遇害，作为奴隶制王朝的吐蕃也消失在历史长河中。

公元 842—1027 年，西藏的科学技术发展出现停滞。这个时期由于政局动荡，科技发展艰难，战乱造成原有的成果资料也遗失了。西藏科技史的"黑暗时期"来临。庆幸的是，1027 年印度时轮历法的引进使西藏科技从根本上终结了"黑暗时期"，被视为科技再发展的重要契机。

公元 1027 年到 18 世纪初，西藏处于科技发展的恢复期，也被称为第二次发展的高潮。随着"后弘期"的出现，佛教再次成为主流意识形态。特别是在公元 1247 年，元朝对西藏的统一，为科技发展提供了稳定的社会条件和技术手段。这一时期持续了 630 年。在这一阶段，科技发展仍主要体现在医学和天文学。如果把噶玛巴·让穹多吉在 1318 年著《历算综论》作为起点，加上山南三嘉措在 15 世纪创立"浦派"，以及楚普·江央顿珠维色著《楚普历书》，终点是第巴·桑结嘉措在 1687 年著成《白琉璃》，这一时期的系列成就奠定了藏传"时轮历"的基本体系。这些成就的最高峰是医生兼画家洛扎·丹增诺布在 1690 年左右完成的系列人体彩色解剖挂图。它最为瞩目的创新是非常清晰地绘制出了心脏在胸腔中的精确位置，这不仅具有非常高的科学价值，并且对于当时民众有着很形象的科普意义。除天文和医学外，建筑方面也出现大量创新，这些创新主要表现在布达拉宫及罗布林卡的建筑中，直至今日仍然体现着西藏建筑文化的特色和魅力。

在政教合一和封建农奴制下，农牧业发展非常慢，更遑论农牧业科技了。农奴主、寺院有着强大的势力和诸多的特权，少数特权阶层不仅拥有大量的农奴，可以生杀予夺，而且占据了绝大多数的土地。在这种情况下，广大农奴生存维艰，整个社会没有生机和活力，劳动者也不可能有多高的生产积极性，因此农业生产长期停滞于原始的耕作方式，牧业基本就是自然游牧，农牧品种单一，没有科技含量。同期，内地农牧业有着比较先进的农具、耕地技术、灌溉技术、栽培技术、养殖技术、病虫害防治技术。当时，西藏的农牧业与内地相比差距非常大。

公元 18 世纪以后，在封建农奴制限制了科学发展的情况下，这一时期的科技进步主要集中在统治阶级和宗教均关注的天文学领域，主要表现为出现了一些来自不同学派的学说（主要是个别结论和一些对预测的修正），天文学以外的其他学科中没有出现有较大影响的成果。进入 20 世纪之后，十三世达赖时期曾经引入现代军事、教育、电力等科技成果，试图改变科技发展停滞的面貌，但由于西藏庞大的宗教势力和保守顽固势力的阻碍，导致这些先进科技成果没有在西藏得到有效的应用。直至 1951 年西藏和平解放，藏族人民重获新生，特别是在 1956 年民主改革后，西藏人民完全打破了落后封建农奴制，迎来先进的社会主义制度，西藏科技再一次焕发了蓬勃生机。

二、现状

自西藏和平解放以来，国家投入了大量人力、物力、财力来促进西藏科学技术的发展，使西藏科技事业发生了翻天覆地的变化，科技为西藏的社会经济发展作出了重要贡献。

（一）发展现状

"十二五"期间，西藏科技事业迈上了新台阶（西藏自治区科技厅，2016）：

科技支撑作用显著增强。科技创新为保障粮食安全、建设生态安全屏障发挥了关键作用，为高原特色农牧业、清洁能源、藏医药等特色优势产业发展提供了有效支撑，在抗震救灾、地方病防治、饮用水安全、应对气候变化等方面作出了重要贡献。"藏青 2000"等 17 个农作物新品种培育和示范推广，确保如期实现粮食 100 万吨目标；"金太阳"科技工程解决了近 13 万人用电问题；桥隧科技攻关有力保证了拉日铁路、拉林高等级公路等重大工程建设。①

科技投入产出持续增加。"十二五"期间，全社会研发经费年均增长 30.4%，地方财政科技支出占地方财政支出比重提高到 0.56%。专利申请及授权量显著增加，每万人发明专利拥有量由 0.37 件提高至 0.94 件。获国家科技进步特等奖 1 项、二等奖 2 项、何梁何利奖 1 人。科技进步对经济增长的贡献率达 40%，农牧业科技进步贡献率达 45%。②

科技专项取得重大突破。组织实施青稞、饲草、藏药、金牦牛、金太阳、生态等 8 个科技重大专项，攻克了一批产业共性关键技术，取得了一批重要成果。"十二五"末"藏青 2000"青稞新品种推广面积达全区青稞播种面积的 42%，亩均增产 25 公斤以上；研制并颁布藏药材地方标准 102 项，数字化藏医药古典文献 1600 余部，研发了曲楂胶囊、罗堆多吉等多个藏药新药；引进国内外优质牧草品种 218 个，筛选出牧草新品系 7 个，建立牧草高产栽培示范基地 2.4 万亩；建立了那曲牦牛科技示范园和藏北高原生态系统恢复重建试验区。③

平台基地建设明显加快。认定国家级高新技术企业 23 家，孵化科技型企业 60 家；建成自治区级重点实验室和工程技术研究中心 33 个、科技基础条件平台 6 个、行业创新平台和技术产业创新联盟 9 个；成功创建日喀则国家农业科技园区、那曲国家农业科技园区、拉萨国家现代服务业文化旅游创意产业化基地、林芝国家可持续发展试验区；建成西藏自然科学博物馆并试运行，推进拉萨高新技术产业开发区和西藏高原特色生物种质资源库建设。④

科技创新队伍不断壮大。西藏拥有各类专业技术人员 6.23 万人，年均增长 10.7%，培育了一批创新团队和学科带头人，有 9 个对象入选

---

① 西藏自治区科学技术厅：《西藏自治区"十三五"科技创新规划》，2016 年 8 月。
② 西藏自治区科学技术厅：《西藏自治区"十三五"科技创新规划》，2016 年 8 月。
③ 西藏自治区科学技术厅：《西藏自治区"十三五"科技创新规划》，2016 年 8 月。
④ 西藏自治区科学技术厅：《西藏自治区"十三五"科技创新规划》，2016 年 8 月。

国家"创新人才推进计划"，并实现国家"万人计划"零的突破。国家"三区"人才计划科技专项快速推进。农牧民科技特派员覆盖全部行政村，达 1.09 万人。①

（二）科技发展经验

西藏科技发展是吸收融合的结果。科学技术是人类精神劳动的成果，是一种特殊的意识形态，无论是古代的科技，还是近现代的科技，都有着很强的开放性与交流性。类似于藏族是由青藏高原历史上各民族部族融合而成，西藏古代科技也是基于藏族群众对生产劳动实践成果的概括总结，并向祖国内地其他民族以及周边各国的科技成果学习、吸收和融合发展而来。在某种意义上说，这种吸收、融合的过程与西藏的历史发展是同步的。与祖国内地的科技、文化交流尤为重要，它促进了西藏社会发展的进程，为西藏科技文化发展营造了良好环境。历史显示，藏族有着宽广的胸襟和兼收并蓄的文化。这一特质对发展科技事业，启动西藏现代化新航程，有着重要的启示。

西藏古代科技的发展深受宗教影响。前文述及，在青藏高原特殊地理环境中，藏族群众以自身的生产生活实践为基础，吸收了大量外来的文化、科技成果，从而形成和发展了西藏的科学技术。因此，它在内容及形式上有着自身独特的体系和特点。值得注意的是，佛教文化对于西藏科技发展的影响最直接、最深重。在某种意义上讲，藏民族古代科技甚至是作为佛教文化的一部分存在的。当时，科学不能独立发展，无力与宗教抗衡，科学的火花被层层宗教精神所湮灭。这样，西藏的古代科学技术始终跳不出宗教的桎梏，这也是藏族古代科学技术长期停滞不前和藏族社会长期落后的主要根源。

西藏科技的发展具有鲜明的地域民族特色。西藏的科技既有与世界

---

① 西藏自治区科学技术厅：《西藏自治区"十三五"科技创新规划》，2016 年 8 月。

其他区域科技发展的共同领域，又有西藏自己的区域特色。藏医学是一个独立的医学体系，既有完整的理论，又有长期的实践经验。西藏天文历法自成体系，其天文测时仪器和方法，取材于西藏，用在西藏地区测时简便而精确。西藏的古代建筑设计建造，都是因西藏特有的气候、地形、建筑材料等自然条件而制宜，具有显著的高原和民族特色。

西藏科技发展与社会进步密不可分。纵观西藏古代科技发展的两次繁荣，都是在奴隶制和封建农奴制等新兴社会制度建立后的上升期与全盛期，此时民族统一、政权巩固、社会安定、诸业兴旺，在这种良好环境下，科技蓬勃发展，成就辉煌。在社会制度日益落后时期，如封建农奴制社会后期，由于社会动荡不安，科技停滞不前。

回顾历史是为了更好地面向未来。当前，西藏具有社会稳定、民族团结的良好环境；西藏是"一带一路"倡议中的南亚大通道重要组成，与周边国家的交流交往密切，与内地在科技文化充分交融；尊崇科学精神的社会风气日益形成，藏族科技人才规模初现，藏医学、生态学、藏文信息及高原农牧等特色学科发展势头良好。这些为未来西藏科技高速发展奠定了坚实的基础。

三、机遇与挑战

西藏仍属不发达地区，是发展不平衡不充分的典型地区。未来30多年，要通过跨越式发展，实现2050年科技西藏的目标，既面临着新一代技术涌现和党的长期建藏方略的机遇，又面临着人才、资金不足和基础设施不完善等诸多挑战。

（一）机遇

第一，国家政策机遇。中央第六次西藏工作座谈会明确提出，坚持"依法治藏、富民兴藏、长期建藏、凝聚人心、夯实基础"重要原则，这为做好西藏工作指明了方向。

在推进跨越式发展上，必须遵循西藏经济社会发展的基本思路。要坚持"一个原则"，就是就业第一，教育优先。发挥"两个优势"，就是要发挥西藏重要的高原特色农产品基地、重要的世界旅游目的地的优势。突出"三个重点"，就是以基础设施、特色优势产业、生态保护与建设为重点。围绕"一个中心"，就是以提高经济发展质量和效益为中心。把握"两个途径"，就是以加快改革开放、促进市场要素流动为途径。实现三个"推进"，就是推进经济社会协调发展和走向全面小康，推进民生显著改善和走向人民生活富裕幸福，推进生态安全屏障建设和走向生态全面改善。

必须围绕六项举措推进跨越式发展：一是推进社会主义新农村建设，二是着力加强重大基础设施建设，三是大力发展高原特色优势产业，四是推动边境地区发展，五是积极稳妥推进城镇建设，六是构建高原生态安全屏障。

中央为西藏制定的特殊优惠政策，含金量高，支持力度大，涉及政治、经济、文化、社会生活各个方面，既整体推进又重点突破。充分体现了以习近平同志为核心的党中央对西藏工作的特殊关怀、特殊支持，这一重大历史机遇，为推动科技西藏发展提供了强有力的政策保障。

第二，科技进步机遇。经过多年不断的发愤图强，中国在部分科技领域已经赶上甚至超越发达国家水平。譬如中国在人工智能领域已成为国际社会的中坚力量，和美国一起引领全球发展。需特别指出的是，党的十九大报告中，提出科技强国、航天强国、质量强国、交通强国、网络强国、数字中国的宏伟目标。由此可以预见，实现拥有高度发达的科学技术将作为中国未来重点发展方向。因此，西藏的科技化进程也将与全国一起快速发展。

在新一代高新技术中，有关"智慧"的内容是发展重点。"智慧地球（Smart Planet）"的概念由 IBM 公司首席执行官彭明盛在 2008 年首次提出，自此"智慧"的理念被世人广泛接受。随着世界各国智慧城市建设的蓬勃兴起，"智慧型经济"、智慧社会等概念渐渐被人们所熟知。其实，不论是"智慧型经济"抑或是智慧社会，都是由高新技术所支撑。从古至今，科学技术发展的主旋律一直是不断提高生产力及其效率，从而最大限度地解放人力，在体力替代到脑力替代的过程中不断积累并形成大量知识，最终"智慧"的程度越来越高。

在"智慧"技术体系中，信息技术居于核心地位，在智慧化的过程中发挥着至关重要的作用。从计算机工程到互联网技术，再到大数据、云计算、物联网、人工智能等，新一代信息技术发展迅猛，使"智慧"的程度在硬件、软件两个层面得以大幅度提升。人工智能的快速发展深刻地影响着人类社会生活并改变了世界。

下一轮产业变革的核心驱动力，正是近些年来新出现的高新技术如大数据、云计算等。新的产业变革是以往数次科技革命的积累，不仅是在以往的基础上更进一步的发展，更是出现了新的驱动引擎，通过对生产、分配、交换、消费等经济活动环节的重构，在宏微观各领域形成有关高新技术的新需求。为了满足这种新需求，市场自然会创造出配套的新技术、新产业、新业态、新产品及新模式，这些新事物的出现会使经济结构产生重大变革，刺激社会生产力水平大幅提升，进而对人类生产方式及思维模式产生深远影响。西藏就好比站在巨人肩膀上，虽然经济总量小，经济结构独特，以投资拉动为主，自身造血能力不足，人力物流成本高，但可以发挥后发优势，直接采纳最新的技术，加上经济仍处于高速发展期，加快高新科技的深度应用，将为西藏经济发展注入新动能、新活力。

从我国社会主义事业发展新时期的角度来看，西藏正处于全力以赴完成全面建成小康社会战略目标的关键时期，自身有着基础薄弱、地广人稀、资源环境约束等严重影响发展的因素。如果能够将以人工智能为代表的新科技广泛运用于特色优势产业、国计民生等领域，必定能有效地、更为精准地提高公共服务水平，既服务于经济建设，也服务于人民群众对美好生活的追求。

（二）挑战

第一，人才基础。根据第六次全国人口普查数据，西藏自治区全区常住人口中，具有大学（指大专以上）文化程度的人口为 165332 人；具有高中（含中专）文化程度的人口为 131024 人；具有初中文化程度的人口为 385788 人；具有小学文化程度的人口为 1098474 人（以上各种受教育程度的人包括各类学校的毕业生、肄业生和在校生）。[①] 同 2000 年的第五次全国人口普查结果对比，平均每一万人口中具有大专及以上学历文化程度的由 128 人增长为 551 人；具有高中文化程度的由 355 人增长为 436 人；具有初中文化程度的由 634 人增长为 1285 人；具有小学文化程度的由 3044 人增长为 3659 人，义务教育水平有所提升。[②]

相比之下，全国平均水平每一万人口中具有大学文化程度的由 361 人增长为 893 人；具有高中文化程度的由 1115 人增长为 1403 人；具有初中文化程度的由 3396 人增长为 3879 人；具有小学文化程度的由 3570 人下降为 2678 人。因此，虽然西藏的高等教育发展很快，但拥有大学文化程度人口的比例还是很低，人才基础薄弱。[③]

在科技领域，虽然人才年增长率保持在 4.5%，预计到 2020 年西藏全区科技人员总量将突破 80000 人，其中包括工程技术人员 10000 人、科学研究人员 20000 人、农业技术人员 50000 人；人才结构逐步调整，培养一批区内外有影响的学术带头人。但是，西藏专业技术人才缺乏，特别是拔尖人才、领衔人才缺乏，对科技西藏的建设与发展带来不利影响。[④]

---

① 《西藏自治区 2010 年第六次全国人口普查主要数据公报》，http://news.163.com/11/0504/07/736MQQL500014AED.html。

② 《西藏自治区 2010 年第六次全国人口普查主要数据公报》，2011 年 5 月。

③ 《西藏自治区 2010 年第六次全国人口普查主要数据公报》，2011 年 5 月。

④ 西藏自治区科学技术厅：《西藏自治区"十三五"科技创新规划》，2016 年 8 月。

第二，科技投入。"十二五"期间，西藏全社会研发经费年均增长30.4%，地方财政科技支出占地方财政支出比重提高到0.56%，预计到2020年全社会研发投入占GDP比重达到0.6%（西藏自治区科技厅，2016）。虽然科技投入有了显著提高，但是整体科技投入仍然不足，渠道单一，主要为政府投入，投入产出比和科技成果转化率不高。[1]

第三，科研设施和信息基础设施。"十二五"期间，西藏建成了自治区级重点实验室和工程技术研究中心33个、科技基础条件平台6个、行业创新平台和技术产业创新联盟9个，预计到2020年将进一步加强各级科技管理机构和科研院所的基础设施建设，不断完善技术推广、资源共享、科技研发三大平台。科研基础条件有了很大改善，但资源分散，面向未来机器人、新能源、医学、人类增强等科技创新支撑条件仍显不足（西藏自治区科技厅，2016）。[2]

近年来，西藏信息通信行业体现出重大基础性、战略性和先导性价值，推动了西藏经济社会发展的进程。预计"十三五"末，顺应经济社会发展需求，西藏将基本建成广泛普及、智能融合、高速便捷、安全可靠的新一代信息通信基础设施。到2020年底移动通信用户接近380万户，固定宽带接入用户达34万户，其中20M及以上宽带使用用户比例超过70%，互联网用户普及比率接近85%，实现乡镇及以上的下一代移动通信网络将实现100%覆盖；争取实现行政村100%宽带覆盖；保证重点路段的信号完全覆盖，减少甚至消除农牧区的移动通信盲区。[3]

尽管信息基础设施条件有了很大改善，但是新一代信息技术所需要的物联网、云计算和大数据等基础设施还在起步阶段或尚未开展。

---

① 西藏自治区科学技术厅：《西藏自治区"十三五"科技创新规划》，2016年8月。
② 西藏自治区科学技术厅：《西藏自治区"十三五"科技创新规划》，2016年8月。
③ 《西藏太阳能发展现状和前景展望》，2017年11月，见 http://www.sohu.com/a/2066 39899_99931482。

第二节　科技发展：2050 愿景

在总论部分，按照"驱动力—状态—响应（Driving Forces-State-Responses）"模型，科技本身的进步是和经济发展程度同步演进的，即西藏 2020 年达到"全面建成小康西藏"目标，主要的驱动力是要素投入，科技作为要素的一种，其地位还没有凸显出来，处于积累期，西藏的科技发展主要以引进、消化新的科技为主；2035 年达到"基本建成现代化西藏"目标，这个过程中技术创新将成为最主要的驱动力，西藏的科技发展主要以自主研发为主；到 2050 年，主要目标是"全面建成现代化西藏"，主要由制度、技术创新双核驱动，科技的重要性不言而喻，西藏的科技创新发展具备了技术输出的实力。总之，科学技术将贯穿西藏"全面小康西藏"—"基本建成现代化西藏"—"全面建成现代化西藏"的整个发展过程，呈现出"三步走"的演进特征。另外，在这个过程中，科技的发展对经济增长、民生改善和生态文明建设有着持续的带动作用。

一、2020 愿景

2020 年是"全面建成小康社会"这一目标的收官之年。届时，创新驱动重要性成为社会共识，科技投入明显增强，基本建成符合西藏实际的科技创新体系。科技创新对经济增长、民生改善和生态文明建设的贡献度显著提高。

具体来讲，到 2020 年，全社会研发投入占 GDP 比重明显提升；相关领域的研发人员规模不断增多，研发人员全时当量得到一定程度提升；高新技术产业产值每年增加比例递增明显；每万人拥有发明专利量数量增加。科技创新在以下四个方面的促进作用明显。

（一）科技创新装备农牧业

农牧业是现阶段西藏的基础性产业。立足自身资源禀赋、产业基础和市场需求，采纳一批先进适用的科技成果，大幅提升农牧业特色优势产业的技术水平，农牧业科技贡献率比现在有显著提升，为推进农牧业供给侧结构性改革发挥好支撑作用，构建可持续发展的农林草生态和现代化农牧业系统。主要表现在以下两个方面：

第一，科技创新在农业综合生产能力提高中的作用持续增强。构建主要农作物分子育种技术体系，培育出一批广适、高产、优质、多抗新品种，建立规模化制种、繁育和种子加工技术体系。高产高效绿色栽培技术比较好地用于主要农作物（粮食和果蔬）。农产品精深加工技术和工艺得到推广。

第二，科技创新在高原草牧业综合生产能力提高中的作用持续增强。在良种选繁、饲草高效栽培、畜禽健康养殖、草畜产品加工等关键环节普遍采用先进技术，建立主栽牧草高标准繁育基地，牦牛、绒山羊、藏系绵羊、藏鸡、藏猪、奶牛等本地品种选育的科技含量得到较大提升。

（二）科技创新支撑智慧旅游业

自古以来，青藏高原以其海拔高、空气稀薄被称为生命的禁区，传统的农耕劳作在藏区显得尤为艰辛，但有巍峨的珠峰、雄奇的布达拉宫、班禅驻地扎什伦布寺等，西藏以其独特的自然风光和人文景观一直吸引着中外游客的目光。虽然人口较少，但西藏是一个旅游大省。

到 2020 年，凭借丰厚的自然、历史文化资源，充分发挥科技创新对旅游产业发展的重要作用，依托地理信息位置服务、虚拟现实、增强现实、数字多媒体和 O2O 模式（线上和线下）等技术集成创新与模式创新，将形成西藏特色的智慧旅游产业。将三维动画展示、现代影像技术等先进科学技术融入到全区的旅游资源与文化资源创意中，提升旅游业市场吸引力，传统旅游资源及产品的科技化、智能化水平得到很大提升。构建集文本、图形图像、动画声音于一体的多形式的游客体验中心。同时，充分利用移动互联网、云计算、大数据、物联网、移动电商、移动支付、精准产品搜索、虚拟现实（Virtual Reality，VR）购物平台、智能语音导购、智能推荐系统、电商大数据分析系统等新一代信息技术，建成新一代以数据技术为基础的电商平台，实现全区旅游企业在线服务、网上预订、网上支付、网络营销，旅游服务与管理实现智能化发展，形成新型旅游产业服务模式。在促进旅游和科技深度融合的同时，强化科技对历史文化遗产的保护和利用作用，促进西藏由文化旅游资源大省向文化旅游产业强省转变。

在旅游产业规模做大的同时，由于科技的采用，旅游区的生态保护水平有了很大的提升。

（三）科技创新助力农村经济

西藏作为全国唯一的省级集中连片贫困地区，要实现同步小康，大力发展农村经济是无法回避的课题。对现有农村经济注入大量的科技创新，是西藏农村经济实现自身"造血"、实现可持续发展的明智举措。到 2020 年，将建成基层农牧业科技创新体系，开展农牧业信息化、农牧业科技培训、农村牧区村民远程教育等科技服务，成为促进农牧业科技成果转移转化的关键一环。科技在农业方面的应用可以很好地促进地方支柱产业转型和提质增效，解决制约经济社会可持续发展的技术瓶颈。农牧民科技特派员将覆盖全部行政村。科技特派员在整个脱贫攻坚过程中发挥巨大作用，他们通过与服务对象形成利益共同体、领办创办企业、组建农业经济合作组织或专业协会等方式，引进推广一大批新技术、新品种，实现增产增收。农村牧区的大众创业、万众创新事业发展迅猛，借助科技培育纺织服装、轻工食品、民族手工业等特色产业，农村电子商务得到普及，就业机会显著增加，农牧民收入达到小康水平，很好地展示出"双创"领域的"西藏力量"。

（四）科普全面开展和显著提升

到 2020 年，西藏将建立以实体科技馆为主体，以流动科技馆、数字科技馆为补充的结构合理、门类齐全的现代科技馆体系。同时具备原创性科普展教具、课件、图书、影视、动漫、游戏等精品。重点针对农村、边远贫困民族地区群众提供科普服务，特别是为农村青少年提供更多接受科技教育和参加科普活动的机会。运用"互联网+"等现代科学技术创新科普服务模式，不断丰富和完善科普场馆的功能。城乡居民都可以感受到"科技在我身边，我和科技同进步"。培育西藏特色科普文化，提升全民科学素质，塑造"科技西藏"新形象。

二、2035 愿景

到 2035 年，创新驱动成为社会共识，科技创新能力大幅增强，基本建成具有西藏特点的高原科技自主创新和应用推广体系。科技创新成为经济社会发展重要驱动力，科技西藏为民族地区创新发展提供新示范。

具体来讲，到 2035 年，创新驱动在社会各界深入人心，相关领域的研发人员形成一定规模，具有西藏特点的高新技术产业形成集群，不仅提升自主创新能力，对周边地区初步产生辐射效应。每万人拥有发明专利量数量大幅增加。科技创新成为经济增长的主要驱动因素之一。农牧业、旅游等原有基础产业的建设不再是焦点，科技创新不仅服务于经济发展，同时加大了对民生、环保、生态等领域的关注。西藏作为民族地区，具备了一定水平的科技实力，成为同类地区的标杆，其重点领域及其发展状态将呈现出以下面貌。

（一）高新科技装备交通和物流业

落后的交通一直是制约西藏经济发展的瓶颈。交通发展缓慢的原因很多，科技跟不上是重要原因之一。到 2035 年，随着道路建设、养护和生态保护关键技术以及道路新型材料高原适应性、冻土区道路勘察建设技术的成熟，将建成安全、便捷、高效、绿色的现代综合交通路网体系，包括铁路、高等级公路里程的大幅度增长。铁路不仅覆盖所有地级市、与区外的省份线路通畅，而且修建至印度、尼泊尔边境口岸；高速公路覆盖所有县；普通公路覆盖所有行政村。每个地级市都将建成机场，实现与国内主要城市通航。采用北斗导航、物联网、云计算、大数据、移动互联等先进信息技术，实现对全交通网的智能化管理。

便捷的交通拉近了城市间距离，也拉近了西藏与其他省份的距离，将带动物流产业的大发展，在西藏区域内形成覆盖城乡的普惠快递网络。藏区的土特产如藏药、青稞酒等得以通过铁路更加便捷地运送到全国各地；内地的物品也更加方便地送入藏区的每一个村庄。便捷的交通、高效的物流，是西藏发展电子商务等新兴产业的前提。采用二维码、电子数据交换、管理信息系统、射频技术、全球定位系统等物流技术，形成贡献率大、科技含量高的高端物流业。同时，采用食品冷链等专业物流装备技术，实现物流关键技术装备现代化。

（二）科技创新支撑清洁能源产业

西藏的清洁能源十分丰富。西藏太阳能资源是世界上最丰富的地区之一，居全国首位；水能资源理论蕴藏量达 2 亿多千瓦，占全国的29.7%；有两条风带，推测年风能储量 930 亿千瓦时；是中国地热活动最剧烈的地区，全区共有各种地热 1000 多处。

发挥西藏太阳能、水能、风能、地热等清洁能源资源优势，光伏发电、风力发电、风光互补发电、光热利用等新技术得到普遍采用，清洁能源的利用率提高明显。不仅有效解决城镇供暖供热供电和无电乡村用电问题，而且，将形成规模较大的清洁能源产业群，包括太阳能、风能等多种形式。民用太阳能照明技术、太阳能供热技术、太阳能建筑一体化技术、风能发电设备及其关键零部件制造技术得到采用，研发出高寒高海拔复杂地质条件下筑坝技术、大型水电工程施工及温控技术、"互联网+"智能电站技术等。西藏成为高原清洁能源综合利用示范、建成若干国家综合新能源产业化示范基地，也成为我国最大的清洁能源产业基地之一，还成为"西电东送"最重要的"电源"之一。建立新能源产品后期运营维护技术体系，开发出大型太阳能电站、水电站等建设环境影响监测评价和保护技术。

（三）科技创新助力生态保护

伴随着西藏经济发展水平的大幅提升，生态保护、生态建设问题关注度空前提高。到 2035 年，采用最先进的大气污染防控技术、流域水体污染治理修复技术、污废水安全利用技术、土壤治理与修复技术、垃圾处理及焚烧发电技术等，构建绿色安全的全方位、立体化生态综合保护治理系统，并兼顾生态治理与生态旅游、生态城市等的协同发展。

环保产业集聚发展。通过前期的积极培育，将发展出三类产业。以污染源在线监测、水、大气、土壤污染治理等为主要业务的环保装备制造产业；以"三废"治理、节能环保等工程的咨询、设计、建设等为主要业务的服务产业；以发展合同能源管理、"环保医院"等高端环境服务产业。

同时，建立精细、真实的环境大数据监测系统，打造新型智慧环保产业。集约化建设大数据基础设施，形成数据资源采集和处理标准。西藏将构建全区统一的环保数据共享平台，建立数据汇交、共享机制，实现管理部门、地方、企业之间环境科研项目数据资源的互联互通。

（四）自主创新能力全面提升

到 2035 年，西藏全区的发展动力基本实现创新转型升级，创新成为政策制定和制度安排的核心。科技创新活力和动力显著提升，基本摆脱了科技受外省援助"只进不出"的状态，自主创新能力、对于外来技术的吸收消化能力大幅提高，基本建成具有西藏特色的区域创新体系。

科技与经济深度融合，经济发展方式实现重大转变，经济增长质量和效益明显提高。在传统产业诸如农牧业领域，实现重大关键共性技术研发和集成应用突破，产业核心竞争力得到极大提升。

科技创新催生新技术、新产业、新业态、新模式作用明显，一些诸如清洁能源、交通科技等高新技术产业得以良好发展，高新科技企业数量大幅度增多，出现一批有国际影响力、以创新为核心的领军科技型企业，发挥带动示范作用。

三、2050 愿景

到 2050 年，西藏将全面建成现代化创新型社会，成为国内高原科技创新的重要基地和环喜马拉雅地区科技创新重镇。

具体来讲，到 2050 年，创新驱动发展战略实施取得实质性成效，科技创新成为西藏经济增长最主要的驱动力。在本地特色产业、优势产业等领域形成独特优势并进入全球价值链中高端，科技创新成为带动产业发展的有效要素。科技创新的开放能级得以彻底释放，科技创新的金融支持体系不断完善，有效发挥国内外科技成果展示及交易平台作用。这一阶段，科技创新的作用不仅体现在对经济发展的贡献，更多地体现为科技更好地服务于人民群众的美好生活，向现代化的"智慧"生活的方向发展。

（一）科技驱动的智慧西藏：智慧城市和智慧乡村

所谓"智慧"，主要是指以互联网为代表的一系列新技术、新思维的集合。在大数据和人工智能席卷全球、工业 4.0 时代纷至沓来的背景下，西藏经济社会未来的发展方向必然是"智慧经济"和"智慧社会"。如果说，经过从 2020 年至 2050 年前夕的发展、追赶、积累，这个阶段西藏主要建设的是综合意义上的工业 3.0、成为继续向更高级阶段前进的基础，那么到 2050 年西藏在已经具备了比较雄厚科技实力、比较强大的科技人才队伍和比较完善的科技发展激励支持机制的情况下，这些软硬件组成的综合体系将支撑着通常意义上的"科技西藏"向更高台阶的"智慧西藏"的顺利挺进。届时，"智慧"因素将渗入人们生产、生活的方方面面。

近年来，人工智能、物联网、云计算和大数据等发展如火如荼，社会生活的智慧化水平不断提升成为发展趋势，到 2050 年西藏人民群众的生活方式发生重大改变。通过不断扩大互联网普及范围，城市甚至农村、牧区现代化建设中，对于智慧生产、生活的需求日益增加。智慧乡村、智慧农业的发展对建立健全城乡融合发展的一体化事业将发挥不可忽视的作用。

智慧西藏在经济社会架构上呈现如下景象：政府作为智慧平台和标准的提供者和管理者，以智慧政务为桥梁和纽带，企业、机构、公民共造、共治和共享智慧城市和智慧乡村，将生活、生产、治理、服务等多方面通过一系列相关的"智慧技术"融合为一个整体。

城镇化是大势所趋。为了更有活力和健康的居住，城市需要在有限资源约束下满足日益增加的人口对美好生活向往，智慧城市将构建"城市大脑"，可以根据城市数据分析积累更多的技术与算法模型，高效率治好交通拥堵、环境污染、资源枯竭等"城市病"，并演变为更高层次的公众服务水平和能力，通过分析和预测有效地支撑和完善社会治理和公共安全管理。

建设西藏智能化城市设施，推动智能建筑发展，促进地下管廊等市政设施智能化升级改造；构建大数据平台，将多元异构数据融合于城市运行管理体系中，全方位把控城市基础设施建设及绿地、湿地等重要生态要素；开发建设社区公共服务信息系统，实现居民智能家居系统与社区服务协同工作；构建针对全生命周期的智慧化城市规划、建设、运营。

智慧乡村或牧区是智慧城市的延伸，城市各垂直部门将各类信息系统部署到乡村。统一城乡数据标准，实现数据集中采集和分析，促进城乡公共服务一体化。

（二）科技武装的智慧西藏：智慧产业和智慧民生

如果说智慧城市和智慧乡村是 2050 年西藏的总体架构，是"骨架"，那么智慧产业和智慧民生则是生动、具体的"血肉"。

第一，智慧产业推动互联网、大数据、人工智能和实体经济深度融合，培育新增长点、形成新动能，是实现经济可持续发展和转型升级的关键。

智慧农业产业：围绕西藏特色农牧业可持续发展，运用物联网技术在农牧业生产现场的关键地点部署各种传感节点，依托这些传感器和无线通信网络，结合人工智能手段，针对农牧业生产环境实现智能预警、智能决策、专家在线指导等功能，为农牧业生产一线人员提供可视化管理、精准化种植等服务。

智慧环保产业：建立对环境的智能监控平台，监控对象涵盖西藏大气、水、土壤等环境领域。具体来讲，硬件方面充分利用无人机、物联网等现代技术手段，建成智能环境监测网络和服务平台；软件方面研发资源能源消耗、环境污染物排放智能预测模型方法和预警方案。重点建设羌塘等国家公园及自然保护区域环境保护和突发环境事件智能防控体系。

智慧交通产业：针对西藏道路交通的气候条件非常恶劣的情况，建立车路协同的技术体系，以及复杂场景下环境、气温、适度、风速等多维交通信息综合大数据应用平台，充分运用机器深度学习、VR（Virtual Reality，虚拟现实技术）、物联网等"智慧"技术，协调指挥智能化交通疏导，建成覆盖公路、铁路和低空的智能交通立体化监控、管理综合服务系统。

第二，智慧民生借助新一代信息技术实现与各种民生应用的结合，是破解民生难题的关键。

在公共安全领域充分运用以大数据、人工智能为代表的新兴技术，实现在公共安全领域的智能化监测预警，甚至控制功能。结合西藏的社会综合治理、维稳和反恐等需求，形成智能安防与警用产品产业。

在食品、药品安全领域强化以大数据、物联网、机器学习等为代表的新兴技术的作用，建立智能化食品安全监测、预警平台，建立比较完善的、全自动化的食品质量回溯体系。实现食品、药品监管的智慧化。

加强利用信息技术、无人机等对自然灾害的有效监测，针对西藏地质灾害、气象灾害频发特点，研发对应的深度机器学习、智能决策算法，构建智能化监测预警与综合应对平台。

在文物保护领域充分利用物联网、大数据、VR/AR等新兴技术，形成有效保护和合理开发并重的局面，构建智慧博物馆和展览馆，用信息技术支撑对优秀传统文化的传承和发扬。

在教育领域，同样依托先进的各类"智慧"信息技术，有效结合传统的优秀教育方法及资源，推动西藏教育信息化工作，使得农村、牧区可以和城市享受同样的教育信息资源，促进基层教育教学水平，促进城乡教育均等化。

（三）完善科技金融支撑体系

科技发展水平，不仅体现在科技创新本身达到的高度，而且体现在是否伴随有完善的孵化、支持体系。完善的科技金融支撑体系，也是西藏"智慧社会"的重要组成部分。到 2050 年，西藏将形成多层次、多渠道、多元化的科技金融体系，充分发挥金融对科技创新创业的支撑和助推作用。

培育和发展创业投资。成立低支持门槛的政府天使投资引导基金和科技成果产业化基金，引导各渠道资本的参与。吸引、集聚国内外有实力的风险投资机构联合银行及社会资本，构建面向科技创新企业的合理有序的风险投资体系。

深入推进科技信贷发展。建成比较完善的科技创新信用体系。在这个基础上，引导主要的银行业金融机构设立科技支行或专营事业部，支持有序设立一定数量的民营科技银行，扩大为科技企业提供的信贷支持。

大力发展多层次资本市场。资本市场是科技企业高额融资的主要方式之一。建立西藏股权交易中心，建成为区内科技企业在"新三板"以及 A 股市场上市或者再融资的服务系统，构建和完善支持科技型企业发行债券的服务机制。

第三节　科技发展：路径与保障

一、优化人才集聚与培养成长支撑体系

改善并创新人才引进服务。充分发挥各类人才和成果交流平台的作用，优化高层次人才引进的相关服务。推动高校留藏工作毕业生的创新创业园建设，探索优秀留学生毕业后来藏就业工作。对符合条件的高层次人才及随行家属来西藏工作提供便利。吸引世界一流领军人才领衔承担西藏重大科学研究任务。建立健全与国际一流科研团队在优势特色产业领域开展交流合作的机制。

完善科技人才培育和发现机制。充分尊重人才发展规律，提供充分

的平台、项目促进人才成长，加大对青年科技人才的支持，使人才尤其是青年才俊有脱颖而出的机会。鼓励企业建立健全创新人才培育机制，创造更多条件加快企业培育具有全球视野的高水平创新人才。合理规划、认真实施为紧缺急需的专业技术人员组织的专项培训，使人才队伍结构逐步趋向科学合理。

健全人才评价、激励和流动机制。全面改革职称评定制度，探索建立业内认可的、符合行业特点的人才分类评价体系。完善绩效工资、绩效经费调控机制，扩大人才集中的科研单位在奖励性绩效工资方面的自主权，探索建立如年薪制和协议工资制、享有期权等能够有效激励科技创新人才的机制。探索突破编制、职称等约束条件，保障科研人员在企业和事业单位之间的双向流动，鼓励符合条件的科研人员到企业开展创新创业工作。

二、加快建设科技企业孵化育成体系

深入推进科技创新众创、众包、众筹等，积极打造"众创空间—孵化器—加速器"完整孵化链条，实现全区各地市全覆盖。

一是大力推进科技企业孵化器建设。鼓励社会资本设立科技创新孵化基金，实施科技企业孵化器倍增行动计划，引导各类主体开展孵化器建设，推进实施孵化机构登记管理制度，完善孵化器数据库，加强动态监测和跟踪服务，增强创业孵化服务能力，提高科技成果转化率和在孵企业毕业率。

二是积极支持专业化众创空间发展。大力推进拉萨高新技术产业开发区作为"双创"示范基地建设，扶持一批"双创"支撑平台，形成一批可复制可推广的"双创"模式和典型经验。建立一批低成本、便利化、全要素、开放式的创新创业俱乐部、创新工厂、创客空间等新型孵化载体，积极稳妥推进科技股权众筹平台建设，加快推动众创空间向专业化发展，尤其是构建一批支持农村科技创新创业的平台。

三是加强孵化培训和创新创业辅导体系建设。大力支持创新创业服务中心的建设，为创新创业团队和科技型中小企业提供创业导师、技术转移、检验检测认证、金融投资、法律税务等配套服务。鼓励建设大学生创业园，为大学生创业提供创业场所、创业咨询、市场开发、人才推荐等服务。推进建设全区统一的"科技创新创业网络信息平台"和中小企业金融超市。

三、完善科技协同合作机制

首先是推动科技援藏工作。一是调动内地相关科研单位与西藏相应的单位建立对口帮扶或合作机制的积极性，合作方向主要是地方特色产业和区域经济发展中的关键科技问题，以帮扶、合作推动先进适用技术在区内基层单位的转化、示范、推广和应用，提升广大基层单位的科技创新和服务水平。二是鼓励区内农科企业、科研机构行动起来，联合推进农牧业转型升级，推动传统农牧业生产向绿色、智能、高端的现代化模式转变。三是加大生态保护方面的技术支撑，为西藏不同类型生态系统研发出相应的持续的功能恢复和改善的技术，走可持续发展之路，大力建设生态文明。四是联合内地科技人才队伍，在一些制约优势产业发展的关键技术方面取得重大突破，用新技术支撑优势产业发展，加快清洁能源、节能环保、生物医药等特色产业形成新优势。五是充分发挥对口帮扶的作用开展科技精准扶贫，通过联合共建方式打造一批高原现代科技生态园，推动生态旅游发展，让科技真正为当地老百姓带来实惠。

其次是推动产学研各类创新主体协同发展。探索建立由各类创新主体参与的科技创新信用机制、责任机制。发挥各类产学研联合的组织在承担实施产业技术研发创新重大项目、制定技术标准、专利共享和成果转化推广等方面的作用，为其健康发展提供支持。促进企业、高等院校、科研院所等创新主体间协作更畅通、高效、可持续，大中小微企业共生发展，社会组织协同作用充分发挥。

四、加强特色基础科学研究

强大的基础科学研究是建设先进科技创新体系的基石。当前，新一轮科技革命和产业变革蓬勃兴起，科学探索加速演进，学科交叉融合更加紧密，基础科学研究显得尤为重要，特别是符合西藏实际的特色基础科学研究。①

加强基础研究创新基地建设。在前沿、新兴、交叉、边缘等学科以及布局薄弱学科，依托高校、科研院所和骨干企业等部署建设一批国家重点实验室和国防科技重点实验室，推进学科交叉国家研究中心建设。加强转制科研院所创新能力建设，引导有条件的转制科研院所更多聚焦科学前沿和应用基础研究，打造引领行业发展的原始创新高地。加强企业国家重点实验室建设，支持企业与高校、科研院所等共建研发机构和联合实验室，大力推动面向生产实际中存在的共性问题的基础研究。

建立多元化投入联合支撑基础研究的机制。加大对基础研究的资金支持，完善对高校、科研院所、科学家的长期稳定支持机制。采取政府引导、税收杠杆等方式，落实研发费用加计扣除等政策，探索共建新型研发机构、联合资助、慈善捐赠等措施，激励企业和社会力量加大基础研究投入。探索实施中央和地方共同出资、共同组织国家重大基础研究任务的新机制。

建立完善符合基础研究特点和规律的评价机制。开展基础研究差别化评价试点，针对不同高校、科研院所实行分类评价，制定相应标准和程序，完善以创新质量和学术贡献为核心的评价机制。自由探索类基础研究主要评价研究的原创性和学术贡献，探索长周期评价和国际同行评价；目标导向类基础研究主要评价解决重大科学问题的效能，加强过程

---

① 例如"养好一头牛（牦牛养殖）""种好一亩田（青稞增产）""种好一棵树（那曲阿里种树）"等。

评估，建立长效监管机制，提高创新效率。健全完善科技奖励等激励机制，提升科研人员荣誉感；建立鼓励创新、宽容失败的容错机制，鼓励科研人员大胆探索、挑战未知。

五、夯实新经济的技术基础

近年来，世界范围内出现了以大数据、云计算等新兴技术为引擎的新经济雏形，科技西藏的建设有必要发挥后发优势。在确保西藏网络基础设施全覆盖的基础上，规划建成西藏云计算中心和大数据中心，在云计算和大数据平台上建设和发展智慧西藏，大力培育业务应用和行业需求，发展云计算和大数据产业。电子商务、电子政务、文化服务、金融服务、高原生态保护、高原环境保护、高原生物基因研究、高原气象分析、高原地质结构科学研究、矿藏资源勘探、公共安全、物联网等领域都对云计算和大数据平台有明确需求。

作为西藏云计算和大数据产业发展的核心要素，行业应用只有不断深化落实，才能协同云计算和大数据产业链，实现双赢。提倡西藏企业开发面向智慧政务、智慧农牧业、智慧旅游、智慧健康、智慧交通、智慧城市、智慧公共安全等领域的云计算和大数据解决方案，加大对云计算和大数据商业模式和应用实践研究和推广的力度，促进西藏调整经济结构、产业转型升级、构建服务型政府。在发展的关键期内，以基础研究和应用需求特点为出发点，以法规制度建设和核心技术研发为"双翼"，全面推动西藏云计算和大数据产业发展。重点引领电子政务等关键行业领域，以应用作为媒介，推进系统以及数据中心等基础设施建设。

产业发展的基础是核心关键技术。在学习借鉴内地云计算和大数据平台建设模式和经验的基础上，引进和消化云计算和大数据核心关键技术，与内地云计算和大数据中心合作，以西藏实际需求为基础，研发大数据存储与管理、虚拟化、分布式计算、云安全等核心关键技术，将传统数据中心改造升级为云计算中心。

　　云计算和大数据平台是科技西藏建设和发展的重点之一。立足西藏经济社会发展的实际需求，开展服务试点示范来促进整个产业发展。以重点领域应用示范和产业化项目为抓手，发展一批面向智慧政务、智慧农牧业、智慧旅游、智慧健康、智慧交通、智慧城市、智慧公共安全等领域的示范应用。在关键领域交流经验、推广典型，产出一批安全可靠、满足重点领域需求的关键技术和产品，制定标准规范，建立起完整的技术支撑体系。

参考文献

[1] 国家统计局：《2010 年第六次全国人口普查数据公报》，2011 年。

[2] 国务院：《国务院关于全面加强基础科学研究的若干意见》，2018 年。

[3] 国务院：《新一代人工智能发展规划》，2017 年。

[4] 广东省科技厅：《"十三五"广东省科技创新规划》，2017 年。

[5] 内蒙古自治区科技厅：《内蒙古自治区"十三五"科技创新规划》，2017 年。

[6] 尼玛扎西：《西藏软件与信息技术服务业发展战略研究》，科学出版社 2012 年版。

[7] 牛治富：《西藏科学技术史》，广东科技出版社 2003 年版。

[8] 习近平：《决胜全面建成小康社会　夺取新时代中国特色社会主义伟大胜利——在中国共产党第十九次全国代表大会上的报告》，人民出版社 2017 年版。

[9] 西藏自治区科技厅：《西藏自治区中长期科学与技术发展规划纲要（2006—2020)》，2006 年。

[10] 西藏自治区科技厅：《西藏自治区"十三五"科技创新规划》，2016 年。

[11] 西藏自治区人民政府：《西藏自治区"十三五"期间信息化发展规划》，2017 年。

[12] 张天锁：《西藏古代科技简史》，河南教育出版社 1999 年版。

[13] Office of the Deputy Assistant Secretary of the Army（Research & Technology），*Emerging Science and Technology Trends*: 2016-2045，2016.

第八章

健康西藏

　　健康处于人类发展的首要位置。居民健康不仅是国家实力的重要组成部分，还是全球发展议程的重要内容。联合国"千年发展目标"的八个总目标中，有三个是有关卫生和健康的。2030 年可持续发展议程明确提出"确保各年龄的人群享有健康生活、促进健康福祉"的发展目标，更加关注经济、社会和环境等健康决定因素。2005 年，世界卫生组织（WHO）所有成员国在第 58 届世界卫生大会上共同签署了实现全民健康目标的承诺。该承诺表达的最核心的内容是所有人都应该获得他们所需要的卫生服务，且无须遭受经济损失或陷入贫困的风险。

　　健康是个体和家庭生产力的体现，健康权是公民的基本人权。随着医学的进步和发展，在现代医学的模式下，健康不仅是指生理指标的正常，还包括心理和社会状态的平衡，因而对人类健康的研究逐步重视社会因素的作用。

　　党的十八大以来，以习近平同志为核心的党中央，把人民健康作为全面建成小康社会的重要内容，提出了"人民对美好生活的向往，就是我们奋斗的目标"的大健康工作思路。在党的十九大报告中又一次提出，人民健康是民族昌盛和国家富强的重要标志，并提出"实施健康中国战略"号召。西藏在"十三五"发展规划纲要中明确提出"大力推进健康西藏，使西藏居民健康素质明显提高，人均预期期望寿命 70 岁以上"的目标任务。随着党的十九大召开后国家新发展战略的逐渐明晰，远至 2050 年的健康中国建设已提上日程。

第一节 卫生事业：历史与现状

卫生事业的发展决定了居民的健康水平。在西藏地区诞生并得到发展的藏医药为本地区居民的健康作出了一定贡献，但因历史原因，西藏地区长期处于封建奴隶制社会，只有占人口总数约 5% 的三大领主才能充分享受到卫生服务。1951 年西藏和平解放之初，其卫生事业发展起点极低，在中央政府的大力支持下，经过近 70 年的发展，尤其是进入 21 世纪以来的近 20 年，西藏的卫生事业得到长足发展，为健康西藏工作打下了坚实的基础。

一、卫生事业发展历程

（一）史前时代至和平解放前

西藏位于中国西南边陲，平均海拔 4000 米以上，高寒缺氧，昼夜温差大，日照时间长。在史前时代，世居西藏高原的人们在同大自然作斗争的过程中，逐渐认识到一些植物和动物对疾病的治疗作用。相传，公元前古象雄医学家常松·杰普赤西医术高超，编撰了第一部藏医学著作《治毒坚固聚》。

公元前 1 世纪，西藏地区就有了青稞酿酒法和从牛奶中提取酥油的技术。之后，又出现了用酒糟治疗外伤、用融酥油止血的治疗方法。4 世纪中叶，藏医已总结出寒性药物制热病、热性药物治寒病的经验。7 世纪中叶，吐蕃大译师达玛郭卡和汉医马哈德瓦和尚将象雄医药学与文成公主出嫁至吐蕃时带来的中医药学书籍结合起来，编译成《医疗大师》，为藏医学的发展奠定了宝贵基础。8 世纪初，藏医药学著作《月王药诊》编撰完成，系统总结了藏医药学实践经验，同时吸收了中医学和印度吠陀医学，以及邻近国家的医学精华，《月王药诊》初步奠定了藏医学的理论基础。8 世纪下半叶，著名的藏医药学家宁妥宁玛·云丹贡布（又称"老宇妥"）拜内地中医和邻国名医为师，汲取各地医学之精华，总结民间医学经验，撰写了藏医药学著作《四部医典》，形成完整的藏医药学理论和实践体系。12 世纪，宁妥萨玛·云丹贡布（即新宇妥，或称小宇妥）拜内地许多名医为师，学习他们的宝贵经验，并依据西藏地理、气候特点，将《月王药诊》中的许多内容融汇到《四部医典》之中，用厘定后的藏文改写了《四部医典》，并加入注释，斟酌时地差别，随宜补遗，使《四部医典》更加完善丰富。13 世纪中叶，西藏政局稳定，藏医药学蓬勃发展，《药效汇总·药名之海》《解剖明灯》《辉煌医史》《药物蓝图》等藏医学著作相继问世。15 世纪初，帕竹地方政权建立后，西藏社会逐渐由奴隶制转变为封建农奴制，社会制度的变革促进了西藏地方经济文化的发展，藏医药学学术思想空前活跃，逐步形成南北两大学派。两大派学竞相争鸣，丰富了《四部医典》的具体内容，进一步促进了藏医药学理论的充实和发展。17 世纪中叶，第五世达赖喇嘛阿旺·洛桑嘉措和第悉·桑结嘉措执政期间，指令创办藏医学校，大量刻板印行藏医古籍，第悉·桑结嘉措还召集各派名医，集体校注《四部医典》，编纂了尔后流传的《四部医典》的标准注释《蓝琉璃》。他还广召西藏著名画家，绘制一套七十九幅《四部医典》彩色教学挂图，这对藏医药学的传播产生了巨大的推动作用。18 世纪，帝玛·旦增平措奔波于西藏、内地以及印度等地，潜心研究藏医药学，撰写了最为完整的藏药本草学巨著《晶珠本草》，被西藏、青海等多地医生们推崇为标准而被广泛使用。19 世纪初，藏医学家贡追·云登加措编纂了简便实用的《临床札记》一书。1916 年，拉萨藏医星算学院，即"拉萨门孜康"创立，这是一所集教学、门诊、天文历算于一体的综合性藏医院校，能够培养藏医人才、诊治疾病及推算藏历。藏医、历算大师钦绕罗布担任"门孜康"首任院长，并兼任药王山利众医学院院长，大师认真研究了《四部医典》及注释本《蓝琉璃》等经典著作，总结长期实践经验的基础，撰写了许多藏医药学论著，其中《药物配方甘露宝瓶》一书所记述的配方及藏成药制作方法得到了广泛采用。

然而，在封建农奴制的西藏社会，民间仅有的少量藏医只能为占人口总数 5% 的三大领主所享受，广大农奴无任何防病医疗条件，时常暴发的各种疾病严重危害着人民群众的身体健康。在 1850 年至 1951 年的 100 多年间，西藏历经 4 次天花大规模流行，最严重的是 1925 年，那次流行致使拉萨地区 7000 余人死亡；1934 年和 1937 年的两次伤寒病流行致使拉萨地区 5000 余人死亡。①

1951 年，西藏全区人口只有 95.7 万人，孕产妇死亡率高达 5000/10 万，婴儿死亡率为 430‰，人口平均期望寿命只有 36 岁，处于高出生、高死亡、低寿命的状态。②

（二）和平解放后

1951 年，西藏和平解放。和平解放最初五年间，西藏各地市相继建起医院或卫生所。1952 年 6 月，西藏建立了历史上的第一所人民医院，即昌都人民医院，由中国人民解放军第十八军昌都第三办事处卫生所人员集体转业成立；同年 9 月，拉萨人民医院成立；10 月，塔工（今林芝）卫生所成立；1954 年 6 月，黑河（今那曲）卫生所成立；1956 年 8 月，山南工委卫生所成立。1953 年 7 月，西藏工委财政部卫生科成立，管理全区医疗卫生工作。1955 年 8 月，全区第一届卫生行政工作会议召开，提出有计划、有重点地稳步发展西藏卫生事业，培养民族卫

---

① 西藏自治区地方志编纂委员会：《西藏自治区志》，方正出版社 2011 年版。

② 西藏自治区地方志编纂委员会：《西藏自治区志》，方正出版社 2011 年版。

生干部，团结藏医，加强卫生宣传教育，提高工作质量，争取消灭医疗事故，进一步扩大群众影响。至 1959 年西藏地区民主改革前，全区建立医疗卫生机构 62 个，设立病床 480 张，有各类卫生技术人员 791 人。1961 年 9 月，西藏自治区防疫站成立。至 1965 年西藏自治区成立，全区卫生机构达 193 个，病床 1631 张，卫生人员 2947 人，西藏医疗卫生事业初具规模。①

1966 年，"文化大革命"开始，西藏卫生行政管理一度陷入混乱。1971 年 3 月，西藏自治区革委会卫生局成立，卫生管理职能逐步得到恢复，并提出重点解决卫生人才短缺问题。自 1972 年开始，西藏各地纷纷培养卫生人员，先后创办了西藏自治区第一卫校等八所卫生学校。1974 年，成立了西藏医学科学研究所和藏医药研究所，创办了西藏唯一的医学学术期刊《西藏医药》。截至 1976 年底，全区卫生机构达 792 个，病床 3859 张，各类卫生人员 5915 人。②

党的十一届三中全会以后，国家尤为重视西藏卫生事业发展。1979 年 8 月，西藏自治区卫生局改名为西藏自治区卫生厅，地、县各级卫生行政机构成立，卫生工作得到加强。1984 年，西藏医疗机构达 927 个，卫生人员 6725 人，每千人口床位 2.34 张。③1986 年开始，在西藏全区范围内对适龄儿童实施"四苗"（麻疹疫苗、卡介苗、脊灰糖丸、百白破疫苗）接种，实现"四苗"接种率 85% 的国家目标。1989 年，西藏全区 74 个县（市、区）成立了卫生防疫站。1990 年起，西藏实施卫生部与联合国儿童基金会、人口基金、世界卫生组织共同发起的《加强中国基层妇幼卫生／计划生育服务》之妇幼卫生合作项目，培训了大批妇幼保健工作人员，改善了妇幼保健工作条件，加强了管理措施，婴儿死亡率、孕产妇死亡率明显下降。自 1991 年起，中央和西藏

---

① 西藏自治区地方志编纂委员会：《西藏自治区志》，方正出版社 2011 年版。
② 西藏自治区地方志编纂委员会：《西藏自治区志》，方正出版社 2011 年版。
③ 西藏自治区地方志编纂委员会：《西藏自治区志》，方正出版社 2011 年版。

自治区每年安排专款进行农牧区县级卫生防疫站、县妇保院、中心乡卫生院新建或改扩建为内容的"三项建设"，广大农牧区就医条件得到改善。到 1993 年，除个别区县外，各区县都成立了人民医院。1995 年至 1998 年，在县以上医院开展等级医院评审，各地市卫生局对部分县医院进行等级医院评审。到 1996 年，全区 7 个地市均建立了妇幼保健院。

西藏自治区一直重视藏医药事业的发展：西藏自治区筹委会于 1959 年 9 月将"门孜康"和"药王山利众医学院"合并，成立拉萨市藏医院。1980 年 9 月，拉萨市藏医院扩建成为西藏自治区藏医院；1982 年起，各地区先后成立了 6 家藏医院和 10 个县级藏医院；1983 年，创建西藏自治区藏医学校。1984 年 3 月召开的全区卫生工作会议重点研究了藏医药问题。1985 年 9 月，召开了全国第一次藏医院工作会议。1986 年 8 月，召开振兴暨庆祝门孜康建院 70 周年、药王山利众医学院成立 290 周年纪念大会，提出加强对藏医院的发掘、整理，发展藏医教育等八项具体振兴措施。1989 年，成立西藏藏医学院。[1]2000 年 7 月，在拉萨召开首次国际藏医药学术会议，10 多个国家和地区的 640 名藏医药专家参加会议，藏医的影响愈来愈大。西藏医学教育得到迅速发展，西医教育、藏医教育齐头并进。西藏自治区卫生厅于 1993 年 2 月召开的医学教育研讨会明确提出，压缩中专招生规模，逐步提高办学层次，重点培养大专以上高等医学人才，提高西藏自治区的医学教育结构。西藏现有西藏大学医学院、西藏藏医学院、西藏民族大学医学院等 3 所医学本科及以上教育机构。

国家非常重视对西藏自治区的卫生援助工作。1984 年 3 月，卫生部提出在京 7 家部属机构对口支援西藏自治区卫生厅直属单位的具体安排意见。同年 11 月，卫生部召开有卫生部、西藏自治区卫生厅、有关

---

① 西藏自治区地方志编纂委员会：《西藏自治区志》，方正出版社 2011 年版。

省市卫生厅（局）和医学院校领导参加的卫生援藏协商会议，讨论制定《关于进一步做好对口支援西藏卫生事业建设的几点意见》。1984 年到 1994 年，援藏医疗队达到 73 批，共 787 人次。①1994 年，中央召开了第三次西藏工作座谈议。同年 8 月，卫生部召开第二次全国卫生援藏工作会议，贯彻中央第三次西藏工作座谈会精神加大援藏力度。至 2014 年，中央国家部门和对口支援省市先后选派 7 批 414 名医疗卫生干部人才援藏，遍布西藏 7 地市。2015 年，为进一步促进西藏医疗卫生事业发展，改善全区各族人民就医条件，中组部、国家卫计委、人社部等牵头制定了医疗人才"组团式"援藏工作相关政策，由国家卫计委和有关对口援藏省市指派医院，成批次组团派遣医疗骨干，支持受援医院学科建设和医疗人才队伍建设，体现了社会主义制度集中力量办大事的优越性。

进入 21 世纪，随着西部大开发，西藏加快跨越式发展。国家投入巨资补助建设农牧区安居房和农村基础设施配套建设，同时加大了对西藏农牧区医疗保障投入的力度，"十一五"期间全区卫生投入超过 17 亿元人民币，达到了乡乡建卫生室，配备救护车的建设目标（土登，2012）。

从 2003 年起，西藏自治区党委和政府在农牧区建立和推行以免费医疗为基础的医疗制度，建立以免费医疗制度为基础，以政府投入为主导的农牧区医疗保障制度；建立大额补充医疗商业保险制度；建立并完善医疗救助制度。无劳动能力、无生活来源、无法定赡养人或抚养（扶养）人的老年人、残疾人和未成年人及因患大病个人负担医疗费用过高，影响家庭基本生活的人员还可获得更多的帮助。这些重大举措使农牧区缺医少药的状况得到极大的缓解和改善。西藏居民人均预期寿命由民主改革前的 35.5 岁提高到 2015 年的 68.2 岁，孕产妇死亡率和婴幼

---

① 西藏自治区地方志编纂委员会：《西藏自治区志》，方正出版社 2011 年版。

儿死亡率也分别从 5000/10 万和 430‰下降到 2015 年的 100.92/10 万和 19.97‰，住院分娩率提高到 92%。①

二、卫生事业发展现状

经过发展，西藏自治区拥有和内地省份相同的完善的卫生管理体系：自治区卫生和计划生育委员会（卫计委）是西藏医疗卫生系统的管理中枢和指导机构，7 个地（市）及 74 个县（区）级人民政府均设有各自的卫计委，负责落实国家卫生方针，并根据本地区的实际情况制定相关卫生条例，制定卫生相关政策的规划、组织实施和考核评价等工作。

国家新医改政策实施以来，西藏自治区加大对基层医疗卫生体系建设的投入，基层医疗卫生机构中村卫生室的数量大幅增加，基本实现"一村一室"的规划目标。截至 2015 年，西藏 7 个地市、74 个县已形成覆盖自治区—地市—县—乡—村的医疗卫生服务体系，农牧区三级医疗服务网基本建成，全区有各级医院 139 家（含 28 家藏医院）、乡镇卫生院 680 家、社区卫生服务中心 7 家、村卫生室 5353 个和社区卫生服务站 2 个。西藏的 139 家医院中，公立医院 105 家，民营医院 34 家。其中，三级医院有 8 家，二级医院 11 家；全区大多数医院床位数在 100 张以下，床位数达 200 以上的医院有 10 家，床位数在 300—399 张之间和 500 张以上的各 1 家（国家卫生和计划生育委员会，2017）。二级以上医院基本分布在城镇，农牧区卫生服务主要依靠乡镇卫生院。

随着全区卫生行业的发展，公共卫生服务机构从无到有，全区疾病预防控制中心（CDC）由 1965 年仅有西藏自治区 CDC 一家单位，已经发展到 82 家：各地区均有地（市）级 CDC，74 个县也均有县级 CDC，

① 国家卫生和计划生育委员会：《中国卫生和计划生育统计年鉴（2015）》，中国协和医科大学出版社 2015 年版。

大部分乡镇卫生院设立了防疫专干岗位，疾病控制做到全覆盖。妇幼保健是一项重要的公共卫生职能，截至 2015 年全区妇幼保健院（站）数量发展到 55 家：7 个地（市）均建有妇幼保健院，大部分县（区）有妇幼保健站，未设立县级妇幼保健站或者功能不完善的主要集中在日喀则和阿里（欧珠罗布等，2018）。定位为三甲专科医院的西藏自治区妇产儿童医院正在建设中。此外，全区 2015 年拥有 4 家采供血机构和 1 家卫生监督所。从机构设备而言，2015 年全区各类医疗机构的床位数总和达 14013 张，比 2006 年水平翻了近一倍，接近 1986 年的三倍。全区每千人床位数为 4.33 张（农牧区 3.25 张，城镇 10.94 张），与十年前相比取得了很大提高，但是平均水平低于全国同期水平（5.11 张），且城乡差距较大。

根据第五次卫生服务调查结果，"新医改"以来国家和西藏自治区不断加大对西藏卫生事业投入的 2008—2012 年周期内，全区卫生服务相关大型设备总值和房屋建筑面积均大幅增加（欧珠罗布等，2018）。总体而言，虽然结构、质量各方面较全国还有较大的差距，但是西藏医疗卫生机构和设施数量近年来取得较大增长。从卫生机构的分布而言，城乡分布不均的问题仍然存在，医疗卫生资源在城镇分布明显密集于农村，优质资源多聚集在城镇，广大农牧区的医疗卫生服务可及性有待提高。

2012 年，全区每千人口卫生技术人员数为 3.68 人，低于全国的平均水平（4.94 人）；每千人口执业（助理）医师数（1.57 人）基本接近全国平均水平（1.94 人），但每千人口注册护士数（0.74 人）远低于全国的平均水平（1.85 人）。从卫生技术人员的分布来看，各地区每千人口卫生技术人员数差距较大。拉萨每千人口卫生技术人员数为 6.19 人，昌都和那曲地区分别为 2.16 人和 2.62 人（欧珠罗布等，2018）。暴露出卫生人力资源配置上的不合理性，造成城乡之间、地区之间的差异，影响公共卫生服务的公平性和可及性。此外，全区每个村卫生室基本上都配备了 2 名左右村医，基本实现"每个行政村达到 2 名乡村医生"的目标。说明西藏自治区的决策部署得到很好落实，成效显著，但乡村医生普遍缺乏执业资质则是一个亟须解决的难题。

综上，自民主改革以来，西藏医疗卫生事业取得长足的进步，医疗服务机构和公共卫生服务机构的数量以及卫生管理机构数量和职能、卫生人力资源的数量、结构和质量以及整个卫生保障政策都发生了翻天覆地的改变。特别是改革开放以来，西藏的医疗卫生事业取得举世瞩目的成绩，老百姓的生活和健康状况发生了很大变化，他们对卫生服务的需求和利用也发生了深刻变化。但也存在以下问题：西藏平均每千人卫生技术人员数明显少于全国平均水平，孕产妇死亡率是全国平均水平的近 5 倍，婴幼儿死亡率是全国平均水平的近 2 倍，三项指标仍排在全国末位，这些对今后的相关工作提出了挑战。

以政府为主导，政府、集体和个人（政府、集体为主）多方筹资，以家庭账户和大病统筹为主的基本医疗保障制度，即西藏的"新型农村合作医疗制度"，是解决广大农牧民看病就医问题的重大民生制度。2003 年 8 月，西藏自治区政府颁布并实施《西藏自治区农牧区医疗管理暂行办法》（西藏自治区第 56 号主席令），明确了建立以免费医疗为基础的农牧区医疗制度的组织管理、基金筹集、报销补偿等一系列配套政策规定。从此，西藏自治区实现了从农牧区合作医疗制度到以免费医疗为基础的农牧区医疗保障制度的重大转变。经 2006 年 11 月修订，2013 年 1 月再次修订后的《西藏自治区农牧区医疗管理办法》颁布施行，在使农牧区医疗基金效益最大化的同时提高农牧区的医疗保障水平：大病统筹基金年度最高报销补偿限额从 2012 年的 5 万元提高到 6 万元；县、乡两级医疗机构住院费用报销比例上升，平均达到 80%。截至 2014 年，西藏自治区农牧区医疗制度的覆盖率始终保持在 100%，农牧民年人均医疗专项经费达 380 元，高于全国平均水平。在个人筹资上，坚持自愿原则，充分尊重农牧民意愿。农牧民群众不论是否交纳个人筹资，均可获得报销补偿，但报销比例不同。政府还为所有农牧民购买了商业保险，农牧民可获得最高 7 万元的报销额度。对于单次医疗费用数额巨大的农牧民，可以享受民政部门的救助金。

现行的农牧区医疗制度在资金管理上主要采取"以县为单位，统筹资金，县、乡共管"模式，做到专项管理、专户储存、专款专用，确保资金安全及农牧区医疗制度的正常运行。在西藏自治区规定的政策范围内，根据当地经济社会发展水平，各县（市、区）有权因地制宜确定当地的基金分配比例和报销补偿标准，不搞一刀切，坚持"以收定支、量入为出、保障适度"原则。

据不完全统计，2009 年至 2014 年，农牧区医疗制度共为全区农牧民补偿近 2590 万人次，总补偿率达 74.5%：其中门诊补偿 2490 万人次，补偿费用为 10.48 亿元；住院补偿 98 万人次，补偿费用达 22.83 亿元。西藏自治区政府还对农牧民孕产妇住院分娩采取特殊优惠政策，住院分娩所产生的医疗相关费用 100% 报销，同时对产妇和护送者给予补助，上述举措大幅提高了农牧民孕产妇住院分娩率，降低了孕产妇死亡率和婴儿死亡率。

西藏自治区医疗基金管理机构建设亟待健全：县级"农牧区医疗制度管理办公室"普遍存在人手少，专业化程度低和效能低下问题；自治区和地（市）级均无相关的专职管理工作人员，管理力量薄弱。农牧区医疗制度涉及经费结算基本上还靠手工操作，加快专业化管理和信息化建设迫在眉睫。

近年来，农牧区医疗资金的政府补助标准大幅度提高，截至 2014 年，含个人筹资的 20 元，人均筹资标准达到 400 元，总量达 10.5 亿元，但相对于广大农牧民的医疗需求，筹资依然十分有限，抵御医疗费用风险的能力仍然较低。

在农牧区医疗基金使用和管理上仍存在一些值得重视的问题：一方面，在一些地方农牧区医疗基金出现过多沉淀，增加了资金管理的风险；另一方面，在一些地方又存在严重的透支现象。这些都不利于农牧区医疗制度的健康发展，相关管理政策和规定亟待完善。

环境和人体健康密切相关，西藏地处的"世界屋脊"，青藏高原是除南极、北极之外的世界"第三极"，平均海拔 4000 米以上，高原气候对人体健康有着直接而持久的影响。高原环境中有诸多的因素作用于人体，如低氧、低气压、低温、低湿以及强太阳辐射等，发生影响和损伤作用最关键的因素就是低氧，长期处于低氧环境会使细胞及机体的生理功能发生改变，严重时可引起相关的损伤和疾病。初入高原者往往得忍受急性高原反应及各型急性高原病的困扰。流行病学调查显示，久居高原的移居和世居人群中各型慢性高原病的发病率也很高，高原健康问题成为西藏乃至中国的一个突出问题。西藏自治区于 1982 年成立了西藏军区总医院全军高山病防治研究中心、西藏自治区人民医院高山病与心血管研究所（现西藏高原医学研究所）、西藏大学高原医学研究中心。各级各类实验室的建立，为低氧生理及高原医学的深入研究提供了良好的平台。改革开放以后，高原医学有了蓬勃发展，在高原医学的基础与临床、教学与人才培养、基地及学科建设等方面取得了长足的进步和飞越发展。

随着国家对西部支援建设力度加大，尤其是"一带一路"倡议的实施，越来越多的人进入西部、支援西部大开发，如何提高和保障高原人群的健康水平是亟须解决的重大问题。高原低氧等环境因素影响下的机体损伤及高原防护、高原性慢性疾病的防治、高原自然环境对人体生理、心理及认知等的影响、高原特色药物的发展等都成为高原医学研究的焦点。

根据国家第五次卫生服务调查西藏调查点的结果（欧珠罗布等，2018），西藏自治区居民卫生服务需要主要从自我健康评价、两周患病率、慢性病患病率、疾病严重程度（如两周患病持续天数）、失能（如卧床、休工、休学等短期失能和长期失能）等指标来反映。15 岁以上居民的自我健康评价采用欧洲生活质量测量量表（EQ-5D-3L）。该量表共包括 5 个健康测量维度：行动、自我照顾、日常活动、疼痛／不适和焦虑／抑郁以及 20 厘米的视觉刻度尺（VAS）来测量当天居民的健康总体状况。西藏居民在以上 5 个维度有问题的报告率均远高于全国 2013 年城乡居民的平均比例；其中，在"疼痛／不适""行动不便"和"日常活动受限"三个方面问题较为突出，问题报告率均高于全国同期平均比例，尤其在农牧区居民中更为严重。农牧区居民焦虑／抑郁报告比例高于城镇居民；自评健康得分平均水平农牧区低于城镇；自评健康得分与年龄呈负相关；女性的自评健康得分都比男性低。

"两周患病"是指被调查者两周内患有疾病、各种意外所造成的身体损伤、中毒或身体不适，用每百人两周内患病人数或者例数（人次数）来表示，用来表示某一人群的两周患病频率。西藏居民两周患病率远低于全国同期水平；农牧区居民比城镇高，但远低于同期全国农村居民；两周患病率随年龄增长而增高，65 岁及以上年龄段的两周患病率最高，但低于同期全国同年龄段两周患病率；在城镇居民中除了 45—54 岁年龄段居民两周患病率高于农牧区外，其余年龄段的均低于农牧区，这与全国同期城乡两周患病情况相反。

通过 15 岁以上居民"慢性病患病率"来测量居民医疗卫生服务需要。调查总人口中，按照人数和例数计算，半年内慢性病患病率均较全国同期慢性病患病率高，农牧区居民慢性病发病率更高、负担重；慢性病患病率都随年龄的增长而增高；女性慢性病患病率高于男性，农牧区男女慢性病患病率差异更加明显。

居民医疗服务需求分为门诊及住院两类。门诊服务利用情况通过"两周患病"治疗情况，即"两周内就诊率"来进行描述。西藏居民"两周内就诊率"低于全国平均水平，门诊卫生服务需求和利用率均处在较低水平。农牧区居民就诊率高于城镇，与全国同期两周就诊率"城镇高农村低的现象"形成明显反差，可能与西藏城镇居民自我医疗的意识强于农牧区居民有关。新型农村合作医疗参保人的两周就诊率最高，其次为城镇居民医疗参保人和城镇职工医疗参保人。西藏城乡居民疾病列两周就诊率前五位的是感冒、急慢性胃肠炎、高血压病、胆结石症（胆囊炎）和关节炎。

西藏居民两周患病首次就诊多选择就近的基层医疗卫生机构（卫生室、社区卫生服务站、社区卫生服务中心和卫生院），与全国情况相似，但比例略低，与西藏基层医疗卫生机构的医疗服务水平和能力直接相关；首诊医疗机构排位第二的为县级医院，高于全国水平；两周患病首次就诊选择地（市）级及以上医院的比例与全国的平均水平相似。从两周患病首次就诊情况来看，西藏农牧区患者到地（市）级及以上和其他医疗机构就诊的比例明显低于城镇地区。

在两周就诊患者当中，接受输液治疗的比例远高于全国同期平均水平，该比例农牧区和城乡差异不大，但其必要性和合理性有待商榷。接受藏医治疗的比例高于全国同期利用中医进行治疗的比例，表明西藏调查地区居民对藏医药的认可度比较高；城镇就诊患者接受藏医治疗的比例高于农村。

两周病患未就诊比例是指两周内患病者中未去医疗机构就诊的例数与两周患病总例数的比值，该指标反映了两周内卫生服务利用情况。西藏城乡患者两周内未就诊比例均远高于全国同期平均水平。因经济原因未就诊者在城镇和农牧区患者中比例分别为11.7%和16.7%，说明在政府相关政策支持下，经济因素对调查地区城乡患者就诊的影响差异不大。

住院服务利用情况用住院率（指一年内每百人住院次数，用每百人口年住院人次数表示）来衡量，体现了居民对住院服务的利用频率。西藏农牧区的住院率高于城镇地区，接近同期全国东部水平，但两者均低于全国同期平均水平。总体而言，西藏地区住院率不高，说明住院服务利用率较低。女性住院率高于男性，城乡女性住院率亦分别高于男性，与全国同期情况相同。西藏居民住院率顺位前五位疾病分别为胆石症（胆囊炎）、急慢性胃肠炎、高血压病、关节炎和骨折。城乡居民住院率前五位的疾病种类及顺位有所不同，城镇前五位的疾病依次为胆石症（胆囊炎）、关节炎、糖尿病、急慢性胃肠炎和心脏病，而在农牧区依次为急慢性胃肠炎、胆石症（胆囊炎）、高血压病、骨折和阑尾炎。

西藏居民住院的主要原因依次为因疾病住院、正常分娩、损伤或中毒，构成比大致与全国调查结果相同，但疾病和损伤比例略低于全国，因分娩而住院比例高于全国（这可能与国家和地方政府制定并出台免费住院分娩和给予交通补助等相关优惠政策有关）。从城乡比较来看，农牧区正常分娩和损伤或中毒而住院的比例高于城镇地区，因病住院比例低于城镇地区。

绝大部分的患者选择到县（区）级医院及地（市）级医院住院，少部分到乡镇卫生院/社区中心或者自治区级医院。西藏地区患者选择到就近基层医院住院的比例仅为全国同期的一半，而到县（区）医院的比例与全国同期几乎相等。城乡比较来看，城镇地区患者在自治区级医院住院的比例最高，明显高于农牧区，其次是县（区）级医院。农牧区患者在县（区）级医院住院的比例最高，其次是地（市）级医院，在自治区级医院住院的比例最少。

西藏地区病人平均住院天数为 18.46 天，比全国同期多近一周。除乡镇卫生院外，医院级别越高住院天数越长，可能与级别较高医院多接收危重疑难转诊病人有关，而乡镇卫生院住院天数比县医院略多的原因可能与因分娩住院的比例较高有关。

西藏地区住院病人中接受手术治疗的病人占 19.8%，接近西部平均水平，低于 2013 年全国平均水平；接受藏医药治疗的比例与同期东部地区患者接受中医治疗的比例相似。

应住院而未住院是指医生诊断需住院而未住院。西藏调查地区应住院而未住院比例低于全国同期平均水平。应住院而未住院的原因构成中由高到低依次为经济困难占 32.1%，没有有效措施的占 17.9%，没有床位的占 10.7%，没有时间住院的占 7.1%，自己认为没有必要住院的占 3.6%，其他原因占 28.6%。在城镇应住院而未住院的比例很低，而在农牧区应住院而未住院的主要原因是经济困难。由此可见经济困难仍然是调查地区特别是农牧区应住院而未住院的主要原因。

第二节　卫生事业：2050 愿景

中共中央、国务院于 2016 年 10 月发布了《"健康中国 2030" 规划纲要》，明确了今后 15 年推进健康中国建设的行动纲领，这也是西藏卫生事业发展的指导性文件。根据国家的整体发展规划，围绕建成"和谐、绿色、开放、现代化"的西藏，西藏的发展将分为三个重要阶段，分别是 2020 年全面建成小康西藏、2035 年基本建成现代化西藏、2050 年全面建成现代化西藏阶段。不同的社会发展阶段对应着不同的卫生事业发展及健康标准要求，分述如下。

一、2020 愿景

到 2020 年，医疗卫生事业投入不断加大，卫生健康事业发展得到明显进步：公共卫生体系明显改善、医疗资源布局基本合理；初步建成现代医学教育体系；高原医学研究与实践得到扎实推进；藏医药事业取得新发展，基本形成藏医药保护传承体系。

全面深化医改，推进公立医院综合改革，实施国家基本药物制度、做好临床路径管理、家庭医生签约、分级诊疗、异地就医结算等重点领域改革，建立以公益性为导向的公立医院考核评价体系。深入推进医疗人才组团式援藏等级医院创建、人才培养、重点专（学）科建设等重点任务落实。设立自治区级医疗人才组团式援藏专项科研基金，开展"1774"工程①和城市医院对口支援高海拔边远贫困乡镇卫生院工作。初步建成紧急医学救援网络架构，提高卫生应急能力，早期预防、及时发现、快速处置突发卫生相关事件（中共中央、国务院，2016）。尝试室内增氧技术的普及应用，努力降低低氧环境对健康的影响。通过努力使西藏自治区孕产妇死亡率降至 80.0/10 万，婴儿死亡率降至 12.0‰，人口平均期望寿命达 70 岁。

二、2035 愿景

西藏卫生健康事业发展和国内其他发达省份相比，仍有不小的差距，2020 年同步进入小康后到 2025 年，还将利用 5 年的时间继续巩固小康成果，尤其是公共卫生体系改善、医疗资源布局、医学教育体系建设方面，争取有一批西藏自治区自行培养的卫生健康博士人才毕业，进而为 2035 年卫生健康事业发展打下良好基础。

到 2035 年，西藏自治区健康事业得到长足发展：基本建成现代公共卫生体系；医疗资源在合理分布的基础上进一步丰富，优质医疗资源初具规模；现代医学教育体系基本建成并不断完善；初步建成国内一流的高原医学研究和诊疗中心；藏医药和现代医学初步融合，形成完善的藏医药保护传承创新体系。

相关的指标有：医学临床相关学科获批博士学位授权点，每年均有一批优秀的高中生、本科毕业生及研究生通过竞争进入医学院校学习或深造；进一步普及室内增氧技术的应用，争取 7 市全部完成，并努力达到县级层面。孕产妇死亡率降至 25.0/10 万，婴儿死亡率降至 5.0‰，达

---

① "1"指西藏自治区人民医院，"7"是指 7 所地市人民医院，"74"是指 74 所县区人民医院。

到西部省份平均水平，人口平均期望寿命达到 74 岁。

三、2050 愿景

到 2050 年，西藏自治区健康事业得到进一步提高：全面建成现代公共卫生体系，优质医疗资源丰富，成为环喜马拉雅地区现代医疗中心；全面建成先进的现代医学教育体系，成为环喜马拉雅地区医学人才培养中心；全面建成世界一流的高原医学研究和诊疗中心；藏医药和现代医学高度融合，引领环喜马拉雅地区藏医药事业发展。相关指标有：进一步普及室内增氧技术的普及应用，争取 74 县城区全部完成，并向乡镇以及行政村推广。孕产妇死亡率、婴儿死亡率继续下降，达到西部省份领先水平，人口平均期望寿命达到 78 岁。

第三节　卫生事业：路径与保障

推进健康西藏建设，必须高举中国特色社会主义伟大旗帜，全面贯彻党的十九大精神，认真落实党中央国务院决策部署，全面落实《"健康中国 2030"规划纲要》的相关内容，坚持以人民为中心的发展思想，牢固树立和贯彻落实有西藏自治区特色的新发展理念，坚持正确的工作方针，以体制机制改革创新为动力，以提高人民健康水平为核心，以在西藏自治区全面普及健康生活、优化健康服务、完善健康保障、建设健康环境、发展健康产业为重点，把健康融入西藏自治区的所有政策，全方位、全周期维护和保障人民健康，大幅提高西藏自治区的卫生健康水平，显著改善健康公平。

按照《"健康中国 2030"规划纲要》精神，主要遵循以下原则：第一，健康优先。把健康战略定位在优先发展的地位，立足区情特色，将健康的理念融入西藏自治区公共政策制定实施的全过程，努力实现健康与经济社会协调发展。第二，改革创新。坚持政府主导，通过体制机制改革加强活力；充分发挥科技创新和信息化的支撑及引领作用，建成具有西藏特色的卫生健康制度体系。第三，科学发展。把握并充分尊重健康领域发展规律，落实并加快人才培养体系建设，构建新型的综合医疗卫生服务体系；坚持预防为主、防治结合，推动藏医药和西医药的良性协调发展，提升健康服务水平。第四，公平公正。维护基本医疗卫生服务的公益性，重点加强农牧区和基层建设，逐步缩小城乡、地区、人群间基本卫生服务和健康水平的差异，推动基本卫生服务的均等化，促进社会公平（中共中央、国务院，2016）。

一、完善公共卫生体系

卫生事业投入不断加大，强化公共卫生服务。加强疾病预防控制、妇幼保健、采血与供血、食品安全技术支持、综合监督执法等专业公共卫生服务体系建设。到 2050 年，西藏自治区和每个地市均设置标准化的疾病预防控制、妇幼保健、综合监督执法、血液中心或血站，每个县级人民医院设置储血点，因地制宜设置县级的卫生服务中心（妇幼保健院／站）、疾病预防控制中心、卫生监督所等机构。加强基层医疗卫生人才队伍培养，全面提升基层服务能力。完善突发事件卫生应急体系，建立军民融合的陆空立体化紧急医学救援体系，健全西藏自治区、阿里、昌都流动医院运行机制，提升紧急医学救援能力以应对突发事件和突发急性传染病，紧急医学救援能力和卫生应急处置能力均达到西部省份良好水平。

通过人才引进、对口支援、定向培养、西藏自治区统一招录等多种方式配足配齐公共卫生机构技术人员，加大公共卫生人才培养力度。到 2050 年，全区千人口公共卫生专业人员数达 1.4 人，其中疾病预防体系达 0.3 人，卫生监督体系达 0.25 人，妇幼保健与优生优育体系达 0.35 人。到 2050 年，西藏自治区、地市两级疾病预防控制中心实验室技术能力达到国家要求，县级疾病预防控制中心具备标准化的生物安全二级实验室。推广"互联网＋"服务，提高人均经费标准，细化服务内容，逐步将一些干预效果好、服务对象广的项目纳入服务范围。完善并加强基本公共卫生服务技术规范和考核评价体系建设，基本公共卫生服务向基层、乡村医生倾斜，加大任务比重设计，有效调动基层积极性；全面实行政府购买服务，合理补偿报酬，提升服务质量和服务效率。稳步推进流动人口基本公共卫生服务的标准，努力达到均等化，真正实现制度、人群和服务全覆盖。

逐步实施并完善慢性病综合防控策略（中共中央、国务院，2016）。健全由政府主导、多部门合作、专业机构支持、全社会参与的慢性病综合防控机制，加强针对慢性病高危人群的预防性干预工作，突出公共卫生机构及基层医疗卫生服务机构的慢性病预防、诊断及治疗职能，逐步实现对西藏自治区高发慢性病如高血压、糖尿病、心血管疾病、脑卒中、重点癌症等的早期筛查、干预和早期诊断、分诊及转诊，坚决遏制慢性病上升势头。逐步开展并加强社区综合防治工作，基本实现高血压、糖尿病患者在社区层级的管理干预全覆盖。建立健全肿瘤登记报告、慢性病监测、死因监测制度。加强慢性病综合防控示范区建设，努力创建国家级示范区。到2050年，实现全人群、全生命周期的慢性病健康管理，总体癌症5年生存率提高25%。加大口腔疾病防治力度，加强口腔卫生教育及治疗能力，积极落实口腔健康定期检查、窝沟封闭、局部用氟（高氟地区除外）和早期龋齿充填等口腔疾病防治措施。到2050年，争取将西藏自治区12岁儿童患龋率控制在25%以内。关注下一代健康，积极开展青少年的体检及干预工作，认真做好该人群近视、肥胖、龋齿等常见疾病的群体预防和矫治工作。

加强重大传染病防控（中共中央、国务院，2016）。完善传染病监测预警体系及机制建设，提高疫情监测的时效性和敏感性，进一步提高疫情报告质量。持续实施扩大免疫规划方案，加强预防接种门诊相关软硬件的标准化建设，规范疫苗使用，保障必需的冷链管理，同时做好预防接种异常反应监测，确保预防接种安全。在此基础上，到 2050 年适龄儿童免疫规划疫苗接种率达 98% 以上。加强艾滋病预防的宣传教育，针对可疑感染者的检测，针对确认感染者的综合抗病毒治疗、随访管理，减轻乃至消除大众对艾滋病感染者的恐慌和歧视；全面落实临床用血核酸检测，争取全面阻断艾滋病的母婴传播途径，确保疫情保持在低流行水平。建立综合的结核病防治服务模式：规范肺结核诊疗管理，加大结核病人治疗保障力度，加强耐药肺结核筛查和监测，确保肺结核病持续下降。加大包虫病患者的筛查和诊治力度，加强宣传教育，加大基础卫生设施建设力度，控制传染源、切断传播途径，同时加快相关信息管理系统建设，确保到 2050 年将包虫病疫情降低到全国较低水平。控制或消除疟疾、麻风病和重点地方病（碘缺乏病、大骨节病、饮茶型氟中毒、布病等），积极应对流感、麻疹、手足口病、感染性腹泻等传染病，强化症状监测、哨点监测和暴发疫情监测，利用日臻完善的卫生健康应急体系及时有效处置突发急性传染病疫情。积极防范突发的输入性急性传染病，加强人畜共患病的综合防治，强化动物源性传染病的源头治理，继续加强做好鼠疫等传统烈性传染病的防控。

大力宣传并逐步引导居民树立"人人是自己健康第一责任人"理念，不断加强全区居民的自我健康管理意识，推进居民健康行为及习惯的培养和坚持。以合理饮食为重点，强化针对群众生活方式的指导和干预，深入开展"三减三健"专项行动，即通过减盐、减油、减糖，努力达到健康体重、健康骨骼、健康口腔的目标（国务院办公厅，2017）。争取实现所有的县区全覆盖。向大众全面普及膳食营养相关知识，推进健康饮食文化建设工作，引导并促进居民形成科学的膳食习惯。组织专家团队研究并制订符合高原环境的营养膳食计划，深入开展相关农产品、食品的营养功能研究，逐步改变西藏自治区居民高脂、高盐、高糖、高热的传统饮食习惯。建立健全居民营养监测体系及制度，除加强宣传外，对农牧区、边远山区等重点区域和孕产妇、儿童、老人等重点人群实施营养干预，重点解决部分人群油脂等高热能食物摄入过多、微量营养素缺乏等问题，逐步解决居民营养相关（不足及过剩）问题。继续实施并加强"学生营养改善计划"：强化对学校（含幼儿园）、养老机构等营养健康工作的指导，逐年提高补助标准，组织开展示范健康食堂和健康餐厅的建设、评选和推广。到 2050 年，全区居民营养健康知识素养将得到明显提高，营养相关疾病发生率明显下降，全区人均每日食盐摄入量控制在 7.5 克、食用油摄入量控制在 30 克以内，蔬菜、水果摄入量逐渐增加，因营养过剩导致超重或肥胖人口的增长速度明显放缓。

加强烟草危害和控烟宣传教育，积极推进无烟环境建设，全面推进控烟履约，加大控烟力度，运用税收、价格、法律法规等手段提高公共场所禁烟工作力度，强调领导干部带头在公共场所禁烟，实现室内公共场所全面禁烟，把党政机关、学校等建成无烟机关、无烟学校（中共中央、国务院，2016）。将青少年作为吸烟预防干预的重点人群，拓展宣传渠道，重点对未成年人、烟草经营者、流动人口进行宣传教育，严格落实不向未成年人售烟等有关法律规定，努力减少新增吸烟人群。强化戒烟服务，充分利用戒烟咨询热线向吸烟人群提供规范的戒烟咨询服务，帮助戒烟。到 2050 年，构建专业戒烟门诊、戒烟热线、临床简短戒烟干预三位一体的戒烟服务体系，成人吸烟率下降至 20% 以内，15岁以上人群吸烟率降低到 15%。

加强限酒健康教育工作的推广，减少酗酒，严格控制酒精过度使用（中共中央、国务院，2016）。针对西藏自治区居民饮酒过多的传统习惯，积极倡导合理、适量、科学饮酒，努力避免醉酒、酗酒等行为，特别是在节假日以及各种民间重大活动，应提前做好宣传及管理工作。

关注心理及精神健康工作。加大居民心理健康相关科普知识的宣传力度，提升大众心理健康素养。加强心理健康服务体系建设和规范化管理（中共中央、国务院，2016），设立心理卫生援助热线；强化西藏自治区第二人民医院精神科医疗服务能力建设，推动有条件的地市人民医院设置精神科（心理卫生科），加强严重精神障碍患者报告登记和救治救助管理；二级以上医疗机构逐步开设临床心理咨询相关科室，指导基层提升精神卫生诊疗能力，为精神障碍患者和有需求人员提供规范的心理健康服务。加快组建专业化、社会化心理救援队伍，全面推进心理及精神障碍者社区康复服务网络，进一步完善社会工作者、社会组织、社区"三社"联动机制，加大对重点人群心理问题早期发现和及时干预的力度，加强对抑郁症、焦虑症等常见心理行为和精神障碍问题的识别及干预能力，搭建基层心理健康服务平台。到2050年，西藏自治区常见精神障碍防治和心理行为问题识别干预水平显著提高，达到西部省份较好水平。

充分认识禁毒工作的重要性和紧迫性。针对西藏自治区边境线长、情况复杂的情况，加大禁毒工作力度，在全社会大力普及有关毒品危害、应对措施和治疗途径等知识。提升针对大众尤其是在校学生的毒品预防教育水平，从源头上减少新的涉毒人群形成；加强禁毒教育基地建设，组织禁毒相关工作的社会实践和志愿服务活动，营造浓厚的禁毒舆论氛围；保持对涉毒案件的高压状态，尽量阻断毒品流入社会的途径。加强全区戒毒医疗服务体系建设，加强戒毒药物维持治疗与社区监督戒毒、强制隔离戒毒和社区康复的衔接。规范戒毒医疗服务行为，建立集"生理脱毒、心理康复、就业扶持、回归社会"于一体的戒毒康复综合模式，帮助吸毒人员减轻毒品依赖，做到早发现、早治疗，最大限度减少毒品的社会危害（中共中央、国务院，2016）。

强化社会综合治理，开展性道德、性健康和性安全的宣传教育和干预，以青少年、育龄妇女及流动人群为重点，使大众了解性传播疾病及不安全性行为的巨大危害；加强对性传播高危行为人群的综合干预，针对重点地区的不良婚俗和性生活习惯，通过宣传并落实减少性伴侣变动、使用避孕用品等综合干预手段，增加安全性行为，减少意外妊娠和性相关疾病传播，提高性健康水平（中共中央、国务院，2016）。

　　增强全民身体素质。统筹建设全民健身设施（中共中央、国务院，2016），合理优化公共体育资源配置，扩充全民健身中心、体育公园、骑行道、健身步道、社区多功能运动场、晨晚锻炼点、锅庄舞场地等小型便民体育设施的数量，因地制宜建设农牧区全民健身设施，实现农牧区体育健身工程全覆盖。推进新建居住区全民健身设施，配套开发儿童体育场地设施。到2050年，建成具有西藏特色、覆盖城乡、可持续的全民健身公共服务体系，实现每个地级行署（政府）所在地建成"一场一馆一中心一步道"，形成城市15分钟健身圈；人均体育场地面积不低于4平方米，公共体育设施网络经县乡逐步延伸至村一级，满足基层居民的需求。推行公共体育设施免费或低收费开放，鼓励已建成相关体育设施的社区、学校、机关、企事业单位向公众开放，提高使用率，发挥更大价值。加强全民健身组织网络建设，扶持和引导基层体育相关社会组织发展，制定并实施政府购买全民健身公共服务目录，切实推动全民健身，促进健康。

　　推动西藏《全民健身条例》地方立法，制定实施区内各级全民健身实施计划，普及科学的健身知识和健康方法，推动全民健身日常化、生活化。创建一批全民健身示范县区和特色品牌，实施"互联网＋"行动计划，建设全民健身信息系统和专家智库。实施国家体育锻炼标准，加快体育标准化建设，办好一年一度的"全民健身日"系列主题活动，打造各级各类全民健身运动会，恢复全区民族传统体育运动会，鼓励各地结合农牧文化、节日庆典、旅游观光等资源，开展具有区域特色、影响力大、群众喜闻乐见的地方特色体育活动，丰富和完善西藏自治区全民健身体系。培养并组织社会体育指导员广泛开展全民健身进学校、进社区、进企业、进牧区、进寺庙志愿服务和健身指导活动，发挥各级体育志愿服务组织优势，发展形成以社会体育指导员为主体，优秀教练员、运动员、体育教学科研人员、专业社工等积极参与的全民健身志愿服务长效机制。到2050年，建成一批网络健全、结构合理、发展均衡、运行有效的全民健身示范县区，各族人民健身意识普遍增强，经常参加体育锻炼人数显著增加。

开展对高海拔地区特别低氧条件下人口体质状况和科学健身专项研究，探索高海拔地区科学健身规律，发布具有地方特色的体育健身活动指南，逐步建立完善针对不同海拔、不同环境、不同人群、不同身体状况的运动处方库，推动形成体医结合的疾病管理和健康服务模式，发挥全民科学健身在健康促进、慢性病预防和康复等方面的积极作用，促进体育科技成果转化和应用。充分利用已有高原医学专家团队和研究基地的科研成果，建设"科学健身示范区"，创办高海拔地区运动健身对人体影响高端科研论坛，确保健身效果。充分认识西藏自治区自然环境的特殊性，充分利用现代信息技术完善区内国民体质健康监测网络体系，稳步推进运动相关的风险评估工作；加强自治区内全民健身科技新平台和科学健身指导服务站点建设，逐步推广运动健身及科学健康的个性化指导。

制定并实施包括青少年、援藏干部、职业群体、妇女、老年人、农牧民及残疾人等重点人群在内的体质健康干预计划。重点抓好青少年体育活动，结合优秀竞技体育人才培养"苗圃计划"，加强体育传统项目学校、体育特色学校建设，开展"一校一品""一校多品"创建和评选，进一步贯彻实施义务教育阶段学生课外活动计划和青少年体育活动促进计划，确保中小学生每人熟练掌握 1 项以上体育运动技能，每天在校体育活动时间不少于 1 小时。制定中小学生体育课监测与评价地方标准，培养青少年体育兴趣爱好和终身体育锻炼的习惯。到 2050 年，各类学校体育场地设施与器材配置达标率达 100%，学生每周参与达到中等强度的体育活动三次以上，学生体质达到《国家学生体质健康标准》的人数明显增多，优秀率超过 25%。加强科学指导，鼓励政府机关、企事业单位、社会团体等实施每天 30 分钟工间操制度，引导职业群体走在健身前列，通过民族特色、时尚运动、养生运动和趣味性活动充分调动广大妇女、老年人和农牧民积极参与全民健身。政府加大对全民健身助残工程的支持力度，切实推动残疾人健康体育、健身体育和康复体育广泛开展。

二、提供优质高效的医疗服务

完善优质高效全面的医疗服务体系，优化区域布局，实现区域均衡发展。进一步完善全区人民健康政策，为人民群众提供全周期、全方位的优质健康服务。完善政府购买机制，推进基本公共卫生服务均等化，政府牵头加强疾病经济的负担研究，根据需要调整相关项目经费标准。完善全民健康体检制度，针对不同人群、不同年龄段制定相应体检项目与标准，建立以预防为主的健康导向机制。

调整配置结构，在继续建设综合医院的同时，加强儿童、妇产、肿瘤、慢性病、老年病、长期护理等专科建设，实现数量增长与质量提升同时发展的建设模式。依托现有机构，建设一批引领区内医疗卫生发展和进步的医学中心和西藏自治区级临床重点专科群。重点打造拉萨市、日喀则市和昌都市的城市群区域医疗卫生中心，并向藏中、藏西和藏东辐射的医疗卫生服务体系。到 2050 年，全面建成结构完整、功能互补、密切合作、运行高效的整合型医疗服务体系，优质医疗资源丰富，成为环喜马拉雅地区现代医疗中心。

进一步改革医疗服务供给模式。继续健全综合医院和专科医院、基层医疗卫生机构"三位一体"的重大疾病防控体系和专业公共卫生机构建立紧密的合作机制，建立信息共享的互联互通机制及移动医疗服务平台，全面覆盖医疗服务、药品供应、行政管理以及公共卫生服务。综合运用互联网、物联网、云计算、大数据等技术，同时积极发展并推广使用智能化的可穿戴设备，实现医疗机构、医务人员、患者和医疗设备间的互动，智能匹配医疗需求，推动智慧医疗的发展。整合健康卫生资源信息，促进决策的合理化，解决资源配置不均的问题，真正实现医疗服务"以患者为中心"，使有限的健康医疗资源最大限度地发挥作用。实现医防结合，进一步推进慢性病防、治、管融合发展。加快推动医师多点执业，充分发挥医师工作积极性；完善家庭医生签约服务，并以此为基础全面建立成熟完善的分级诊疗制度，基本实现基层（家庭医生）首诊、急慢分治、逐级双向转诊、上下联动的合理就医秩序，构建完整、高效的治疗—康复—长期护理服务链。全力推进西藏健康云服务计划，积极开发并应用"互联网+"、云计算、可穿戴设备等先进技术，推动惠及群众的健康信息服务和智慧医疗服务。

提高藏医药服务能力。将西藏自治区藏医院建设成全国乃至全球的藏医医疗保健中心、藏医药研究中心和藏医临床研究基地，带动和引领全国藏医藏药发展。加快地市、县藏医院（或医院藏医科）建设，在乡镇卫生院和社区卫生服务中心建立藏医科并配备藏医技术人员，建设标准藏医诊室、特色治疗室和安全的藏药房，推广适宜诊疗技术，提升地市、县区、乡镇及社区各层级的藏医服务水平，让群众能就近享有安全有效、规范便捷的藏医药特色服务。充分发挥藏医药在常见病、多发病和慢性病防治中的独特作用，健全涵盖预防、治疗、康复、保健、养生为一体的藏医服务网络。鼓励建设藏医药特色康复医院和疗养院，推动各级各类医疗机构开展藏医药康复医疗、药浴、针灸等服务。加强藏医药知识产权保护，完成藏医药申报联合国人类非物质文化遗产工作。

充分发挥藏医优势，推进藏医养生保健及治未病服务。发挥藏医院在治未病方面的示范引领作用，扶持并加强藏医预防保健服务体系建设，扩大藏医在预防保健方面的覆盖面。到2050年，所有三级藏医院均设立治未病中心，二级藏医院均设立治未病科，基层医疗卫生机构都能够为广大群众提供适宜的藏医健康保健干预服务。将传统的藏医药优势与现代健康管理相结合，以治未病理念为核心，以慢性病管理、康复为重点，探索建立融健康文化、健康管理、健康保险为一体的藏医健康保障模式。积极开展藏医药公共卫生服务，充分发挥藏医药的预防保健优势，为广大群众提供融养生调理、健康监测、咨询评估、跟踪管理于一体，高水平的个性化、便捷化藏医药健康服务。加快藏医养生保健服务发展，鼓励社会力量进入该领域，成立规范的藏医养生保健机构。鼓励藏医院、藏医养生保健机构走进机关、企事业单位、学校、寺庙等，推广普及藏医养生保健知识，传授广大群众易于掌握的推拿、理疗等藏医保健方法与技术。

推进藏医药传承创新。推动藏医药《四部医典》研究及挖掘，系统继承藏医学术理论，弘扬当代名老藏医药专家学术思想和临床诊疗经验，挖掘整理民间藏医药的适宜技术，注重通过商标注册、申请专利等方式保护藏医药传统知识和技艺。充分利用现代科技成果，与挖掘出的藏药方剂相融合，加大力度研发重大疑难疾病、慢性病等方面的藏医药防治技术和新药，完善藏药标准体系和检验检测体系，严格执行新版药品生产质量管理规范，不断推动藏医药理论与实践发展。开展藏医重点学科和基层名老藏医工作室建设，到2050年在全区建设80个藏医重点学科和150个基层名老藏医工作室。注意保护重要藏药资源和生物多样性，开展藏药材资源普查及动态监测，推动藏药材生产的现代化：建立药材种苗繁育基地以保护藏药资源，提供藏药材市场动态监测信息，促进藏药材种植业健康有序发展，推进藏药材生产基地规模化、规范化、产业化发展。推动藏医药和现代医学高度融合，突出抓好藏药材标准、藏医标准和藏医诊断标准体系建设，积极发展藏药现代化生产技术，在藏医药科研、制药、标准建设、原材料供应等方面建设一批强有力的藏医药生产、经营队伍，引领环喜马拉雅地区藏医药事业发展。

提升医疗服务质量和水平。继续通过组团式医疗人才援藏工作，重点加强"1+7"所人民医院的建设和提高工作，在引进新技术及新思路的同时培养好当地的医疗人才；"1+7"所人民医院在提升水平的同时，做好对所在地市县级医院、乡镇卫生院及村卫生室的技术支撑和人才培养工作，从而提升区内的整体医疗水平。做好信息化平台，逐步建立与国内平均水平接近的医疗质量管理与控制体系，推进医疗质量管理与控制的标准化、流程化。全面实施临床路径，优化诊疗流程，规范诊疗行为，以增强患者就医的获得感。进一步强调医疗服务人文关怀，构建和谐医患关系的重要性，依法严厉打击涉医违法犯罪行为。

三、促进医学发展及人才培养

促进高原医学的发展。高原习服和适应不全而出现的急性高原反应和慢性高原病是高原开发的主要障碍之一。一些相应的预防措施在一定程度上起到了减轻病情或减少发病的作用，但对该病的预防和治疗并没有得到实质性的突破，根本原因是对其缺乏病因学的全面了解。所以高原医学的研究和发展在西藏具有特别重要的意义。高原医学是一门新发展起来的学科，仍有很多概念缺乏规范统一、缺乏高原人群的正常生理指标、很多高原性疾病缺乏统一而规范的诊断指标，高原医学研究是一个庞大的课题，也是个繁重光荣的任务。高原医学的发展需聚焦国家和西藏的战略定位，找出短板，突出优势，利用西藏自治区独特的地理环境、人类群体和相关资源优势，突出"高原、民族、地域"等特色，坚持现场调研—基础研究—临床诊治（含藏药的疾病治疗与现代化研发）三结合的研究模式，扎实推进高原医学研究与实践，力争在高原低氧适应机制研究、高原病防治、高原药物研究与发展等方面取得重大成果，经过 30 余年的发展，争取全面建成世界一流的高原医学研究和诊疗中心。

加快卫生健康人才培养培训。提高本地医疗教育培养培训质量，建成并进一步完善以西藏大学医学院、西藏藏医药大学以及西藏民族大学医学院为核心的西藏自治区现代医学教育体系，提升师资力量、教学水平，在保证教学质量的前提下适当扩大招生规模，提升教学层次，到

2050 年卫生健康相关学科均获批硕士乃至博士学位授权点；充分利用相关援藏政策和内地医学院校的培养资源，增加医疗卫生本科和大专学历招生名额，加大住院医师规范化培训、县级骨干医师培训、农村订单定向免费医学生培养等工作力度，培养更多的西藏适宜技术人才。每年至少为高海拔、边远县乡定向招生 500 名医疗卫生专业技术人员，放宽公开招考范围，打破区内区外应届毕业生限制，允许区外高等医学院校毕业生和西藏自治区卫生中等专业毕业生参加公开考试。分期分批将长期聘用（含公益性技术性岗位）的县乡卫生专业技术人员，通过考试录用为乡镇卫生院事业编制工作人员。到 2050 年，确保每个乡镇卫生院有不少于 12 名卫生人员，每个行政村有不少于 2 名合格的具备执业资质的乡村医生。除自行培养及委托培养外，通过政府协调加大西藏定向高层次人才培养力度，制定符合西藏实际的人才招聘及使用办法，每年从非藏区医院、医学院引进一批高层次人才，加强医疗卫生人才组团式援藏等措施，引入培养更多医疗卫生高水平人才。稳步推进住院医师规范化培训工作的开展，通过和内地对口援助省份合作，加强全科、儿科、产科等急需紧缺专业人才培训，充分利用互联网技术推进医疗卫生技术人员终身教育，强化面向全员的继续医学教育制度。建立以学校教育为主、以师带徒等形式为辅的藏医药教学模式，培养藏医药高层次人才和学科带头人。积极开展职业教育，增加卫生与健康紧缺专业人员培养；做好职业教育学历升级工作。调整优化适应西藏自治区健康服务产业发展的教育专业结构，加大护士、心理咨询师、康复治疗师、护理员等健康相关人才的培养培训力度。加强社会体育指导员队伍建设，将社会体育指导员服务站点纳入社区、乡镇综合服务站。到 2050 年，实现每 500 人拥有社会体育指导员不少于 1 名。

改革创新健康相关人才的使用评价激励机制。落实医疗卫生机构用人自主权，探索形成从业人员在岗位、待遇方面的竞争和激励机制，实行编外人员与编内人员同岗同酬同待遇，激发医疗卫生机构内部，特别是从业人员的内在动力和活力。强化卫生计生人事制度改革，在卫生计生专业干部选拔任用、人员调动、人才招录分配中，充分征求本级卫生计生行政部门意见。完善薪酬分配制度，落实绩效奖励措施，建立适应医疗行业特点，以服务质量、服务数量、服务对象满意度为核心，以岗位胜任力和工作绩效为基础的个人考核和激励机制，收入分配向业务骨干、关键岗位和作出突出成绩的一线工作人员倾斜。逐年提高基层医务人员和乡村医生补贴补助水平。逐步探索医师自由多点执业、医师个人与医疗机构签约服务或组建医生集团，以最大限度发挥医师的主观能动性。改革医疗相关人才评价机制；建立并健全符合全科医生岗位特点的人才评价机制，助推全科医生培养和使用的良性循环。

四、构建完善的健康保障体系

以党的十九大精神为指引，坚持为人民健康服务的方向，按照国家基本公共卫生服务工作要求，结合西藏自治区实际，做好重点人群健康管理工作，增强群众的健康意识和自我保健能力，提高重点人群的整体健康水平，进一步提升群众幸福指数。

为0—7岁儿童建立儿童保健手册，加强7岁以下儿童保健管理和3岁以下儿童系统管理。开展新生儿访视及儿童保健系统管理：新生儿访视2次，1岁以下婴儿每年体检4次，1—2岁幼儿每年体检2次，3—6岁儿童每年体检1次，进行生长发育监测及评价，重点开展母乳喂养、辅食添加、心理健康、发育、意外伤害预防、常见疾病防治等健康指导。

为孕产妇建立保健手册，大力实施增补叶酸，免费孕前优生健康检查，预防艾滋病、梅毒和乙肝母婴传播等项目，减少出生缺陷。主要进行一般体格检查及孕期营养需求、心理疏导等健康指导，重点了解生产后产妇的恢复情况并对产后常见问题进行指导。

对老年人进行健康危险因素筛查，提供健康指导，为60岁以上老年人进行定期的健康体检。关注老年人的心理健康，推动开展心理健康与关怀服务，加强对老年痴呆症等的有效干预。推动居家老人长期照护服务发展，建立多层次长期护理保障制度；针对经济困难的高龄、失能老人建立全面的补贴制度，确保其能顺利享受必需的健康服务。

加强常见病、慢性病患者的健康指导和综合干预，强化健康管理。关注重性精神疾病管理，对重性精神疾病患者进行登记管理，在专业机构指导下对在家居住的重性精神疾病患者进行治疗随访和康复指导及健康体检。

全方位完善全民医疗保障制度建设。健全城乡一体化、均衡发展、高效运转、多功能、全方位、多样化的全民医疗保险制度。实现信息网络一体化，不断完善保障机制高效运转，确保全民医疗保险制度覆盖所有城乡居民和城镇职工，打破参保人员的户籍限制，在管理体制和管理制度上实现统一，不断提高统筹层次、基金统一调剂。完善基本医保筹资机制，建立西藏自治区调剂基金制度，合理划分个人与政府筹资责任，确保全民医疗保险制度平稳运行。不断提高保障水平，扩大保障范围，进一步完善重大疾病医疗保障机制，实现基本医疗保险、城乡居民保险、商业保险与医疗救助等机制的有效衔接，不断降低个人自付比例，实现全民医疗保障的公平性和规范性。

提升医保管理服务水平。全面推进医保支付方式方法改革，统一费用结算、统筹范围、报销目录、经办流程等，改善医疗保险基金预算管理，医保基金使用高效化。全面落实医保相关的谈判协商与风险分担机制，形成合理统一的医保支付标准。加强医保对定点医疗机构、定点零售药店等单位医药服务行为和参保人员就医行为的监督管理，遏制不合理费用发生。按照国家统一部署，制定相关制度和办法，充分利用现有的信息技术和手段，加快推进基本医疗保险异地就医结算进程，争取全面实现符合条件的跨省（区）异地就医人员住院费用无障碍直接结算。各级医保经办机构根据大病、重病、中病目录清单，健全转诊管理制度，引导病人合理就诊。到 2050 年，全民医保管理服务体系合理高效运转。

实现全民健康保险多样化。完善相关政策，优化发展环境，加快发展基本医疗保险、城乡居民医疗保险、商业保险等健康保险多样化。全面支持单位、个人参加商业健康保险及多种形式的补充保险。鼓励保险机构开发符合西藏自治区特色及需求的健康保险产品与健康管理服务相关的健康保险产品。到 2050 年，实现西藏自治区全民健康保险多样化，商业健康保险服务业发展迅速，发挥良好的避险功能。

西藏地区对健康影响较大的自然因素是高原环境下的低压低氧，尤其是低氧。低压问题解决不易，但随制氧及浓缩氧技术的发展，针对局部小环境（如居室、办公场所等相对封闭的空间）的增氧技术及相关设备的成本得到明显下降，民用普及的堡垒被打破。增氧技术得到普及，将给生活环境带来革命性的改善，并最终对居民的健康产生有力的影响。

在"大生态、大循环、大和谐"的科学理念指导下，形成"经济高效、环境优美、文化开放、政治协同、社会和谐"的新型健康家园模式。重点形成并坚持绿色发展的生态文明理念，坚持节约资源和保护环境的基本国策，立足于西藏自治区发展的基本定位，坚定不移走绿色低碳循环发展之路。推行清洁生产，推广绿色建筑，实施绿色生态产业政策，确保环境质量明显改善。保护好西藏自治区的绿水青山，强化对自然保护区、公园的建设和监管，切实保持高原生态系统的完整性和生物多样性。加大投入，修复遭到破坏的生态环境，改善生态脆弱地区的环境，逐步恢复生态功能。推进交通运输低碳发展，实施新能源汽车推广计划。优化能源结构，继续大力发展西藏自治区拥有资源优势的水电和光伏发电，拓展天然气利用，积极发展可再生能源和清洁能源。实施碧水工程，强化水源地保护，加强雅鲁藏布江重点流域水污染防治，推进重点行业废水深度处理。提升水资源战略地位，建设节水型社会，构建科学合理的城镇化格局、农业发展格局和生态安全格局。总之，到2050年，在西藏自治区全面形成绿色生产方式和生活方式，建设天蓝、地绿、水净的健康西藏。

参考文献

[1] 欧珠罗布：《西藏自治区卫生服务调查与体系建设研究报告》，复旦大学出版社2018年版。

[2] 国务院办公厅：《国民营养计划（2017—2030)》，政府信息公开专栏，http://www.gov.cn/zhengce/content/2017-07/13/content_5210134.htm?trs=1。

[3] 国家卫生和计划生育委员会：《中国卫生和计划生育统计年鉴（2016)》，中国协和医科大学出版社2017年版。

[4] 土登：《纵观西藏民族卫生事业蓬勃发展》，《西藏医药》2012年第2期。

[5] 中共中央、国务院《"健康2030"规划规划纲要》，人民网，http://politics.people.com.cn/n1/2016/1026/c1001-28807357.html。

[6] 西藏自治区地方志编纂委员会：《西藏自治区志：卫生志》，中国藏学出版社2011年版。

[7] 扎西达娃、王文华、旺珍、丹增朗杰、欧珠罗布：《西藏地区卫生资源配置动态与分布差异分析》，《中国卫生经济》2016年第6期。

[8] 史薇、郭岩：《西藏自治区实现联合国可持续发展目标(SDGs)妇幼卫生指标的进程分析》，《中国生育健康杂志》2018年第4期。

[9] 李中锋：《西藏共享型医疗卫生事业的发展》，《中国藏学》2011年第2期。

第九章

法治西藏

西藏是极具民族特色、区域特色、高原特色的边疆地区，经济欠发达，属集中连片贫困地区。特殊的区情使西藏长期处于反分裂斗争第一线，社会问题复杂，维护社会稳定和改革开放任务艰巨。加强法治建设工作，是新时代依法治国基本战略以及建设法治西藏方略的基本体现，是西藏全面建成小康社会和实现现代化的迫切需求。因此，未来相当长的一定时期内，西藏要始终以《中华人民共和国宪法》《中华人民共和国民族区域自治法》为导向，加强民族地方立法工作，依法管理民族宗教事务；严格执法，大力建设法治政府、法治社会；公正司法，积极维护社会公平正义；加强法治宣传教育，使各族群众能够知法、懂法、尊法、守法。在中共中央和西藏自治区党委的坚强领导下，各族人民群众积极投身法治西藏建设的伟大实践，努力实现法治西藏建设的宏伟愿景和远大目标。

第一节　法治建设：历史与现状

一、民主改革前西藏法制变迁史

西藏历史上第一部成文法典诞生于 7 世纪奴隶社会松赞干布时期，

俗称"吐蕃王法"。西藏从原始习俗过渡到吐蕃时期的法典，重要标志就是以命价赔偿取代原始氏族社会的血亲复仇。吐蕃时期的法典未能流传下来，我们所能看到的仅仅是一些文献资料中记载的法典的部分名称或目录。例如，据《智者喜筵》记载，吐蕃时期的成文法典主要包括《吐蕃六法》《神教十善法》《入教十六净法》等。[①]

13 世纪元代时期，根据中央法律，萨迦地方政权制订"卫藏之法律细则"，采取"民刑不分、诸法合体"的结构方式。之后的帕木竹巴和藏巴汗地方政权，秉承元、明中央政府律令，先后制定包括教法、王法及自法等诸法合体的《十五法典》《十六法典》。17 世纪中叶，五世达赖依据清朝律典，沿袭《十六法典》纂成《十三法典》。18 世纪中叶清代颁布《酌定西藏善后章程十三条》，18 世纪晚期颁布《钦定藏内善后章程二十九条》，不少条款经过修订，成为西藏地方司法行政的规范。[②] 这些法典由于兼有中原王朝律法成就和西藏地方特点，一般都有藏汉两种文字的流传，元清两代还各有蒙古文、满文对照版。这些法典成为审判案件的依据，也成为司法官员学习的法定教科书。[③]

西藏的司法审判除了地方兼理外，一般寺院也设公堂，处理诉讼，有的寺院设有监狱。寺院法堂或上层喇嘛可以直接审判案件，还可以借神的意志对案件进行"神断"。设在寺院所属庄园之内的曲豀法堂处理寺属百姓的讼争，寺院的判决与地方的判决具有同等法律效力，部落头人和农奴制庄园主可随意处置所属农奴。

1951 年西藏和平解放后，中央高度重视法制工作，十八军进藏时，所有的战士和指挥员都接受了有关西藏地方法规的培训，并高度重视对民族、宗教习惯的尊重。由于西藏情况特殊，社会比较封闭，中国共产

---

① 韩雪梅：《雪域高原的财产法——藏族财产法史研究》，中国社会科学出版社 2013 年版，第 113 页。

② 赵君：《试析藏族传统法律制度的特点》，《西藏大学学报》2005 年第 4 期。

③ 方慧：《中国历代民族法律典籍》，东方出版社 2015 年版，第 90 页。

党在西藏并没有发展党的地下组织，民主革命和社会主义革命理论基本没有得到宣传，社会主义理论对西藏百姓而言十分陌生，因此中央仍维持了噶厦政府的司法体制。1956 年 4 月，设立了西藏自治区筹备委员会司法处，下设机构包括：办公室、刑事审判组、民事审判组、检察科、监察科、司法科。由于噶厦政府的司法体制未予变更，出现了两种司法制度并存的状况，社会上大量的刑事、民事案件由噶厦处理。① 在拉萨地区居民中发生的各类案件由"朗孜厦""雪列空"承办，西藏自治区筹备委员会司法处主要办理一般民事和刑事案件，同时负责社情民情调查。昌都解放委员会设司法处之后，塔工（现林芝地区）、拉萨、那曲、江孜、日喀则、山南各地分别成立司法分处。1957 年最高人民法院西藏分院及西藏分院直属人民法院成立，同时，各专区分工委工作队设专职审判人员，以最高人民法院西藏分院直属人民法院派出人民法庭名义审判案件。

二、民主改革后法治建设历史

1959 年 3 月，西藏实行了以废除农奴制主要任务的民主改革，彻底废除了旧西藏的各种法典以及司法制度，撤销了旧西藏的行政机关和司法机构。按照《中华人民共和国宪法》以及相关法律的规定，西藏各族人民和全国人民一道享有作为中华人民共和国公民应有的一切权利和权益。在平叛斗争和民主改革中，最高人民法院西藏分院和直属人民法院清理复查镇反案件，审判反革命破坏案件和其他普通刑事、民事等案件，维护了祖国统一、民族团结和社会局势稳定，保障了西藏各族人民的民主权利。1962 年，撤销直属人民法院，建立拉萨、日喀则、昌都、那曲、山南、阿里、林芝、江孜中级人民法院，现代司法体制初步确立。

---

① 王亚妮：《西藏刑罚制度的变迁与刑罚理念的现代化》，《西藏民族学院学报》2008 年第 2 期。

1963 年 1 月，第二届全国人民代表大会常务委员会第九十一次会议批准公布《西藏自治区各级人民代表大会选举条例》，以法规的形式确立了西藏选举制度，为保障西藏各族人民依法行使自己的民主权利，提供了法律依据。1965 年 9 月，西藏自治区一届人大一次会议胜利召开，会议宣布西藏自治区正式成立，人民代表大会制度这一中国根本政治制度在西藏得以顺利实施。这一制度的核心内容是一切权力属于人民，人民参与管理国家事务。此后特别是 1979 年以来，西藏自治区加快了法规制度建设步伐，先后制定了一批有关选举和民主政治建设等方面的地方性法规，如《西藏自治区各级人民代表大会选举实施细则》①《西藏自治区人民代表大会常务委员会联系代表办法》②《西藏自治区信访条例》③等。其中《西藏自治区各级人民代表大会选举实施细则》经过三次修正，更加趋于成熟。这些地方性法规的制定，充分保障了西藏各族人民的选举权和被选举权，完善了西藏民族区域自治地方的选举制度，西藏民主政治建设工作取得重大突破。

1984 年，全国人民代表大会依据《中华人民共和国宪法》制定并颁布《中华人民共和国民族区域自治法》，使民族区域自治制度以基本法律的形式固化下来。同其他民族区域自治地方一样，西藏各族人民充分享有管理国家事务、社会事务以及本民族内部事务的权利，西藏法制建设事业迈上现代化、规范化、科学化道路。自治区人大及其常委会根据《中华人民共和国宪法》《中华人民共和国民族区域自治法》以及《中华人民共和国立法法》的有关规定，相继出台了一批符合西藏基本区情、契合西藏各族人民根本利益的具有民族特色、区域特点、自治特征的地方性法规、变通条例和政府规章，如《西藏地方性法规制定程序》《西

---

①　1984 年 1 月 18 日西藏自治区第四届人民代表大会常务委员会第四次会议通过。

②　1990 年 2 月 10 日西藏自治区第五届人民代表大会常务委员会第八次会议通过。

③　1995 年 4 月 15 日西藏自治区第六届人民代表大会常务委员会第十三次会议通过，2007 年 11 月 22 日西藏自治区第八届人民代表大会常务委员会第三十四次会议修订。

藏自治区人民代表大会议事规则》①《西藏自治区人民政府起草地方性法规草案和政府规章制定程序的规定》②《西藏自治区学习、使用和发展藏语文的若干规定（试行）》③《关于实行〈中华人民共和国收养法〉的变通条例》④《关于实行〈中华人民共和国婚姻法〉的变通条例》⑤ 等。西藏自治区人民代表大会和人民政府作为民族区域自治地方的自治机关，依法主动行使立法自治权利，积极制定适合西藏民族地区实际的地方性法规和政府规章，使西藏各族人民获得前所未有的真实广泛的基本人权。⑥

新西藏法治建设进程的核心是在西藏实行和不断完善民族区域自治制度，这个根据宪法所产生的法律实践，有效保证了西藏各族人民在祖国大家庭中的平等权利和西藏的民族自治权。西藏各族人民不仅在政治、经济、社会、文化和生态等领域享有不受任何歧视的无差别的与全国人民完全平等的权利，而且还依法拥有自主管理本地方、本民族内部事务的自治权利，依法拥有接受国家特殊扶持、保护以及兄弟省市无私援助的权利。总之，民族区域自治制度在西藏的实施不仅深刻体现了联合国《在民族或种族、宗教和语言上属于少数群体的人的权利宣言》⑦等国际法规的宗旨，也充分践行了国际司法文书中关于少数民族或少数人权利保护的公平、非歧视和特殊照顾等原则。民族区域自治法在西藏的实践，充分彰显了新中国的人权思想，也凸显了中国特色社会主义的优越性。

---

① 1989 年 8 月 7 日西藏自治区第五届人民代表大会第二次会议通过。

② 1996 年 11 月 8 日西藏自治区人民政府颁布。

③ 1987 年西藏自治区人民代表大会第五次会议通过，2002 年 5 月 22 日西藏自治区第七届人民代表大会第五次会议修订。

④ 2002 年 1 月 20 日西藏自治区第七届人民代表大会常务委员会第二十四次会议通过。

⑤ 1981 年 4 月 18 日西藏自治区第三届人民代表大会常务委员会第五次会议通过。

⑥ 娄云生：《雪域高原的法律变迁》，西藏人民出版社 2000 年版，第 63 页。

⑦ 联合国大会 1992 年 12 月 18 日 47/135 号决议通过。

三、法治建设现状

自西藏自治区成立特别是改革开放以来，经过多年的实践和发展，西藏的法治建设工作取得了巨大成就，为西藏的经济持续发展、社会长治久安以及生态安全提供了有力的法治保障。

（一）民族地方性立法工作成绩显著

改革开放以来，西藏自治区人民代表大会及其常委会、西藏自治区人民政府先后制定并颁布了 310 多部地方性法规、政府规章以及具有法规性质的决定、决议。同时，西藏根据特殊的区情，对多部全国性的基本法律制定了实施办法或法律法规变通条例。西藏民族地方法律法规建设工作的成就主要表现在三个方面：第一，开展民族宗教领域法律法规建设工作，通过依法治理民族宗教事务，大力维护了西藏的民族团结、宗教和睦与社会稳定。第二，加强环境保护和生态安全领域立法工作，通过西藏生态环境法治化工作的实施，有力助推美丽西藏建设。第三，加大文化事业发展以及文化产业建设立法力度，努力推动西藏文化产业和非物质文化遗产的法律保护工作。例如，2014 年制定并实施《西藏自治区保护非物质文化遗产办法》，2015 年制定并实施《西藏自治区文物保护管理条例》，这些法律规范有效依法保护了西藏的民族传统文化。

（二）依法行政扎实推进

西藏自治区正式成立以来，在西藏自治区党委和政府的正确领导下，西藏各级政府部门工作不断开创新局面，在依法行政方面取得很大的成就，各级政府部门运用法治思维和法治方式，依法处理问题的能力和水平明显提高。

具体表现为：首先，政府部门法治意识不断增强，依法办事的能力不断提升。西藏自治区各级政府部门坚持认真学习各项法律法规，形成了尊法、学法、知法、守法、用法的良好氛围。其次，依法行政的各项法律制度建设取得良好效果。西藏自治区党委和政府根据国务院颁布施行的《全面推进依法行政实施纲要》，制定实施西藏自治区人民政府《贯彻落实法治政府建设实施纲要（2015—2020）的实施意见》《西藏自治区人民政府关于深入推进依法行政加快建设法治政府的意见》等法规规章，为西藏各级政府部门依法行政以及法治政府建设提供了更加符合西藏实际情况的法规和制度设计，使西藏依法行政和法治政府建设步入科学化、制度化轨道。最后，对政府依法行政工作的监督力度不断加大。通过建立健全法律规制制度，加大对西藏各级政府行政行为的监督力度，各级政府部门的依法行政水平也相应提高。

（三）司法公正有效维护

一是发挥刑事审判职能，履行维稳首要职责。党的十八大以来，西藏各级人民法院准确把握司法审判领域影响社会和谐稳定的苗头性、关键性问题，审结刑事案件7870件、9914人，同比分别上升8.02%、20.18%。各级司法机关全面贯彻落实宽严相济的刑事政策。2012年以来，刑事案件判处十年以上有期徒刑刑罚660人、轻缓刑刑罚6000人，宣告无罪10人，审理判处减刑假释案件6305件。各级人民法院与司法行政机关联合开展社区矫正人员帮教管理工作，努力促进轻刑犯悔过自新，尽快回归社会。西藏各级人民法院不断健全和完善司法体制配套改革，调解处理刑事附带民事纠纷案件250件，最大限度地化解社会矛盾、民间纠纷，消除西藏各方面不稳定、不安定因素。另外，西藏各级人民法院积极参与打击贪污受贿等职务犯罪工作，自2012年至2017年共审理判结职务犯罪案件233件，判决职务犯罪人员280人，包括地厅级以上党员领导干部8人、县处级以上党员领导干部40人，以强有力的刑事处罚打击形成"不敢腐"的震慑、扎牢"不能腐"的笼子、增强"不想腐"的自觉。同时，各级司法机关坚持"打虎""拍蝇""猎狐"并重，依法严厉处罚发生在各族群众身边的贪污贿赂、失职渎职等职务犯罪案件110件、150人，努力让各族人民切身感受到从严治党、从严执政的效果。另外，西藏各级司法机关查处、审结扶贫领域职务犯罪案件23件、23人，服务打赢脱贫攻坚战。各级司法机关还加大了对行贿犯罪的打击处理力度，5年共审结重大行贿案件12件，用法律的利剑斩断利益输送的链条，不断推动西藏的反腐败斗争向纵深发展。①

　　二是发挥民商事审判职能，服务经济社会发展第一要务。西藏各级司法机关牢固树立新时代新发展理念，不断适应西藏经济与社会发展新常态，努力服务西藏的新业态、新市场领域。党的十八大以来，各级人民法院围绕科学处理西藏经济社会发展的"十三对关系"，共审理裁结民商事案件68200件，执行案件标的额达164.27亿元，同比分别上升45%、212%。同时，西藏各级人民法院机关坚持依法、平等、全面保护的重要原则，共审理裁结合同纠纷案件32840件、企业破产案件15件，依法保障市场在资源配置中的决定性作用，依法确立西藏市场经济的核心地位，依法促进农牧区供给侧结构性改革的成功实现。另外，各级人民法院审理裁结城乡基础设施项目和重大基础性工程建设领域案件1178起、涉及"三农"领域案件6445起，促进西藏区域和城乡协调、持续发展。各级人民法院坚持创新是引领发展的第一动力原则，积极推进知识产权审判"三合一"，共审结知识产权案件60起、金融领域案件130起，激发了各市场主体的创新、创业活力。审理裁结国际性、跨区域贸易往来、重点项目建设、重大产业合作领域案件800件，依法保障西藏对外对内全面开放战略的顺

---

① 索达：《西藏自治区高级人民法院工作报告》，西藏自治区十一届人大一次会议2018年1月26日。

利实施。

三是运用生态环境资源保护审判职能，依法保障美丽西藏建设。西藏各级司法机关牢固树立"保护好青藏高原生态环境就是对中华民族优质生存与和谐发展最大贡献"的意识，立足于国家生态安全屏障功能的实现与地球第三极国家公园建设的重大目标，重点贯彻落实最高人民法院《关于充分发挥审判职能作用，为推进生态文明建设和绿色发展提供司法服务与保障的意见》的精神，积极组建西藏生态环境资源专业性审判机构及审判团队，共审理裁结涉及山水林田湖草等生态环境资源案件210起。同时，西藏各级人民法院不断加大对野生动植物法律保护的力度，近5年共审结危害生态环境资源犯罪案件190余件，利用司法手段保护青藏高原生态生物多样性。另外，还审结涉土地、矿产、虫草、林场、草场、河流等自然资源和能源开发利用案件200件，依法促进形成和保护生态友好和资源节约的空间布局、产业结构、生产模式和生活方式。

（四）守法意识不断提高

50多年来，西藏自治区各级党委、政府高度重视法制宣传教育工作，以"团结稳定是福，分裂动乱是祸"为主旨，紧扣"依法治藏"这个主题，大力服务西藏经济社会发展，努力保障和改善民生，深入开展法制宣传教育。按照"谁执法，谁普法"的原则，各普法工作责任单位不断创新普法形式和手段，大力开展法治宣传教育"七进"活动，充分发挥审判、检察和执行工作惩治、教育、预防和规范功能，努力在全社会营造尊法学法守法用法的浓厚氛围，助力法治西藏建设。同时，大力培育民族法治文化，坚持把法制宣传教育工作作为维护西藏社会稳定的治本工程来抓实抓牢，使西藏各族人民的法律意识不断增强，全体公民的守法意识普遍提高。

第二节 法治建设：2050 愿景

和谐的社会主义社会必然是一个民主、法治、公平、正义的社会。西藏由于其地理、历史、民族、宗教、政治等各方面原因，长期处于维护边疆安全的最前沿和反分裂斗争的第一线，在我国推进依法治国、建设社会主义和谐社会的过程中具有举足轻重的地位和作用。因此，法治西藏的第一个目标是紧紧抓住稳定和发展这两件大事，不断完善法律法规制度，法治西藏、法治社会、法治政府建设的步伐加快，让法治西藏助力西藏小康社会的全面实现，为西藏社会的安全稳定做出重要的推动作用。法治西藏的第二个目标是成为西藏经济社会富裕繁荣、实现跨越式发展的坚实后盾。这个阶段法治西藏的进程不断深入推进，司法公正深入人心，司法公正得到全区群众的普遍认可。政府高效，政治廉明，社会稳定，人民和谐，法治西藏为全区全面深化改革提供稳定性、规范性的后盾，全面保障西藏经济社会繁荣富裕。第三个目标是法治西藏全面全局的初步形成，公平正义、民主法治的理念深入人心，人人信仰，人人守法，人人践行。立法科学，执法严格，司法公正，法治西藏成为民族地区乃至环喜马拉雅地区的法治实践示范区。

一、2020 愿景

法治西藏的法规制度体系不断完善，法治西藏、法治社会、法治政府建设步伐加快，努力助推西藏小康社会全面实现。司法公正深入人心，司法公正得到各族群众的普遍认可。具体表现为：

（一）依法开展维护社会稳定工作，全面实现西藏的政治稳定和意识形态安全。西藏各级司法机关紧紧抓住社会主要矛盾和西藏特殊矛盾，正确处理两个矛盾之间的关系，坚决把反对分裂、维护统一、保持稳定作为西藏的首要政治任务以及各级领导干部的第一责任。各级司法机关坚持中央对达赖集团的定性不动摇和斗争方针方向不改变，坚持一手抓凝聚人心工作、一手抓依法打击工作，深入揭批十四世达赖分裂集团的反动本质，牢牢把握反对分裂斗争的主动权。

（二）依法开展社会治安综合治理，努力建设"平安西藏"。充分发挥审判、检察职能作用，依法、准确、有力惩处黄赌毒黑拐骗等违法犯罪活动，加大职务犯罪和行贿犯罪打击力度，促进党风廉政建设和反腐败斗争向纵深推进。

（三）依法助推经济社会发展，保持西藏经济运行态势规范稳定。西藏各级司法机关立足于西藏经济和社会发展阶段性特征、地域特色，为西藏实现全面建成小康社会提供更具主动性、预见性、实效性、稳定性的司法服务和法治保障。有效化解农牧产品生产流通和生产基地、产业带建设领域纠纷，保障乡村振兴战略实施、特色优势产业发展，推进知识产权审判改革创新，强化知识产权司法保护，保障创新发展。

（四）依法改善和保障民生，为满足西藏各族人民对美好和谐生活需求提供良好的司法环境。西藏各级司法机关始终坚持以人民为中心的发展思想，始终坚持"司法为民、立警为公"的现代司法理念，公正公开审理涉及教育就业、精准扶贫脱贫、劳动与社会保障、医疗卫生、食品药品等民生领域的与西藏各族群众生活息息相关的案件，深化家庭家事审判方式和审判程序改革，不断加强农牧民工和妇幼老残等弱势群体的法律援助和司法保护工作，加快涉及民生案件审理、裁决和执行的进度，并加大司法救助工作力度，为确保西藏各族人民"幼有所育、学有所教、劳有所得、病有所医、老有所养、住有所居、弱有所扶"提供强有力的法治基础和司法保障。

（五）依法保护生态环境，为推进美丽西藏建设提供司法保障。西藏各级司法机关依法调处和化解涉及生态环境保护基础设施工程建设领域以及自然资源、能源开发利用保护领域的矛盾纠纷，加大对乱采乱挖、乱排乱放等破坏生态环境违法行为的惩治和依法打击力度，不断强化生态环境资源司法保护工作。深化环境资源案件审判和检察工作改革创新。结合典型案例，加大环境违法行为警示教育，引导西藏各族群众像对待生命一样对待生态环境。

二、2035 愿景

西藏的立法、司法、执法、宣传教育和对外交流体系基本实现现代化，法治西藏成为民族地区示范。具体表现为：

（一）为西藏的社会稳定提供法治保障，全面实现西藏长治久安。西藏各级政法机关和司法机关将牢固树立稳定压倒一切的思想和观念，充分发挥维护社会稳定的法律职能。西藏各级政法机关和司法机关将牢固树立忧患意识和危机意识，不断提高政治警觉，努力增强政法工作的预见性，把维护国家安全特别是政权安全、意识形态安全、社会制度安全放在首位。西藏各级司法机关依法惩处各类严重危害社会治安的刑事犯罪，增强惩罚犯罪和化解矛盾的司法能力，努力实现有力打击犯罪、维护稳定、保护人民群众利益的目标。

（二）为西藏的绿色发展提供法治保障，全面实现西藏经济社会可持续发展。西藏各级政法机关和司法机关把新发展理念贯穿到依法治藏各项工作中，主动了解大局、适应大局、走进大局、维护大局。西藏各级政法机关和司法机关始终贯彻以人民为中心的发展思想，按照西藏自治区党委和政府的科学部署，坚持主动作为、积极作为、精准发力，坚持以创新理念引领新发展、以崭新作为服务新常态，不断增强大局意识、责任意识、担当意识、忧患意识，积极服务西藏农牧区供给侧结构性改革工作，依法打击和惩治各类破坏少数民族市场经济犯罪行为，依法、平等、合规地保护西藏各级各类市场主体的合法权益，重点打击严重破坏环境资源的犯罪行为，特别是加大对西藏生态环境和自然资源的保护力度，努力促进美丽和谐西藏建设。

（三）为西藏监督工作提供法治保障，全面实现西藏的司法公正与社会公平正义。西藏各级政法机关和司法机关将逐步提升西藏法律监督工作的质量与效能，不断完善西藏监督工作的地方性法规体系，努力建立健全西藏法律监督的工作格局，加大审判、检察等司法监督工作的力度，监督依法行政、依规行政和公正司法等工作。同时，西藏各级政法机关和司法机关还将全面贯彻落实疑罪从无、罪刑法定、非法证据排除等司法原则和制度，积极防止和杜绝冤假错案的发生。西藏各级人民法院、人民检察院将严格开展和加强民事行政诉讼监督工作，努力提升民事行政诉讼监督办案质量和效果，尽最大可能让西藏各族人民从每一起案件的办理中都能感受到司法工作的公平和社会的正义。①

三、2050 愿景

西藏的立法、司法、执法、宣传教育和对外交流全面实现现代化，为西藏长治久安提供坚实保障。西藏民族地方的法治建设工作为环喜马拉雅地区法治现代化建设提供示范。具体表现为：

（一）西藏自治区人大及其常委会围绕"科学立法、民主立法、依法立法以及党领导立法工作"的基本要求，构建和完善民族区域自治地方立法体制和法律法规体系。按照《中华人民共和国民族区域自治法》和《中华人民共和国立法法》的有关规定，进一步明确和界定自治区人大立法与政府规章制定权限的边界，进一步明确划分和区别自治区与各设区市之间立法权限的边界，加强和改进西藏自治区地方性立法工作程序和方法，不断提高西藏民族地方性立法工作水平和质量。

（二）根据党的十九大作出的"中国特色社会主义进入新时代"的重大判断，西藏社会主要矛盾也已经转化为各族人民日益增长的美好

---

① 张培忠：《西藏自治区人民检察院工作报告》，西藏自治区十一届人大一次会议 2018 年 1 月 26 日。

生活需要和不平衡不充分的发展之间的矛盾。西藏全面建成小康社会之后，将大力建设民主、法治、公平、正义、安全、环境友好的现代化社会。

（三）西藏各级司法机关坚持以党的建设为方向，改革创新为动力，以科技信息为支撑，坚持走司法创新发展之路，坚决破除制约审判、检察事业发展的体制性、机制性障碍，努力补齐司法工作体制机制短板，积极推进审判和检察制度化、规范化、程序化，加速西藏审判、检察体系和能力现代化进程，坚定不移地走具有中国特色、西藏特点的社会主义民族法治道路，全力推进法治西藏建设。

（四）坚持以人为本，坚持法治西藏的根本目标，根据西藏的具体区情，结合民族工作、宗教工作、反分裂斗争工作，保障西藏各族人民的生存权、发展权，依法保证全西藏社会成员政治、经济、社会、文化、生态等各方面权利。

（五）通过加大依法保护西藏知识产权的工作力度，逐步形成符合西藏特点的知识产权管理体制和机制。大力开展知识产权领域的立法、执法和司法工作，努力使西藏传统产业和特色产品的知识产权创造、运用、保护、管理、服务能力和法治水平大幅提升，西藏特色优势产业和优秀民族传统文化等领域的知识产权拥有量大幅增加，知识产权法律保护得到进一步加强。同时，通过加大对西藏民族地区知识产权法规制度的宣传力度，不断增强各族人民知识产权意识，不断丰富他们的知识产权法律知识，使西藏的创新创业法治环境持续优化，形成参与市场竞争的知识产权新优势，为西藏知识产权强区目标的实现奠定坚实的基础。

（六）西藏将构建起由自然资源资产产权法律制度、国土空间开发保护与规划法律制度、资源总量管理与全面节约法律制度、资源有偿使用和生态补偿制度、环境治理法律体系、环境治理和生态保护市场法律体系、生态文明绩效评价考核和责任追究法律制度等制度构成的产权清晰、多元参与、激励约束并重、系统完整的西藏生态文明法治体系，推进生态文明领域治理体系和治理能力现代化，推动西藏走向社会主义生态文明新时代。

第三节　法治建设：路径与保障

一、路径

构建以《西藏自治区民族区域自治条例》为核心的层次分明、格局清晰的民族区域自治地方法律法规体系。遵循《中华人民共和国宪法》《中华人民共和国民族区域自治法》《中华人民共和国立法法》的原则和规定，开展重点领域的立法工作，特别是加强安全领域的立法工作，保障西藏稳定；加强社会领域的立法，依法改善和保障民生；加强经济领域立法，促进转型发展；加强生态领域立法，确立和谐发展战略。在维护稳定、促进发展、生态环保、少数人群体保障等方面构建起完善的法治保障。到 2050 年，西藏自治区立法资源运用立体全面，整合协调有效。西藏自治区人大及其常委会行使立法权，人大立法的主导作用加强，民族变通立法权的行使进一步落实并发挥作用，与此同时，西藏自治区政府规章与各地市人大立法的事权范围明确具体，在地方法治建设中发挥基础性的作用，形成层次分明、格局清晰的自治区法律法规体系。[①]

建立西藏民族地方行政性法规、政府规章和各级规范性文件的"废、改、立"长效机制。根据西藏经济社会的特点、生态发展的需要和各级上位法的有关规定，西藏自治区政府法制部门及时清理有关行政法规、规章、规范性文件，并根据相关规定和程序及时作出调整，并通过网络、政府门户、新闻、微信公众号等方式向社会公布。比如，西藏自治区政府自 1990 年至 2016 年的 26 年间，对现行有效的地方性行政法规、

---

① 蔡定剑：《中国人民代表大会制度》，法律出版社 2008 年版，第 31 页。

政府规章和规范性文件进行了大规模清理，其中：66件符合目前政府管理需要，将继续执行，18件建议修订，7件建议废止，3件自动失效。到2050年，西藏的地方性行政法规、政府规章和各级规范性文件"废、改、立"工作机制将得到大力完善，同时还将逐步实现地方性行政法规、政府规章和各级规范性文件目录、文本动态化和信息化管理。

加强审判工作，实现社会公平正义和谐。首先，以创新司法审判工作为主导，在西藏构建多元化、多方位、多层次的社会矛盾和纠纷解决机制，积极引导西藏社会各方面力量参与社会矛盾和纠纷化解工作。针对家事矛盾纠纷可以开展家事审判方式和工作机制，建立健全家庭和人身保护审理程序、家庭成员冷静期设置程序、家庭事务案件调查制度和基层调解员选聘与培训制度等。深化案件繁简分流，提高诉讼效率。推进人民陪审员制度改革，推进司法民主。其次，实施大数据战略，构建现代化的审判体系和审判能力。大力开展西藏"智慧法院""数据法院"的建设工作。由西藏高级人民法院牵头，聚合云计算、大数据、移动网络平台、神经网络、智能机器学习等新技术，搭建"西藏法院大数据信息系统"，建成现代化审判数字机房、标准化审判大数据库以及集约化审判云平台等基础设施，逐步形成数据化全面覆盖、审判数据即时生成、应用网络顺畅安全、综合信息高度聚合、高级人工智能辅助、司法资源互通共享、三级法院联动的大数据平台应用格局，努力实现西藏法院各项工作与信息化融为一体。西藏各级人民法院利用人工智能等技术，提高法官办案智能化水平，统一具体案件的法律适用，提高办案的质量和效能，缓解西藏各级法院案多人少的矛盾。最后，建立新型高端司法智库，为改革与发展提供智力支撑。以西藏自治区高级人民法院为主体，充分借力西藏自治区法学界以及司法实务的学科、专业、人才、科研、数据技术等方面的优势资源，成立省级新型司法智库和司法协同创新中心，为西藏法院各项事业的发展提供重要的"软实力"。这些司法理论与实践创新机构积极发挥作用，努力成为服务审判工作、服务司法综合改革、服务西藏经济社会发展等方面的"智囊团"和"思想库"。

加强检察工作，提高司法监督工作水平。首先，强化刑事、民事、行政诉讼的法律监督工作，力争让西藏各族人民从每一桩案件中都能感受到司法公平和社会正义。西藏各级检察机关将努力做到直面事实、不回避任何问题、有错必纠，加大持续监督力度，及时纠正冤错案件。同时，西藏各级检察机关还将严格贯彻落实疑罪从无、罪刑法定等基本司法原则，全面完成司法责任制综合改革工作。在检察队伍建设方面，各级检察机关将严格执行检察官员额制，加强纪律作风和廉洁自律建设，努力造就一支政治过硬、作风优良、业务精良、本领高强的新时代新西藏优秀检察官队伍。同时，西藏各级检察机关将遵照"谁办案谁负责、谁决定谁负责"原则，制定详细可行的检察官权力清单，要求各级检察官在授权范围内独立办理案件，并对具体案件质量承担终身责任。推进司法人员分类管理，建立检察官惩戒制度、逐级遴选制度。其次，建立完善的检察机关提起公益诉讼制度。西藏地理位置特殊，维稳责任大，生态条件脆弱，未来西藏的公益诉讼越发重要。检察机关需要建立一整套完善的公益诉讼制度来确保公益诉讼有效执行。最后，强化司法公开，做到便民利民，打造"阳光检察院"。西藏各级检察院将建立网上电子卷宗系统，为广大律师提供案件信息查询与复制服务。全面开展智慧检务创建工作，依托数据与多媒体信息技术，向全社会开放案件信息，利用检务公开网站发布法律文书、案件程序性信息以及重要证据资料数据等。西藏各级检察机关将建设规范化的标准派出检察室，实现基层派出检察室全覆盖，积极打造各族群众"家门口的检察院"，真正做到"送检下乡"。同时，西藏各级检察院还将开展规范、统一、标准的检察服务大厅建设，为西藏各族人民提供"一站式"的方便快捷的司法服务。此外，西藏各级人民检察院将改革人民监督员制度，授权人民监督员对直接受理的立案侦查案件进行全方位监督。主要体现在两个方面：一是由西藏各级司法机关负责选任和管理人民监督员，面向西藏全社会公开选拔，以此来提高人民监督员的公认度和公信力。二是制定《西藏自治区人民监督员选任和管理条例》，将西藏人民监督员的案件监督范围由 7 种扩大到 11 种，不断拓宽西藏人民监督员的案件监督范围。

加强公安工作，努力构建和谐稳定平安西藏。首先，西藏各级公安机关将建立覆盖全区的"横向到边、纵向到底"的立体式社会治安防控体系，继续开展西藏"天网"和"天眼"工程建设工作，将便民警务站、"双联户"以及"驻村驻寺"等工作相融合。并以基层网格化管理为依托，努力建设西藏各民族相互嵌入式新型民族社区。通过招募和培训，逐步建立一支规范化、专业化的具有一定法律知识的公安和社会治安志愿者队伍，全面夯实西藏基层社会治安工作。建设全范围的视频监控平台，有效借助和利用社会监控资源，组建专兼职相互配合的视频监控与巡逻队伍。各级公安机关构建视频侦查作战系统，积极采用互联网、云计算、人工智能、多媒体等新技术，大大提高"天眼"和"天网"系统的实战能力。其次，健全公安执法管理体系，做到严格执法、规范执法。西藏各级公安机关还要强化治安问题的源头治理工作，严格实施公安执法办案责任制，全面推行警务公开，有效促进西藏各级公安机关和广大干警严格执法、规范执法、公正执法、文明执法和科学执法。最后，创造性地开展公共安全防控和监管工作。西藏各级公安机关通过开展道路交通安全专项管理行动，对西藏各地市重点区域、危险路段进行交通执法整治。设立专项资金，加强交通安全基础设施建设，在铁路、高速公路、高等级公路以及国道、省道上安装电子监控设备，建设超速抓拍和视频卡口等智能管控系统工程。

努力开展司法体制配套改革，不断强化司法责任制。一是实现人财物由自治区财政统一管理。西藏各级司法机关探索构建行政区划分边界与管辖权相分离的司法制度，构建自治区以下两级地方法院、检察院人财物由省级财政统筹的管理体制。二是司法管辖与行政区划相分离。探索建立民族区域巡回法庭制度，审判机关重心下移，完善四级法院的职能定位，发挥上级法院的监督职能作用；确立以审判为中心诉讼制度、刑事速裁、认罪认罚从宽制度。建立跨行政区划的人民法院、人民检察院，设立监察机构和协调机构与之相配套。三是领导干部干预办案责任追究。根据党的十八届四中全会《中共中央关于全面推进依法治国若干重大问题的决定》以及党的十九届二中全会《中共中央关于修改宪法部分内容的建议》的精神，全面贯彻落实严禁各级领导干部干预司法审判工作，大力实施各级领导干部插手具体案件裁判、处理的记录、通报和责任追究制度。同时，西藏政法机关结合《公务员法》《中国共产党党内监督条例》《中国共产党纪律处分条例》《中国共产党问责条例》等相关条款规定，情节较轻的给予党纪政纪处分，情节严重的予以撤职查办，造成冤假错案或者其他严重后果的，将依法追究其刑事责任。四是实现审判权与执行权分离。审判权归西藏各级法院实行，2050 年西藏全区所有法院实现专网联通，数据完全覆盖。改革案件裁判执行制度，西藏各级法院执行职能划归同级司法行政机关管辖，法院其他有关行政职能划归具体行政部门管辖。深入推进网络查控系统建设，西藏各级法院都能实现网络查控系统运用，达到与所有银行实现完全网络对接。实现网络司法拍卖，在西藏各级法院都实现开展网络司法拍卖。到 2050 年，实现成交率达 90%以上。五是实现司法人员分类管理，全面落实办案责任制。完成员额制改革后，西藏各级法院、检察院要严格执行入额人员全部到一线业务部门办案的管理规定，进一步做好法官助理、检察官助理的晋升工作，并设立司法人员分类培训和管理机构，做到定员定岗。另外，西藏各级司法机关还将建立内部工作人员特别是领导干部干预案件记录制度，对用公权力干预司法权力的行为进行追责。建立和完善合议庭、主审法官、主任检察官、主办侦查员办案终身责任制。同时，坚决执行"谁办案、谁负责"司法责任追查制度，建立权责清晰、权责明确、权责一致的司法工作责任制。大力推行院庭长办案常态化，实现全区法院院庭长办案全覆盖。

　　加强西藏人权法治工作，依法保障西藏各族人民的合法权益。一是科学立法保障人权。结合西藏特殊区情，坚决贯彻《中华人民共和国宪法》《中华人民共和国民族区域自治法》以及《中华人民共和国立法法》的有关精神，制定一系列民族性地方性人权法律法规体系。西藏地方立法机关积极开展惠及民生、保障西藏各民族人民群众的政治、经济、文化、生态权利的社会立法。加强对特定群体或少数人权利保障的立法工作，依法保证西藏各少数民族群众享有基本的平等权利与自治权利。二是严格执法保障人权。严格开展依法行政、依规行政，逐步建设职能清晰、权责明确、廉洁高效、执法严明、诚实守信的法治地方政府。坚持高效行政、执法为民，保护人民群众合法利益，打击惩处各类违法犯罪，依法治理侵犯公民生命健康财产权利的突出问题，依法保障公民在行政决策中的参与权，依法保障公民对行政权力的监督权，加大与人民群众切身利益相关的重点领域执法和司法工作力度，建立健全行政司法与行政执法自由裁量权基准制度，贯彻落实行政执法、司法责任制度，保障西藏人民合法权益。三是积极开展公正司法，保障西藏各族群众人权。依法保证审判、检察等司法权力得到公正、独立行使。全面开展司法责任制综合配套改革工作，实施司法人员分类管理，在贯彻落实以刑事审判为中心的司法责任制的基础上，建立对司法人员实行有别于普通公务员的职业保障制度和专门管理制度。同时，西藏各级司法机关建立健全司法人员依法履职的职业保障和监督机制，逐步实现西藏各级法院的审判权和执行权相互分离，在司法工作人员中实行办案质量终身负责制和错案责任倒查问责制，使西藏各族人民的诉讼权益得到有效保护。西藏检察制度的改革同步完成，检务工作全面公开，切实保障司法公正。①

　　大力开展生态文明法治建设，确保西藏生态友好、环境优良。一

---

　　① 李培传：《中国社会主义立法的理论与实践》，中国法制出版社 2011 年版，第 53 页。

是构建归属清晰、权责明确、监管有效的自然资源资产产权制度。到2050 年，西藏自治区按照所有者与监管者分开、所有权与使用权分离原则，构建自然资源分级管理体制。根据国家关于中央与地方分级管理的制度安排，探索西藏自治区区县分级管理的资源清单、空间范围和分级代理行使所有权职责的法律制度；组建统一的自治区级自然资源产权管理机构，对自治区自然资源的确权、登记、出让进行统筹管理。同时，西藏各级司法机关制定详细可行的权利清单，以清单的形式来界定和明确各类自然资源和能源产权主体的权利，确定对自然资源能源产品的实际占有、使用、收益、处分等权利归属关系和权责义务，推动使用权、经营权、承包权的出资、入股、转让、抵押、担保等多方位、多层次、多种类的权能改革。从而构建起西藏自然资源资产交易系统和平台，实现跨区合作。二是构建以西藏高原国土监测为基础的以空间结构优化为核心的空间规划体系与制度，在此基础上构建以用途管制为主要手段的国土空间开发保护制度体系。立足国家整体主体功能区规划，在西藏自治区全境被规划为"国家公园"、禁止开发功能区的基础上，在自治区细分主体功能区的规划，形成富有特色的自治区规划方案。基于西藏高原相对脆弱的生态环境，建立西藏自治区整体国土空间监测网，动态监测自治区各类功能区的变化，适时调整各类功能区。建立"国家公园"保护体制，制定"国家公园"保护和管理的法规和制度，按照综合对土地、草原、自然资源能源、野生动植物等整体保护的重要原则，对西藏的国家公园区、核心功能区、重点保护区等主要生态功能区依法加强保护和可持续利用。三是构建具有西藏高原特色的土地功能管理和节约型的自然资源总量管理制度。西藏海拔高，气候条件恶劣，耕地总量有限。基于此，西藏应建立和实行最严格的耕地保护法制，在现有的耕地总量基础上，绝不允许减少一分耕地面积。虽然青藏高原号称"亚洲水塔"，但是西藏广大地区却面临着缺水的隐患。因此，到2050 年应实施最严格的水资源管理制度，最严格的水源地保护体制，协调和下游省份的跨流域管理协同方案，实现国家指导、省级统筹，建立跨流域跨省的流域补偿机制。建立合理生态林、草原、湿地保护制度，完善环喜马拉雅生态区生态林的生态补偿体制，规范草原的放牧、虫草方面的禁牧休牧、轮换放牧、草牧平衡的体制机制。进行国际级、国家级和自治区级各类湿地的规划与保护，确保湿地的生态修复机制与湿地的各种功能。积极治理高原草场荒漠化问题，建立以国家治理为主，市场治理为辅的综合治理体制。四是构建以生态补偿和生态资源税为核心的资源有偿使用制度。探索建立完善的自然资源生态税体制，西藏高原生态环境修复的困难程度决定了对自然资源的使用应当严格控制，矿产资源应作为国家战略储备禁止开发，一些不得不利用的自然资源应当建立合理的生态资源税体制，例如将地下水作为生态资源税的征税对象的体制。逐步建立起多样性、多元化的青藏高原生态补偿机制，争取中央财政转移支付、西藏自治区与相关省市区共同建立跨区域横向流域补偿、跨省碳排放权试点等多渠道、多途径的生态补偿经费来源的机制，特别是重点支持向自治区内主要生态保护功能区生态补偿转移支付，努力构建起西藏生态文明建设成效与建设资金分配挂钩的激励机制。五是构建以西藏环境信息监控为基础，以生态环境损害赔偿制度为保障的环境治理体系。建立自治区统筹规划的环境监测体制，完善空气、水资源、湿地、林木、冰川等自然资源的环境监测信息公开、环境影响评价信息的公开，引导公众参与环境问题的监督，保障西藏各族公民依法定程序行使环境监督权。由西藏自治区党委统一领导、政府统筹协调，成立统一标准、统一规划、统一监测、统一环评、统一执法的"五统一"环境管理机构，建立起科学的环境危机应急处置体制，建立起跨区域协同的环境执法和应急处置的联合机制。同时，西藏自治区各级政府及相关职能部门建立起最严格、最严密的生态环境监测和损害赔偿制度，及时发布生态环境损害破坏黑名单，逐步建立起生态环境损害禁止准入制度，建立符合西藏特点的生态环境损害破坏的刑事责任清单制度。六是构建跨区域协作的生态保护市场体系。适时在环境保护领域引入市场机制，补充政府管理体制。通过市场手段和方式，把项目资金、技术、人力资源、信息等市场要素引入生态环境保护领域，努力树立西藏企业环境保护责任榜样，引导西藏企业不断提高生态环境保护责任意识。[1] 基于西藏的国家重点生态保护功能区的定位，企业发展的限制，必须跨区域引入市场资金。建立重点生态保护核心区域垃圾处理的市场引入；建立跨区域的用能权与碳排放交易市场机制；以引入企业、资金投入环境保护领域获得在内地的额外碳排放配额的机制建设；以汽车尾气排放收费为原则的个人碳排放收费制度；建立用水权、排污权交易体系。完善绿色金融体系，健全绿色金融制度建设，规范绿色金融市场有序化发展。西藏自治区统筹规划绿色产品体系，增强产品的市场竞争力。

二、保障

以习近平总书记的"治边稳藏"思想为指导，积极做好西藏法治建设工作。西藏各级党委、政府和政法机关要以习近平新时代中国特色社会主义思想为指导，始终坚持中国共产党对政法工作的绝对领导、直接领导。各级政法机关必须严格贯彻执行习近平总书记"治国必治边、治边先稳藏"的重要战略思想以及"加强民族团结、建设美丽西藏"的重要指示精神，遵循"依法治藏、富民兴藏、长期建藏、凝聚人心、夯实基础"的重要工作原则，确保西藏政法工作正确的政治方向。另外，西藏各级政法机关必须深刻认识和把握西藏的主要社会矛盾和特殊矛盾的内涵及其之间的关系，科学认识西藏经济社会发展所处的历史方位、面临的机遇挑战以及阶段性特征，始终围绕西藏的发展、稳定、生态三件大事来谋篇布局、开展工作，西藏的政法工作要体现区党委和政府的战略意图和决策部署，聚焦自治区的工作大局。同时，

---

[1]　马继军：《民族法学基础理论》，青海民族出版社 2012 年版，第 102 页。

西藏各级政法机关必须坚持以党的领导为政治保障，积极改革创新，有效破解制约西藏法治事业长远发展的体制性机制性难题，推进司法工作制度化、规范化、程序化，加快西藏审判、检察体系和能力现代化进程，补齐短板，坚定不移地走具有中国特色、西藏特点的社会主义法治建设之路，大力推进法治西藏建设工作进程。另外，西藏各级政法机关要深刻认识和把握全面从严治党、大力依法执政的总体要求与重点任务，紧抓政治建警这个核心，以"打铁必须自身硬"为基本标准，努力造就一支革命化、正规化、专业化、职业化的政法干部队伍。以"从严治党、从严治院、从严治警"为出发点和落脚点，切实加强自身建设工作。特别是，西藏各级政法机关始终如一地坚持以人民为中心的法治建设理念，始终如一地聚焦新时代新西藏对法治建设工作的新期盼、新要求，时刻关注、主动积极回应西藏各族人民对司法工作的新期待和新需求。司法机关要转变司法理念，改革工作方式、方法，有效提升司法资源的供给能力和供给水平，大力提升司法工作的服务质效，努力让西藏各族人民从每一个司法案件中感受到司法的力量以及社会的公平正义。①

坚定不移树牢"四个意识"、维护爱戴核心，努力建设一支忠诚干净担当的司法队伍。西藏各级政法机关要深入学习贯彻习近平新时代中国特色社会主义思想，全面掌握贯穿其中的马克思主义立场观点方法，着力在学懂弄通做实上下功夫，切实用以武装头脑、指导实践、推动工作；牢固树立"四个意识"、增强"四个自信"，始终在政治立场、政治方向、政治原则、政治道路上同以习近平同志为核心的党中央保持高度一致，坚决做到维护核心、绝对忠诚、听党指挥、勇于担当。扎实推进司法体制综合配套改革和智慧法院建设，着力构建开放、动态、透明、

---

① 索达：《西藏自治区高级人民法院工作报告》，西藏自治区十一届人大一次会议 2018年 1 月 26 日。

便民的阳光司法机制。认真落实全面从严治党"两个责任"，严肃党内政治生活、不断加强党内监督，坚决以零容忍的态度惩治司法腐败；增强"八种本领"，着力打造一支忠诚干净担当的政法队伍。

强化司法创新观念，奋力推进司法体制配套改革。西藏各级司法机关坚持目标导向与问题导向相统一的原则，不断增强政治定力，大力开展以司法责任制为中心的司法体制配套改革和以审判为中心的诉讼制度改革，建立健全介入式侦查与引导取证工作机制，完善听取律师意见制度，积极推进刑事案件认罪、认罚从宽制度试点工作。

强化司法责任担当，大力营造良好政治和司法生态。准确把握中央提出的反腐倡廉"四种形态"，按照中央和西藏自治区党委党风廉政建设和反腐败斗争的决策部署，在毫不放松严肃查处各类职务犯罪的同时，更加突出办案重点，更加强调办案质量，更加注重办案效果，更加重视源头预防。在改革背景下，做到力度不减、质量不降、节奏不变。

狠抓规范司法行为建设，全面提升司法公信力。西藏各级司法机关要牢固树立"公正是司法的生命、规范是公正的基础"意识，以向西藏自治区人大常委会专题报告规范司法行为工作情况为契机，认真落实自治区人大常委会提出的审议意见，着力解决群众申诉难、职务犯罪侦查不规范不文明、律师权益保障不到位、司法公信力不高等突出问题，进一步保障检察权依法规范运行。

狠抓"两个责任"落实，加强司法机关自身建设。西藏各级司法机关要坚持抓领导、领导抓、抓监督，积极开展述职述廉和履行党风廉政责任制，深刻查找和整改在坚持党的领导、加强党的建设、全面从严治党、全面从严治检方面存在的突出问题，切实担负起党风廉政建设主体责任。同时，制定和实施"一案双查"与"一岗双责"制度。贯彻落实《中国共产党党内监督条例》《中国共产党纪律处分条例》《关于新形势下党内政治生活的若干准则》和《中国共产党巡视工作条例》等法规，坚持以"零容忍"姿态，严厉查处违纪违法的司法工作人员。①

自觉接受外部监督，依法制约司法权力。西藏各级司法机关坚持定期向人大、政协报告工作，邀请人大代表到司法机关视察工作。坚持主动向人大代表、政协委员通报工作，对代表、委员提出的意见建议，责成专人办理并及时反馈情况。自觉接受人民法院、人民检察院、公安机关和司法行政机关的制约，共同维护司法公正。西藏各级行政机关和司法机关要大力开展人民监督员制度改革，由司法行政机关牵头，开展人民监督员的遴选和培训工作，稳步推进人民监督员由司法机关内部选拔向外部选任和管理的转变。

构建完善的生态文明绩效评价考核和责任追究制度。西藏各级政府及其职能部门将构建生态文明建设指标体系和考核标准，构建绿色发展指标体系和考核标准，构建自然资源和能源资产负债账户指标体系等；构建环境承载能力监测预警体系等。把资源消耗、环境损害、生态效益纳入经济社会发展评价体系。西藏各级党委和政府将构建领导干部自然资源资产离任审计制度以及生态环境损害破坏责任终身追究制度。通过审计，客观评价领导干部任期内生态文明绩效情况。建立党委与政府领导生态文明"一岗双责"制度，对党政领导干部任期内生态文明的绩效评价作为提拔的重要依据。

建立起完善的地方性生态法律法规体系。围绕《西藏自治区生态文明与可持续发展条例》，建立包括《西藏自治区自然资源产权登记与评估管理条例》《西藏自治区国土监测与规划条例》《西藏各类自然资源的保护管理治理条例》《西藏自治区生态资源税变通条例》《西藏自治区环境监测、预警与应急处理条例》《西藏自治区环境信息公开条例》《西藏自治区生态环境损害赔偿条例》《西藏自治区关于生态环境损害黑名单

---

① 张培忠：《西藏自治区人民检察院工作报告》，西藏自治区十一届人大一次会议 2018年 1 月 26 日。

与禁止进入规定》《西藏自治区绿色金融产品开发与管理条例》《西藏自治区关于汽车尾气碳排放收费的规定》《西藏自治区碳交易市场规范管理条例》《西藏自治区生态文明绿色发展指标体系与绩效评价条例》《西藏自治区关于领导干部生态文明离任审计与追责机制的规定》等地方性法规为主要架构的生态文明与可持续发展法律法规体系。①

参考文献

[1] 敖俊德：《论民族地区地方立法在我国立法体制中的地位》，西南民族大学出版社 2013 年版。

[2] 李占荣：《民族经济法研究》，民族出版社 2013 年版。

[3] 马怀德：《中国立法体制、程序与监督》，中国法制出版社 2013 年版。

[4] 马继军：《民族法学基础理论》，青海民族出版社 2012 年版。

[5] 徐晓光：《中国少数民族法制史》，贵州民族出版社 2012 年版。

[6] 徐中起、张锡盛、张晓辉：《少数民族习惯法研究》，云南大学出版社 2009 年版。

[7] 张文山：《自治权理论与自治条例研究》，法律出版社 2015 年版。

[8] 张晓辉：《中国法律在少数民族地区的实施》，云南大学出版社 2014 年版。

[9] 中挪《中国民族区域自治制度》项目组：《当代民族区域自治法研究》，云南大学出版社 2013 年版。

---

① 西藏自治区人大常委会重大理论研究课题组：《西藏自治区民族宗教领域法规制度建设研究》2017 年，第 89 页。

第十章

党建西藏

习近平总书记指出："加强和改进党的建设是做好西藏工作的根本保证。"①没有中国共产党的领导，就没有西藏地区的繁荣与发展。要确保实现西藏2050年的各项发展愿景，中国共产党坚强有力的领导是最为关键的因素。中国共产党要领导和团结西藏各族人民进行伟大斗争、推进伟大事业、实现伟大梦想，必须毫不动摇坚持和完善党的领导，毫不动摇把党建设得更加坚强有力。

第一节　党的建设：历史与现状

西藏和平解放以来，自治区的各级党组织带领各族人民走上了团结、进步、光明的社会主义康庄大道。经过艰苦卓绝的奋斗，西藏的经济发展取得了巨大成就，人民群众的生活水平有了极大提高，社会面貌发生了翻天覆地的变化。多年的历史充分证明，没有中国共产党的正确领导，就没有稳定、发展、团结、进步的社会主义新西藏。中国共产党

---

① 习近平：《把建设社会主义新西藏伟大事业不断推向前进》，2011年7月20日，http://politics.people.com.cn/GB/1024/15206771.html。

对西藏的领导，集中体现在根据西藏发展的实际，加强对西藏的政治领导和各项保障。党中央历来高度重视西藏工作，在多年的实践过程中，形成了党的治藏方略。回顾西藏党建工作历程，总结党建工作的经验，对于按照党的十九大报告提出的党的建设的新要求，进一步加强新时代西藏的党建工作，全面提高党领导新时代西藏各项工作的能力，保证自治区政治局面的长治久安，实现新时代西藏社会主义现代化建设的新任务新目标具有重大意义。

一、西藏党建工作回顾

新中国成立以前，西藏地区没有建立中国共产党的组织。新中国成立后，中共中央为了和平解放西藏，完成祖国大陆的完全统一，毛泽东同志于 1950 年 1 月发出"经营西藏应成立一个党的领导机关"[①]的指示。1950 年 1 月，受领了进军西藏任务的十八军党委在四川乐山召开第一次扩大会议，宣布正式成立以张国华为书记的中国共产党西藏工作委员会，这是中国共产党最早建立的领导西藏工作的组织机构。与此同时，中共中央西北局也组建成立了西北西藏工委。1951 年 12 月，人民解放军进抵拉萨后，根据党中央的指示，两个西藏工委组成了统一的中国共产党西藏工作委员会，具体领导西藏的地方工作。从此，西藏在中国共产党的直接领导下翻开了历史的新篇章。

西藏和平解放之初，中共中央给西藏工委提出了"慎重、稳进"的工作方针。鉴于当时的形势，在一段时间内，党并未急于公开自己的组织，中国共产党西藏工作委员会主要以人民解放军的名义开展工作。但这一时期，党在西藏的组织建设并非停滞不前，而是根据西藏地理、人口的分布状况，在原有西藏噶厦政府所在地逐步建立起西藏工委的派出

---

① 中共中央文献研究室、中共西藏自治区委员会：《西藏工作文献选编》，中央文献出版社 2005 年版，第 9 页。

机构——分工委（对外以军事机构名义活动）。1955 年 7 月，西藏工委和分工委对外公开，此后，一些地方县委也逐步建立。

西藏工委在领导西藏工作时，坚决执行党中央关于西藏工作必须慎重稳进的指示，稳妥地进行党的建设工作。经过几年的工作实践，并在调查研究和搞好试点的基础上，西藏工委于 1955 年底至 1956 年期间在西藏发展了 177 名党员，这批党员是党在西藏发展的最早的一批党员。①由于这一时期西藏广大农牧区还没有建立党的基层组织，也没有发展基层农牧民党员，首批发展的党员主要是在党、政、军机关和企事业单位吸收的藏族干部和工作人员。

1959 年 3 月，西藏地方上层反动集团发动武装叛乱。中共中央、中央人民政府为维护国家统一和民族团结，作出"彻底平息叛乱，充分发动群众，实行民主改革"的决定。西藏军区部队在西藏广大爱国僧俗群众的支持下坚决执行中央决定，进行了维护祖国统一的平叛斗争。随着平叛斗争的不断胜利和民主改革运动的全面开始，为了适应西藏革命斗争和各项建设事业的需要，西藏工委于 1959 年 10 月发出了《关于在农村（农牧区）进行建党工作的指示》，指出要按照"积极、慎重"的建党方针，结合民主改革运动做好建党的准备工作，并在民主改革完成的基础上有计划、有步骤地在农牧区中发展新党员，建立党的基层组织。同年 12 月，山南地区乃东县昌珠镇凯松村建立了西藏第一个农村党支部"凯松村党支部"，拥有尼玛次仁等 7 名当地藏族贫苦农奴和奴隶出身的党员，这也成为西藏地方党的基层组织建设的开端。通过平息叛乱和民主改革运动，落后的封建农奴制度被彻底废除，西藏百万农奴翻身得解放，广大藏族群众在斗争中涌现出了大批的革命积极分子。由于做好了准备工作，党员发展工作取得明显进

---

① 中共西藏自治区委员会组织部：《振奋精神　坚持不懈地加强党的建设——西藏自治区党建工作的回顾》，《党建研究》1991 年第 6 期。

步，1960 年前后共发展了 1300 多名党员，这是党组织在西藏发展的第二批党员。在这以后，为了西藏社会主义革命和建设事业的需要，各级党组织继续积极、稳妥、认真地做了大量党建工作，至 1965 年，全区党员发展到 1.4 万余名。这一时期发展的党员主要是曾经深受封建农奴制度剥削和压迫的翻身农奴，他们思想进步，政治可靠，对党具有深厚感情，在平叛斗争、民主改革和发展生产等政治经济活动中都表现得非常积极，在西藏的社会主义革命和各项事业中发挥了重要作用。

在西藏的党员队伍不断发展的同时，党的各级组织也在逐步建立。1965 年 9 月，西藏自治区正式成立，西藏的民主改革完成。中国共产党西藏工作委员会正式改为中国共产党西藏自治区委员会，各地区的分工委也相应地改为地委。截至 1965 年底，全区的党组织共建立县委 70 个，农牧区区委 407 个，乡党支部 744 个。① 至此，西藏的各级党的组织逐渐健全起来，党对西藏广大农牧区的领导有了牢固的组织保证。

1966 年以后的一段时期，全国的党建工作一度受到当时极左思想和实践的影响，西藏也未能完全幸免。但总体来看，西藏的党建工作仍然在继续发展。1971 年 10 月，西藏召开了第一次全区党员代表大会，通过选举产生了中共西藏自治区委员会，使西藏地区党的建设达到了一个新的里程碑。西藏地区党的队伍也在进一步迅速发展。到改革开放前夕，西藏党员数量达到 6.1 万余人，除内地调西藏工作的党员外，实际发展党员 3.2 万余名②。而且绝大多数党员政治上是可靠的，他们经受住了历史考验，发挥了先锋模范作用。

---

① 中共西藏自治区委员会组织部：《振奋精神 坚持不懈地加强党的建设——西藏自治区党建工作的回顾》，《党建研究》1991 年第 6 期。

② 中共西藏自治区委员会组织部：《振奋精神 坚持不懈地加强党的建设——西藏自治区党建工作的回顾》，《党建研究》1991 年第 6 期。

1978 年，党的十一届三中全会开启了中国改革开放的新征程，在党的建设方面重新确立了实事求是的思想路线，在政治上、思想上、组织上作出了一系列重大决策和部署，纠正了各种"左"的错误，使党的各项工作和自身建设又重新回到了正确的轨道上。借着改革开放的春风，西藏党建工作也走上了稳步发展的道路。在党的队伍建设方面，自治区党委认真贯彻"坚持标准、保证质量、改善结构、慎重发展"的指导方针，坚持成熟一个、发展一个的原则，注意建立入党积极分子队伍，不断加强对入党积极分子的培养、教育、考察。西藏党委还根据西藏实际，特别注重加强党建的基础工作，把解决思想入党问题放在党建工作的首位，做到既积极发展党的队伍，又坚持标准，较好地保证了新党员的质量。在这期间，西藏自治区党委还按照中央的统一部署，认真落实了 1983 年至 1987 年的整党运动，深入学习了 1992 年邓小平同志的南方谈话精神，深入开展了在县处级以上党政领导班子、领导干部中以"讲学习、讲政治、讲正气"为主要内容的党性党风教育活动，这些党的集中教育和学习活动确保了西藏各级党组织和党员队伍更好地适应改革开放和西藏社会经济建设的需要，涌现出了以孔繁森为代表的一批优秀党员和干部。

进入 21 世纪以后，西藏的党员队伍继续发展壮大。到 2005 年底，西藏党员总数已达 14.3 万人。[①] 随着中国特色社会主义建设事业的不断发展，中国共产党开始全面推进党的建设新的伟大工程。西藏自治区党委高举邓小平理论和"三个代表"重要思想伟大旗帜，联系西藏社会主义建设的新形势，以科学发展观统领经济社会发展全局，大力推进党的建设工作。特别是利用 2005 年至 2006 年期间在全党开展保持共产党员先进性教育活动的机会，对全区党员进行了一次深刻的思想教育，并初步建立了保持和发展党的先进性的长效机制，使党的组织、思想和作风

---

① 张庆黎：《在西藏自治区第七次党代会上的报告》，人民网，2007 年 7 月 3 日。

建设继续得到加强，各级党组织的凝聚力和战斗力进一步提高。同时，党的制度建设也有了长足发展。干部人事制度改革稳步推进，干部培训大规模展开，各级领导班子和以藏族干部为主体的干部队伍、人才队伍建设进一步加强。自治区党委还坚持把党建工作重心下移，全面推进村级组织阵地建设，出台政策为基层党组织注入活力，不断完善关心爱护基层干部的措施，基层党组织的领导核心和战斗堡垒作用进一步增强。党对工会、共青团、妇联等人民团体和群众团体的领导进一步加强和改善。领导干部廉洁自律各项规定得到落实，损害群众利益的突出问题得到较好解决，违纪违法案件得到及时查处，教育、制度、监督并重的惩治和预防腐败体系逐步建立健全，党风廉政建设和反腐败斗争深入开展并取得明显成效。

总体来说，党的建设工作在西藏虽然起步较晚，但多年来，西藏的党建工作走过了一段光辉的历程，取得了巨大成就。

二、西藏党建的现状

党的十八大以来，以习近平同志为核心的党中央把党的建设事业推进到一个全新阶段，西藏的党建工作也达到了一个全新的高度。

第一，党的队伍空前发展壮大。截至 2015 年底，西藏的中国共产党党员总数达 32.5 万名，约占全区人口总数的 10%。其中，少数民族党员 26.4 万名，占党员总数的 81.3%。女党员 9 万多名，占党员总数的 27.7%；高中以上文化程度党员 14.3 万名，占党员总数的 44%；60岁及以下的党员 29.6 万名，占党员总数的 91.1%；61 岁及以上的党员 2.9万名，占党员总数的 8.9%。从党员的职业分布来看，农牧民 16.1 万名，接近党员总数的 50%；在岗职工 13 万多名，占党员总数的 40%；学生0.3 万名，离退休人员 2.5 万名，其他 0.6 万名。从党员的入党时间来看，党的十一届三中全会前入党的 2.9 万名，占党员总数的 8.9%；党的十一届三中全会后至党的十八大以来入党的 29.6 万名，占党员总数的 91.1%。① 从这些数据可以看出，经过 60 多年的队伍建设，特别是改革开放以来卓有成效的党员发展工作，西藏的党员队伍人数上达到空前的规模。近年来，自治区党委高度重视和加强在党的力量比较薄弱的边远农牧区和生产建设第一线发展党员，同时也注意在有文化有知识而且政治上进步的少数民族青年中培养和发展党员，从而大大改善了党员的区域分布情况，党员的民族、性别、年龄、职业等分布更加合理，文化素质也有明显提高。

第二，西藏地区党的组织建设取得巨大成绩。自治区各级党组织着眼于夯实发展稳定的根基，以改革创新精神大力加强和改进基层党建工作。截至 2015 年底，全区共有党的县级以上地方委员会 79 个，其中，自治区党委 1 个，市委 5 个（包括 2016 年 5 月成立的中共山南市委员会），县（区）党委 74 个。此外还有县（区）以下基层党委 0.1 万个，党总支 500 多个，党支部 1.4 万个。全区所有城市街道、乡镇、社区（居委会）、建制村、机关、事业单位均全部建立党组织，覆盖率达 100%。公有制企业中的 94.4% 已建立党组织，社会组织的 99.7% 已建立党组织。② 通过各级党委多年来的努力，特别是通过近几年几次较大的调整和整顿，基本扭转了部分农牧区基层党组织软弱涣散状况，使基层党组织的向心力、号召力和战斗力明显增强。

第三，党的政治建设得到高度重视。西藏地处反分裂斗争第一线，在党和国家工作全局中具有重要战略地位。党的十八大以来，西藏自治区党委领导广大党员深入学习习近平总书记系列重要讲话精神和治国理政新理念新思想新战略，扎实开展党的群众路线教育实践活动、"三严三实"专题教育和"两学一做"学习教育，大力加强政治纪律和政治规

---

① 中共西藏自治区委员会组织部：《2015 年中国共产党西藏自治区党内统计公报》，2016 年 7 月 2 日，http://xz.people.com.cn/n2/2016/0702/c138901-28600632.html。

② 中共西藏自治区委员会组织部：《2015 年中国共产党西藏自治区党内统计公报》，2016 年 7 月 2 日，http://xz.people.com.cn/n2/2016/0702/c138901-28600632.html。

矩教育，不断提升党员干部的"政治意识、大局意识、核心意识和看齐意识"。

第四，继续保持着重从思想上建党的优良传统。在近年来的西藏党建工作中，西藏自治区党委始终把党的思想建设放在突出位置，重点加强对广大党员的党章知识、爱国主义和科学文化知识教育。通过进行党章知识的学习教育活动，广大党员理解了党的性质、宗旨和纲领，理解了党的最高理想和现阶段的奋斗目标，明确了党员的权利与义务，清楚了党的纪律和组织原则。对党员干部还特别强调马克思主义理论学习。这些教育学习活动增强了党员干部在新的历史条件下的党性觉悟和组织纪律观念，有效地保证党的工作的完成。通过爱国主义教育，广大党员了解到西藏和平解放以来各方面社会发展取得的巨大成就，了解到社会主义新西藏发生的翻天覆地的变化；牢固树立"汉族离不开少数民族，少数民族离不开汉族，各少数民族之间相互离不开"的思想，大大增强了对伟大祖国、对中华民族、对中华文化、对中国共产党、对中国特色社会主义道路的认同。深刻认识到只有在中国共产党的领导下，坚定不移地维护祖国统一，西藏才有更加美好的明天。广大党员干部也在行动上自觉维护民族团结和祖国统一，旗帜鲜明地带领广大群众同一切破坏祖国统一和民族团结的行为进行坚决的斗争。通过大力进行科学文化知识和马克思主义宗教观教育，广大党员充分认识科学文化知识对于西藏进一步发展的重要意义，普遍接受了辩证唯物主义思想和历史唯物主义，认识到作为唯物主义者的共产党员不得信仰任何宗教的道理。

第五，努力保持党的优良作风。早在西藏和平解放到民主改革时期，西藏地区就形成了"特别能吃苦、特别能忍耐、特别能战斗、特别能团结、特别能奉献"的"老西藏精神"，这是党的优良作风在西藏地区的具体表现。西藏的党建工作始终重视党的作风建设，特别是党的十八大以来，在以习近平同志为核心的党中央的正确领导下，自治区党建工作狠抓党的作风建设。自治区党委认真负起党风廉政建设的主体责任，自治区纪委认真负起监督责任，制定并实施了一系列切实可行的责任追究制度，严格落实中央八项规定精神，持续纠正党员干部队伍中存在的形式主义、官僚主义、享乐主义和奢靡之风等"四风"问题，充分利用巡视制度进行大力反腐，以零容忍的态度始终保持反腐高压态势，严肃查处了一批干部的违纪违法案件，使党内一段时间内存在的不良风气有效地得到遏制，基本形成了"不敢腐"的局面，初步营造出雪域高原风清气正的政治生态。

第六，大力加强制度建设。近些年来，西藏的党建工作着力加强党的各项制度建设，继续建立健全党的组织生活制度和党的工作制度，建立并坚持了民主评议党员、民主评议领导干部制度，认真贯彻中央关于党的地方委员会和基层党组织选举工作的有关规定，认真执行《中国共产党发展党员工作细则》，认真坚持"三会一课"制度，制定了干部选拔、培养和监督管理制度以及人才队伍建设制度等，这些措施使西藏党建工作制度化规范化水平有了新提升。除了健全和完善党的各项基本制度，自治区党委还根据西藏实际，创建了党员活动日制度，党员联系户制度，党员请假和思想汇报制度，县以上党员领导干部过双重组织生活的制度等有西藏地方特色的制度，使西藏广大党员干部的组织纪律观念和党性观念得到明显提升。

总体来说，党的十八大以来，西藏的党建工作卓有成效，这一点得到了党中央和广大西藏人民的充分肯定。西藏的党建工作不但确保了西藏社会发展始终有一个坚强的领导核心，而且确保了西藏在贯彻执行党的路线、方针、政策过程中，在维护祖国统一和民族团结的斗争中，始终有一支艰苦奋斗、吃苦耐劳的忠诚队伍。西藏党建工作的不断发展是西藏自治区社会主义各项建设事业过去能够取得巨大成就的重要保证，也为党领导西藏与全国一道全面建成小康社会，开启社会主义建设的新征程，实现"两个一百年"奋斗目标提供了可靠保证。

在过去的 60 多年的时间里，西藏各族群众和广大党员干部发扬"老西藏精神"和"两路精神"，无私奉献，克服了高寒缺氧等极端自然环境带来的挑战，保持了西藏社会经济的长期稳定和持续发展。2015 年 8 月 24 日至 25 日，在北京召开的中央第六次西藏工作座谈会上对西藏在国家发展中的重要战略地位给予了新的定位："西藏是重要的国家安全屏障，是重要的生态安全屏障，是重要的战略资源储备基地，是重要的中华民族特色文化保护地，是面向南亚开放的重要通道，是我国同西方敌对势力和境内外敌对势力、分裂势力斗争的前沿。"新定位代表着新要求和新挑战。西藏的各级党组织作为西藏各项事业的领导力量，党的建设工作必须做到未雨绸缪。所以，对未来一个时期西藏党的建设做好切实可行的规划与安排也就成为必要。

第二节　党的建设：2050 愿景

"下级服从上级，全党服从中央"是中国共产党的基本组织原则。这一原则决定了西藏的党建工作在任何时候都必须服从于党中央的总体安排和部署。展望新时代的西藏党建工作，必须首先准确理解党中央在这一时期对于党的建设的总体考虑与部署。2017 年 10 月，中国共产党第十九次全国代表大会在北京举行，习近平总书记代表十八届中央委员会向大会作报告。习近平总书记在报告中提出了新时代党的建设总要求，那就是："坚持和加强党的全面领导，坚持党要管党、全面从严治党，以加强党的长期执政能力建设、先进性和纯洁性建设为主线，以党的政治建设为统领，以坚定理想信念宗旨为根基，以调动全党积极性、主动性、创造性为着力点，全面推进党的政治建设、思想建设、组织建设、作风建设、纪律建设，把制度建设贯穿其中，深入推进反腐败斗争，不断提高党的建设质量，把党建设成为始终走在时代前列、人民衷心拥护、勇于自我革命、经得起各种风浪考验、朝气蓬勃的马克思主义执政党。"①

党的十九大报告提出的新时代党的建设总要求是对推进党的建设新的伟大工程作出的顶层设计和战略部署，丰富和发展了马克思主义建党学说，明确回答了新时代"建设什么样的党"和"怎样建设党"这两个历史性课题，标志着我们党对执政党建设规律的认识达到新的高度。对于"要建设什么样的党"这一问题，总要求确立了新时代党的建设目标，就是"把党建设成为始终走在时代前列、人民衷心拥护、勇于自我革命、经得起各种风浪考验、朝气蓬勃的马克思主义执政党"。② 这也是新时代全国党建工作的总愿景。

2015 年 8 月，习近平总书记在北京召开的中央第六次西藏工作座谈会上对于西藏地区的党建工作就专门作出过指示，那就是西藏党建工作的着眼点和着力点必须放到维护祖国统一、加强民族团结上来，把实现社会局势的持续稳定、长期稳定、全面稳定作为硬任务，各方面工作统筹谋划、综合发力，牢牢掌握反分裂斗争主动权。根据党的十九大报告提出的新时代党的建设总要求，结合中央对西藏党建工作的具体要求，新时代西藏党建愿景可以分为以下几个阶段来实现。

一、2020 愿景：全面从严治党取得实效

全面从严治党是党的十八大以来党中央作出的重大战略部署，是"四个全面"战略布局的重要组成部分，也是全面建成小康社会、全面深化改革、全面依法治国顺利推进的根本保证。西藏和平解放以来的历史已经证明，党的领导强，从严治党力度大，向中央看齐的向心力强，西藏就稳定。只有全面从严治党，加强党的领导，增强政治意识、大局

---

① 《决胜全面建成小康社会　夺取新时代中国特色社会主义伟大胜利——在中国共产党第十九次全国代表大会上的报告》，人民出版社 2017 年版，第 61—62 页。

② 《决胜全面建成小康社会　夺取新时代中国特色社会主义伟大胜利——在中国共产党第十九次全国代表大会上的报告》，人民出版社 2017 年版，第 61—62 页。

意识、核心意识、看齐意识，西藏才能稳定，西藏的发展才有前途。

（一）党的建设进一步加强，全面从严治党取得实效

当前，西藏已经和全国其他地区一起，开启了全面建设社会主义现代化国家的新征程，进入了中国特色社会主义建设的新时代。新时代新任务，2020 年，西藏将和全国人民一道全面建成小康社会，党不仅要领导西藏各族人民决胜全面建成小康社会这一历史任务，还要科学谋划和制定未来 15 年乃至 30 年西藏发展大计并且领导西藏各族人民通过切实行动去实现。从现在到 2020 年，党的建设要以党的十九大精神为指导，坚持习近平新时代中国特色社会主义思想，按照全面从严治党新部署新要求，坚决把政治建设放在首位，坚定政治立场、政治方向、政治原则，严守党的政治纪律和政治规矩，牢固树立"四个意识"，严格党内政治生活，认真执行民主集中制，加强纪律作风建设，强化党内监督，推进标本兼治，进一步加强党的建设，确保党总是走在时代前列，确保党为西藏制定的发展规划和路线科学正确。强化全面治理、从严治党，把严的要求、严的标准、严的措施落实到管党治党各个方面，做到有权必有责、有责要担当、失责必追究。坚持问题导向、以点带面，聚焦管党治党方面存在的突出问题和群众反映强烈的问题，全面提升从严治党水平，全面从严治党取得实效。

（二）党的先进性和纯洁性得到彰显，党群关系融洽

保持党的先进性和纯洁性是党的建设一项长期而又常新的战略任务，贯穿于党的发展全过程。先进性和纯洁性是马克思主义政党的本质属性，保持党的先进性和纯洁性始终是马克思主义政党根本的政治任务，关系党的生死存亡和前途命运。这种先进性和纯洁性，不是空洞抽象的，而是具体实在的，它们贯穿于党的性质、宗旨、任务和全部工作中，体现在各级党组织和全体党员的实际行动上，不是固定不变的，而

是与时俱进、随着形势和任务的发展变化而不断丰富和发展的；不是一劳永逸的，而是必须通过不懈地加强党的自身建设才能保持和发展的。西藏自治区各级党委通过创先争优活动，以解决社会矛盾、解决实际问题为重点，服务群众、改善民生，通过干部驻村驻寺、结对子帮扶、完善基础设施等多种方式和途径，进一步建立健全联系群众、服务群众的长效机制，密切党同人民群众的血肉联系，从巩固党的阶级基础和群众基础上加强党的先进性和纯洁性建设，到 2020 年全面建成小康社会阶段，党的先进性和纯洁性得到彰显，党群关系融洽。

（三）党对西藏各项工作的领导进一步加强

执政能力建设是中国共产党执政后的一项根本建设，是关系中国社会主义事业兴衰成败、关系中华民族前途命运、关系党的生死存亡和国家长治久安的重大战略课题。党的十六届四中全会通过的《中共中央关于加强党的执政能力建设的决定》对于党的执政能力这样定义："党的执政能力，就是党提出和运用正确的理论、路线、方针、政策和策略，领导制定和实施宪法和法律，采取科学的领导制度和领导方式，动员和组织人民依法管理国家和社会事务、经济和文化事业，有效治党治国治军，建设社会主义现代化国家的本领。"[①]党中央历来高度重视西藏工作，在各个历史时期都作出了一系列支持西藏经济社会发展的重大战略部署，西藏自治区历届党委坚决贯彻中央部署要求，带领西藏各族干部群众艰苦奋斗、极大地推动了西藏发展进步。从现在到 2020 年，西藏正处在打赢脱贫攻坚战、如期建成全面小康社会的关键时期，必须加强党对西藏各项工作的领导，坚决贯彻党中央治边稳藏战略，突出稳藏兴藏、突出依法治藏、突出改善民生、突出凝聚人心、突出夯实基础，开

---

① 中共中央文献研究室：《改革开放三十年重要文献选编》下，人民出版社 2008 年版，第 1435—1436 页。

创改革发展稳定新局面。坚定不移开展反分裂斗争，坚定不移促进经济社会发展，坚定不移保障和改善民生，坚定不移促进各民族交往交流交融，确保国家安全和西藏长治久安，确保经济社会持续健康发展，确保各族人民物质文化生活水平不断提高，确保生态环境良好。

二、2035 愿景：形成全面从严治党西藏经验

西藏地处被称为"地球第三极"的青藏高原，自然地理条件十分艰苦，社会经济发展相对落后，党的基层组织和广大党员在地理空间上比较分散。自新中国成立以来，中国共产党的各级组织在西藏这片雪域高原从无到有，从小到大，领导和团结西藏各族人民实现了和平解放、民主改革、改革开放等各项成就，推动了西藏地区经济、政治、文化、社会、生态等各项事业蓬勃发展。党的十九大报告综合分析了国内国际形势和我国发展条件，对 2020 年到 2035 年的发展作出了安排：从 2020 年到 2035 年，在全面建成小康社会的基础上，再奋斗 15 年，基本实现社会主义现代化。在这个过程中，西藏地区将继续加强党组织建设，严起来、实起来、强起来，更好地为西藏各族群众谋福祉，形成全面从严治党西藏经验，为民族地区党建工作起到示范引领作用。

（一）党的建设显著增强，形成全面从严治党西藏经验

全面从严治党，是党的十八大以来党中央管党兴党、治国理政的重大政治成就；所积累的经验、所创新的方法，是我们党在新的历史起点上继续前行的宝贵财富。在十九届中央纪委二次全会上，习近平总书记以"六个统一"，系统而深刻地总结了党的十八大以来全面从严治党的重要经验。"坚持思想建党和制度治党相统一、坚持使命引领和问题导向相统一、坚持抓'关键少数'和管'绝大多数'相统一、坚持行使权力和担当责任相统一、坚持严格管理和关心信任相统一、坚持党内监督和群众监督相统一"。到 2035 年，西藏党的建设将显著增强，不断加强

和规范党内政治生活，加强党内监督，推动西藏全面从严治党向纵深发展，增强全面从严治党系统性创造性时效性，用钉钉子精神推动全面从严治党落地生根，形成全面从严治党西藏经验，这就是：继承和弘扬"老西藏精神""两路精神"，始终保持共产党人的精神追求；在维护祖国统一、维护民族团结、反对分裂等大是大非问题上，始终做到旗帜鲜明、立场坚定、认识统一、表里如一、态度坚决、步调一致；注重在维护稳定一线、驻村驻寺工作、县乡基层、艰苦边远地区、急难险重岗位中培养锻炼、选拔使用干部，建设一支忠诚、干净、担当的高素质干部队伍；始终保持同人民群众的血肉联系，坚持全心全意为人民服务的根本宗旨，把最广大人民的根本利益实现好维护好发展好；牢固树立"信任不能代替监督"的理念，加强党内监督，提高监督水平；深入推进党风廉政建设和反腐败斗争，始终保持惩治腐败高压态势。西藏作为欠发达的边疆少数民族地区，在短短几十年实现了跨越千年的历史成就，其治党管党经验将成为民族地区加强党的建设、推进全面从严治党的引领和示范。

（二）党的先进性和纯洁性进一步彰显，党群关系更加坚实

党的先进性和纯洁性是随着时代的发展而不断发展的。在实现西藏和平解放、维护国家统一和边疆安宁的斗争中，党的先进性和纯洁性表现为不畏牺牲、英勇奋斗、冲锋在前、迎难而上等方面。在实现西藏民主改革，推动西藏地区政治、经济、文化等各项事业不断发展的历史进程中，党的先进性和纯洁性表现在带领西藏各族人民艰苦奋斗、乐于奉献，不怕困难、坚韧不拔，吃苦在前、享受在后等方面。在改革开放的大潮中，党的先进性和纯洁性主要表现在以强大的凝聚力和战斗力带领全区各族群众开拓创新、勇于改革，与时俱进、加快发展等方面。先进性和纯洁性是马克思主义政党的本质属性，贯穿于党的性质、宗旨、任务和全部工作中，体现在各级党组织和全体党员的实际行动上。西藏自

和平解放到 2035 年基本实现现代化的过程中所取得的巨大成就，本身就是党不断实现、保持和发展自己先进性和纯洁性的过程，是党的先进性和纯洁性进一步彰显的体现。西藏各族人民切实改善了生产、生活条件，得到了实惠，过上了幸福生活，社会各项事业兴旺发达的事实，树立了党在人民群众中的崇高威望，党在人民心目中的地位至高无上，党群关系更加坚实。

（三）西藏的党建工作在民族地区发挥示范引领作用

西藏自和平解放以来，尤其是改革开放后，中国共产党在领导西藏各项事业发展中，遵循社会发展的客观规律，结合西藏实际，制定出符合西藏特点的正确方针政策和战略，切实履行职责，不断提高党在西藏的执政能力，西藏的社会面貌发生了根本变化，西藏的现代化建设取得了举世瞩目的成就，西藏党的工作在民族地区发挥了重要示范引领作用。总结西藏党的工作经验，主要有以下几方面：一是对西藏的政治领导能力大大增强，科学制定和坚决执行各项治藏兴藏的方略，把党统揽西藏全局、协调各方工作落到实处；二是大幅度提高党的学习能力，广大党员干部勤于学习，善于学习，学习党的理论与思想和中央的大政方针，学习治边稳藏的各种技能；三是加强党的改革创新能力，党员和干部始终保持锐意进取的精神风貌，善于结合西藏实际创造性推动工作，善于运用互联网技术和信息化手段开展各方面工作；四是大大增强科学发展西藏能力，善于贯彻创新发展、协调发展、绿色发展、开放发展、共享发展的理念，不断开创西藏发展的新局面；五是显著增强依法治藏的能力，自治区党委、政府一方面能够严格遵守法律法规，依法行政，另一方面能根据西藏实际制定出科学的地方法规，通过法律和制度建设加强和改善对西藏各项事业的领导；六是大力增强党的群众工作能力，创造出有西藏地方特色的群众工作体制机制和方式方法，组织动员各族群众坚定不移跟党走；七是增强狠抓落实的能力，坚持说实话、谋实事、出实招、求实效，把雷厉风行和久久为功有机结合起来，勇于攻坚克难，以钉钉子精神做实做细做好西藏各项工作；八是增强防范和处置各种风险能力，健全各方面风险防控机制，未雨绸缪，防患于未然，善于处理涉及民族、宗教等方面的复杂矛盾，勇于战胜前进道路上的各种艰难险阻，牢牢把握工作主动权。

三、2050 愿景：形成中国特色、西藏特点的全面从严治党模式

到 2050 年，当西藏迎来和平解放一百周年时，西藏将全面实现社会主义现代化建设的目标。西藏党建工作也将走过一个世纪的历程，党的建设与现代化的新西藏相适应，党的先进性和纯洁性得到充分彰显，党群关系水乳交融，各族群众对党的信赖更加坚定，党的建设现代化水平全面提升，在建设富裕民主和谐文明美丽的新西藏过程中始终发挥核心作用、领导作用和战斗堡垒作用，形成"中国特色、西藏特点"的全面从严治党模式。

（一）党的建设全面加强，形成中国特色、西藏特点的全面从严治党模式

推进全面从严治党，有利于西藏维护稳定和推动发展，巩固党在西藏的执政地位。西藏是国家重要的安全屏障，虽然自然环境艰苦，气候恶劣，但广大党员缺氧不缺精神，讲大局、讲奉献，表现出过硬的政治素质和政治品格，与内地相比没有任何的特殊性。到 2050 年，西藏的党建工作将全面加强，具体落实到组织生活的方方面面，包括思想建设、组织建设、作风建设、反腐倡廉建设和制度建设等，全体党员的思想状况和工作作风将得到彻底改善，走中国特色西藏特点的发展路子的步伐更加坚定，党的基层组织建设更加巩固，党的执

政根基更加牢固，党的建设现代化水平全面提升，把握西藏发展实际的能力更加增强。西藏长足发展和长治久安的大好局面已经形成，"中国特色、西藏特点"的全面从严治党模式成为全国党建工作的示范，党是最高政治领导力量，党对西藏各项工作的领导全面提升，党成为政治忠诚、党风纯洁、队伍清廉、信仰坚定、能力突出的坚强组织。

（二）党的先进性和纯洁性充分彰显，党群关系水乳交融

中国共产党领导中国人民不断赢得革命、建设、改革胜利，实现中华民族伟大复兴的历史，就是党不断实现、保持和发展自己先进性和纯洁性的历史。党的先进性和纯洁性是马克思主义政党的立党之本、生命所系和力量所在，是建设一个什么样的党和怎样建设党的核心问题。保持党的先进性和纯洁性，是马克思主义政党建设永恒的主题。中国特色社会主义的伟大事业，到 2050 年建成富强民主文明和谐美丽的社会主义现代化强国的伟大实践，西藏自和平解放以来近百年发展取得的伟大成就，充分彰显了党的先进性和纯洁性。西藏自和平解放以来，中国共产党始终注意保持同西藏各族人民群众的密切联系，并得到了西藏各族人民群众的衷心拥护和支持，从而领导西藏人民取得了举世瞩目的伟大成就。历史已经表明，在为建设社会主义新西藏的伟大事业而奋斗的历史进程中，党离不开西藏各族人民的拥护和支持，西藏各族人民也离不开党的领导，西藏人民庆祝百年伟大成就之时，党群关系水乳交融。

（三）西藏党的工作在全国发挥示范引领作用

全心全意为人民服务是中国共产党的唯一宗旨。习近平总书记指出："人民对美好生活的向往，就是我们的奋斗目标。"① 党的一切工作，

---

① 《习近平谈治国理政》第一卷，外文出版社 2018 年版，第 4 页。

必须以最广大人民的根本利益为最高标准。到 2050 年，西藏各族人民过上更加幸福美好的现代化生活，西藏的党建工作必须始终坚持把人民放在最高位置，坚持以人民为中心的发展思想，每一个党员干部切实树立"以服务人民为荣，以背离人民为耻"的人生观和价值观，坚持全心全意为人民服务的根本宗旨，把密切联系群众当成一种工作方式、一种生活态度、一种社会责任，想人民之所想、急人民之所急、忧人民之所忧，与群众同甘共苦，获得各族人民对党的衷心拥护，使党与群众之间形成水乳交融的关系。在此基础上，党和各族人民团结一心，继往开来，以必胜的信心、昂扬的斗志、扎实的努力，为建设富裕民主文明和谐美丽的现代化新西藏奋勇前进。西藏人民甘于吃苦、乐于奉献，紧跟党走的精神将使西藏的党建工作开创历史性局面，西藏的党建成为全国党建工作的示范和引领。

第三节　党的建设：路径与保障

如果说新时代西藏党建工作的愿景回答了要在西藏"建设什么样的党"这一问题，那么，实现西藏党建愿景的路径就是要解决在西藏"怎样建设党"的问题。根据党中央关于新时代党建工作的总体部署，结合西藏的党建工作实际，可以把实现西藏党建工作愿景的具体路径和方法概括为以下几个方面。

一、严格执行中共中央关于党建工作的统一部署和西藏地区的发展规划

在 2017 年 10 月召开的中国共产党第十九次全国代表大会上，习近平总书记代表党中央对新时代党的建设提出了总要求，在这个总要求中，"坚持和加强党的全面领导，坚持党要管党、全面从严治党，以加

强党的长期执政能力建设、先进性和纯洁性建设"①是党建工作的主线。"以党的政治建设为统领，以坚定理想信念宗旨为根基，以调动全党积极性、主动性、创造性"②为党建工作的主要着力点。"全面推进党的政治建设、思想建设、组织建设、作风建设、纪律建设，把制度建设贯穿其中，深入推进反腐败斗争，不断提高党的建设质量"③是党建工作的总体布局。

以党的政治建设为统领，就是要把党的政治建设摆在首位。党的政治建设决定党的建设方向和效果。保证全党服从中央，坚持党中央权威和集中统一领导，是党的政治建设的首要任务。要深入贯彻学习党的十九大精神和习近平新时代中国特色社会主义思想，明确中国特色社会主义最本质的特征是中国共产党的领导，中国特色社会主义制度的最大优势是中国共产党的领导，党是最高政治领导力量，明确新时代党的建设总要求，突出政治建设在党的建设中的重要地位。

西藏党建工作首要的任务是确保西藏各级党的组织和广大党员坚定执行党的政治路线，保证各级党组织和广大党员干部对党的绝对忠诚，保证广大党员干部严格遵守政治纪律和政治规矩，牢固树立"四个意识"，主动向党中央看齐，向党的核心看齐，向党的理论和路线方针看齐，向党中央决策部署看齐，做到党中央提倡的坚决响应、党中央决定的坚决执行、党中央禁止的坚决不做，自觉在思想上政治上行动上同党中央保持高度一致。全区党员同志特别是领导干部要加强党性锻炼，不断提高政治觉悟和政治能力，把对党忠诚、为党分忧、为党尽职、为民

---

① 《决胜全面建成小康社会 夺取新时代中国特色社会主义伟大胜利——在中国共产党第十九次全国代表大会上的报告》，人民出版社 2017 年版，第 61—62 页。

② 《决胜全面建成小康社会 夺取新时代中国特色社会主义伟大胜利——在中国共产党第十九次全国代表大会上的报告》，人民出版社 2017 年版，第 61—62 页。

③ 《决胜全面建成小康社会 夺取新时代中国特色社会主义伟大胜利——在中国共产党第十九次全国代表大会上的报告》，人民出版社 2017 年版，第 61—62 页。

造福作为根本政治担当，对党中央关于党建工作的统一部署坚定不移地贯彻、毫不迟疑地执行、千方百计地落实，决不说三道四、评头论足，用实际行动践行对党中央的坚决拥护和绝对忠诚。

党的建设不是就党建说党建，而是要紧紧围绕党的政治路线进行党的建设，要把党的建设与我们党所领导的事业紧密联系在一起。中国特色社会主义进入新时代，党必须围绕新时代新使命新任务来建设，这样党建才能不脱离时代、不脱离使命、不脱离当前的历史任务。

改革开放以来，为了从党和国家工作大局的战略高度专题研究西藏工作，党中央先后六次召开西藏工作座谈会。中央第六次西藏工作座谈会上，习近平总书记代表党中央对新时代西藏的社会经济发展作出了规划和部署，这就是：必须坚持中国共产党领导，坚持社会主义制度，坚持民族区域自治制度；必须坚持治国必治边、治边先稳藏的战略思想，坚持依法治藏、富民兴藏、长期建藏、凝聚人心、夯实基础的重要原则；必须牢牢把握西藏社会的主要矛盾和特殊矛盾，把改善民生、凝聚人心作为经济社会发展的出发点和落脚点，坚持对达赖集团斗争的方针政策不动摇；必须全面正确贯彻党的民族政策和宗教政策，加强民族团结，不断增进各族群众对伟大祖国、中华民族、中华文化、中国共产党、中国特色社会主义的认同；必须把中央关心、全国支援同西藏各族干部群众艰苦奋斗紧密结合起来，在统筹国内国际两个大局中做好西藏工作；必须加强各级党组织和干部人才队伍建设，巩固党在西藏的执政基础。

党中央对新时期西藏工作的总体规划与部署就是未来西藏一切工作的指针。西藏自治区未来 30 年的党建工作，必须始终围绕党中央的规划和部署来展开，切实把对党绝对忠诚体现到贯彻落实中央治边稳藏重要战略部署上来，体现在不折不扣地执行中央关于西藏的发展规划上来，体现到维护祖国统一、维护社会稳定、维护民族团结上来，体现在改善民生、凝聚人心上来，体现在全面深化改革上来，体现在大力推动西藏经济社会发展上来。只要坚持党中央的统一领导，认真执行党中央关于西藏发展的科学规划，才能保证西藏地区将与全国其他地区一起在2035年基本实现社会主义现代化；才能保证西藏地区的物质文明、政治文明、精神文明、社会文明、生态文明不断提升，共同富裕基本实现，到2050年时西藏各族人民将享有更加幸福美好的现代化生活。

二、用习近平新时代中国特色社会主义思想武装全区党员

思想建设是党的基础性建设。坚持以科学理论引领、用科学理论武装，是中国共产党永葆先进性、纯洁性的根本保证。在新的历史条件下，中国特色社会主义进入了新时代，党所处的历史方位和实践基础发生了深刻变化，面临许多新任务、新挑战。新的历史背景也催生了马克思主义中国化的最新理论成果——习近平新时代中国特色社会主义思想。这一思想是中国特色社会主义理论体系的重要组成部分，是党和人民实践经验和集体智慧的结晶，是全党全国人民为实现中华民族伟大复兴而奋斗的行动指南，必须长期坚持并不断发展。

深入学习贯彻习近平新时代中国特色社会主义思想，对于统一思想认识、凝聚奋进力量、明确前进方向，更好地进行伟大斗争、建设伟大工程、推进伟大事业、实现伟大梦想，意义重大而深远。用习近平新时代中国特色社会主义思想来武装党的队伍，首先体现在对习近平新时代中国特色社会主义思想的高度政治认同、思想认同。广大党员要自觉用习近平新时代中国特色社会主义思想指导改造自己的主观世界，对照检视思想言行，自觉抵制宗教迷信思想和其他与党的理想信念不一致的思想观念的渗透与侵袭，解决好世界观、人生观、价值观问题，坚定理想信念，牢记党的宗旨，提高政治能力，做到忠诚干净有担当，为实现党在西藏地区的发展目标而努力奋斗。

理论的价值在于指导实践，学习的目的在于运用。用习近平新时代

中国特色社会主义思想来武装党的队伍需要更鲜明地体现在决胜全面小康、夺取新时代中国特色社会主义建设伟大胜利的生动实践上。党的十九大报告提出了建设富强民主文明和谐美丽的社会主义现代化强国的新目标，这是从现在开始到21世纪中叶开展西藏工作的前进方向和基本动力。习近平新时代中国特色社会主义思想对于当前中国社会主要矛盾的准确分析，对于做好西藏工作提供了更加明确的方向性依据。今天的西藏仍然存在着多种矛盾，比较突出的就有各族人民同各种分裂势力之间的矛盾等，但西藏地区的主要矛盾已经是人民日益增长的美好生活需要和不平衡不充分发展之间的矛盾。社会主要矛盾的转化，对于做好西藏工作提出了更高更新的要求。必须紧密地团结在以习近平同志为核心的党中央周围，深刻理解和把握习近平新时代中国特色社会主义思想关于决胜全面小康、实现中国梦的新部署新要求，坚决打赢脱贫攻坚战，于2020年顺利实现全面建成小康社会的奋斗目标，为开启全面建设社会主义现代化国家新征程奠定坚实的基础。完成这一目标只是新时代历史征程的第一步，还必须在全面建成小康社会的基础上，按照党和国家的统一部署，以新发展理念为引领，坚持以人民为中心的发展思想，顽强奋斗15年，推动西藏经济社会持续健康发展，让西藏各族人民群众有更多的获得感和幸福感。在2035年基本实现社会主义现代化目标以后，再奋斗15年，为确保2050年把我国建成富强民主文明和谐美丽的社会主义现代化强国，作出西藏应有贡献。在建设富强民主文明和谐美丽的社会主义现代化强国的"新目标"引领下，西藏各族人民将更加奋力谱写西藏工作新篇章，为实现中华民族伟大复兴的中国梦而奋斗。

三、大力加强党的基层组织建设

党的基层组织是党在基层生产和工作第一线的战斗堡垒，是党联系群众的桥梁和纽带。党的十九大报告指出："要以提升组织力为重点，突出政治功能，把企业、农村、机关、学校、科研院所、街道社区、社会组织等基层党组织建设成为宣传党的主张、贯彻党的决定、领导基层治理、团结动员群众、推动改革发展的坚强战斗堡垒。"① 中国共产党是领导西藏各族人民进行社会主义现代化建设的坚强核心，党的路线、方针、政策要靠西藏地区党的基层组织去宣传、去落实，党的各项任务要靠它们组织群众、带领群众去完成。所以，搞好党的组织建设，特别是把党的基层组织建设好，关系到西藏社会主义事业建设的成败，意义至关重要。

西藏地处边疆，地域辽阔，人烟稀少，宗教氛围浓厚，农牧区居民点比较分散，交通条件比较落后，这些对于西藏地区党的基层组织建设提出了很大挑战。习近平总书记曾经明确指出，"维护藏区稳定，促进藏区发展，抓好基层打牢基础至关重要"。他进而指示西藏党建工作"要以提升战斗力为目标，建强基层党组织，提高基层干部素质，创新群众工作，确保基层党组织在反对分裂、维护稳定中充分发挥战斗堡垒作用"。② 这一重要指示精神为西藏加强基层党建工作，培养干部队伍指明了方向。

在新的历史时期，西藏党建应该按照习近平总书记的重要指示，正视所面临的挑战，以提升组织力为重点加强党的基层组织建设。在基本实现全区基层行政单位党的组织和工作全覆盖基础上，进一步加大对软弱涣散基层党组织进行整顿的力度；坚持人才、资源和编制向基层党建倾斜，推动党建工作力量下沉，不断充实基层骨干力量，把基层党组织建设成为服务群众、维护稳定、反对分裂的坚强战斗堡垒。花大力气做好基层党政干部的培养、选拔、教育、管理和服务等工作，努力锻造一支扎根基层的骨干力量；坚持把对党忠诚、反分裂斗争立场坚定、有较

---

① 《决胜全面建成小康社会　夺取新时代中国特色社会主义伟大胜利——在中国共产党第十九次全国代表大会上的报告》，人民出版社 2017 年版，第 65 页。

② 李成业：《筑强群众主心骨》，《西藏日报》2015 年 9 月 20 日。

强群众工作能力和驾驭复杂局面能力的干部选配到重要岗位，注重选拔党政机关干部、大学生村官、转业军人、优秀村干部、乡镇事业编制工作人员进入乡镇领导班子，选好配强乡镇党政班子特别是党政正职，选好配强村"两委"班子。继续扩大党组织在全区的覆盖面，重点抓好企业和各种社会组织的党建工作，非公有制经济组织和其他社会组织中实现党的组织和工作"两个覆盖"，有针对性地加强在新兴领域、新兴组织、新兴群体的党建工作，积极探索和推进在寺院以及其他宗教组织中开展党的工作。做到党员不论在哪里、不管从事哪种工作，都能找到党组织、参加组织生活。

四、始终坚持全面从严治党

全面从严治党是党的十八大以来党中央作出的重大战略部署，是"四个全面"战略布局的重要组成部分，也是全面建成小康社会、全面深化改革、全面依法治国顺利推进的根本保证。

全面从严治党的基础在全面，"全面"的题中应有之义就是反腐败没有禁区和特区。党的各级领导干部，不论地位多高，功劳多大，如果涉及腐败问题，谁都没有免罪的"丹书铁券"，这就是反腐没有禁区。西藏位于地球"第三极"的青藏高原，高寒缺氧、条件艰苦，在自然环境方面具有特殊性；西藏是边疆少数民族地区，党的建设工作必须面对浓厚的宗教氛围和达赖分裂集团的干扰破坏，工作上也具有一定的特殊性。但环境和工作的特殊性决不意味着在党风廉洁建设方面有什么特殊，在反腐败方面西藏绝不是"特区"。西藏的广大党员干部对此要有清醒的认识。西藏在落实全面从严治党方面，也绝不会因高寒缺氧而放松对党员干部的纪律要求，绝不会因条件艰苦而对党员干部的小毛病小问题网开一面，绝不会因西藏维稳任务重而减轻正风肃纪和反腐惩贪的力度。

全面从严治党最核心的内容就是建设廉洁政治，坚决反对腐败。反腐倡廉始终是我们党一贯坚持的鲜明政治立场，也是党的建设必须常抓不懈的工作。党和人民事业发展到什么阶段，全面从严治党就要跟进到什么阶段。今后一段时期，西藏的党建工作一定要保持坚强的政治定力，坚定不移地深入推进全面从严治党，把党风廉洁建设和反腐败斗争一抓到底。要以改革的精神和创新的办法，不断加强组织创新和制度保障，以推进建立自治区各级监察委员会为契机深化体制机制改革，强化对权力运行的监督和制约，把权力关进制度的笼子里。要严明政治纪律和政治规矩，坚持把纪律挺在前面，强化监督执纪问责，科学运用监督执纪"四种形态"，抓早抓小，防微杜渐，全面加强党的纪律建设。要盯住"关键少数"，从严要求党的领导干部，保持执纪审查力度不变，严肃党内政治生活，净化党内政治生态。要坚持标本兼治、惩防并举，加强反腐倡廉宣传教育，注重从源头上防治腐败，筑牢拒腐防变的思想防线，防患于未然，筑牢党员干部拒腐防变的思想防线。要巩固深化"转职能、转方式、转作风"的成果，打造忠诚干净担当的纪检监察干部队伍。

全面从严治党永远在路上。西藏的党建工作要坚持以人民为中心，保持共产党人最讲认真的劲头，以抓铁有痕、踏石留印的恒心持续正风肃纪，在坚持中深化，在深化中坚持，让人民群众不断从实实在在的变化中增强对党的信赖，确保西藏地区的长治久安和繁荣发展。

五、大力加强干部人才队伍建设

党的干部是党和国家事业的中坚力量，坚持党管干部是中国共产党实现自身领导地位的一项基本原则。毛泽东同志曾经说过："政治路线确定之后，干部就是决定的因素。"[①]要搞好西藏的各项工作，确保新时代发展目标在西藏的顺利实现，尤其需要一大批德才兼备而且作风过硬的优秀干部。因此，大力加强西藏各级领导班子和干部人才队伍建设是

---

① 《毛泽东选集》第二卷，人民出版社 1991 年版，第 526 页。

新时期西藏党建工作的重要内容。

西藏的党建工作必须着眼于建设现代化的西藏这一新任务，着眼于为建设富裕和谐幸福法治文明美丽西藏提供坚强保证这一目标，加强各级领导班子和干部人才队伍建设。在 2014 年召开的中央民族工作会议上，习近平总书记明确提出民族地区好干部既要符合"信念坚定、为民服务、勤政务实、敢于担当、清正廉洁"的标准，还要做到"明辨大是大非立场特别清醒、维护民族团结行动特别坚定、热爱各族群众感情特别真挚"的"三个特别"要求。① 西藏在干部队伍建设必须严格按照这一标准和要求来落实执行。党的组织在考察和选拔干部上要重点发挥好把关作用。首先是把好政治关，对政治不合格者坚决实行"一票否决"，绝不能在事关国家统一、民族团结这些大是大非的政治问题上有任何含糊。其次是要把好廉洁关，要把廉洁作为考察干部的底线要求，干部提拔时不仅要坚持干部档案必审、个人有关事项报告必核、纪检监察机关意见必听、有线索的信访举报必查，而且要特别重视群众的民主评议，尽可能做到干部任前经过民主测评和公示，对于有问题线索和群众评价比较负面的干部坚决不用，防止"带病提拔"。再次是要把好程序公正的关，在干部的考核选拔过程中要严肃组织人事纪律，坚决杜绝说情打招呼和跑官要官的情况，对于买官卖官和拉票贿选等违法犯罪行为要坚决查处，匡正选人用人风气，以用人环境的风清气正促进政治生态山清水秀。最后，在各地各单位的领导班子建设中，要注意人岗的相适性和班子成员的相容性，注重党政领导班子成员之间的民族、年龄、能力、专长乃至性格的合理搭配，尽可能做到班子成员之间既团结包容又能优势互补，从而提高工作效率。

作为以藏族为主体的民族地区，西藏要大力做好选拔培养优秀藏族

① 《中央民族工作会议暨国务院第六次全国民族团结进步表彰大会在北京举行》，《人民日报》2014 年 9 月 30 日。

干部和其他少数民族干部的工作，在坚持德才兼备的选人用人原则基础上，对同等条件的少数民族干部优先选拔和使用；加大对民族干部的培养力度，定期组织民族干部到高等院校进行政治和专业素质培训，经常选派优秀青年民族干部到其他省市或者国家机关的相关部门进行交流挂职锻炼，通过各种途径让少数民族干部开阔视野、更新观念、增长才干、提高素质，以增强干部队伍适应新时代中国特色社会主义发展要求的能力。要注意发现和大胆重用年轻干部，注重在基层一线和困难艰苦的地方培养锻炼年轻干部，大力培养选拔基层干部、驻村驻寺干部。

干部援藏是落实党中央关于举全国之力对口支援西藏重大战略决策的重要体现。援藏干部的选拔要坚持思想政治素质和业务素质都过硬的标准，要重点选拔培养有理想信念的年轻干部，让他们在情况复杂的地区和条件艰苦地区经受锻炼，磨炼意志，增加才干，被证明确实优秀的要提拔到更高更重要的领导岗位上。要更多地选派西藏社会经济发展过程中所急需的专业技术人才援藏，充分发挥好这些专业技术人才在西藏的传帮带作用。对表现优秀、工作突出的援藏干部要通过各种方式鼓励他们长期扎根西藏，为西藏经济社会的发展注入强大活力。要不断总结干部援藏政策的成功经验和存在的问题，进一步改善干部援藏政策，提高干部援藏的效果。

西藏人才队伍缺乏，自治区党委要根据西藏的实际制定出既有巨大吸引力又切实可行的人才优惠政策，吸引和吸纳西藏社会发展所需要的国内国际人才。

西藏的工作条件艰苦、任务繁重，在这里长期工作的广大干部都有着令人崇敬的奉献精神。许多干部在西藏献了青春献终身、献了终身献子孙。对待西藏干部要坚持严管和厚爱结合的原则，党和政府要真诚关心、热情关怀、切实关爱在西藏工作的干部，切实帮助他们解决实际困难，大力支持他们安心工作；要认真落实中央关于西藏干部职工的特殊工资政策和福利待遇政策，完善津补贴实施办法，建立津补贴、基本工资标准同步定期调整机制，确保全区机关事业单位干部职工平均工资收入处于全国领先水平。要利用社会经济和科学技术发展的最新成果，解决高寒缺氧等制约因素，解除干部队伍和外来人才的后顾之忧，使他们心甘情愿、踏踏实实地长期扎根西藏，努力工作，为西藏新时代的社会主义现代化建设作出更大贡献。

六、探索互联网建党的新路子

西藏各地区党组织之间受地域和交通、通信等各方面原因的限制，随着互联网与各行各业的融合效应日益显现，西藏应根据实际需要，推动"互联网＋"党建模式。利用互联网和多媒体，探索一条互联网建党的新路子，加强党员和党建工作的科学化、现代化管理，增强运用互联网开展党建的主动性和自觉性。从战略全局谋划，推进"互联网＋"党建云平台等系统建设，包括基层党组织利用"互联网＋"，运用云平台、物联网、大数据等技术，更好地服务改革、服务发展、服务党员，打通党建"最后一公里"，充分利用网络手段发挥党建的积极作用，推进党的建设，提高党建效能。

参考文献

[1]《邓小平文选》第三卷，人民出版社 1993 年版。

[2]《胡锦涛文选》第二卷，人民出版社 2016 年版。

[3]《毛泽东选集》第二卷，人民出版社 1991 年版。

[4] 吴英杰：《在中国共产党西藏自治区第九次代表大会上的报告》，《西藏日报》2016 年 11 月 16 日。

[5]《习近平总书记系列重要讲话读本（2016 年版）》，学习出版社、人民出版社 2016 年版。

[6]《决胜全面建成小康社会 夺取新时代中国特色社会主义伟大胜利——在中国共产党第十九次全国代表大会上的报告》，人民出版社 2017 年版。

[7] 中央文献研究室中共自治区委员会：《西藏工作文献选编》，中央文献出版社 2005 年版。

[8] 中共西藏自治区委员会组织部：《振奋精神　坚持不懈地加强党的建设——西藏自治区党建工作的回顾》，《党建研究》1991 年第 6 期。

[9] 中共西藏自治区委员会组织部：《2015 年中国共产党西藏自治区党内统计公报》，2016 年 7 月 2 日，见 http://xz.people.com.cn/n2/2016/0702/c138901-28600632.html。

后　记

　　2016 年 5 月，作为中组部第八批援藏干部即将赴藏工作之际，我就开始做行前调研。思考未来三年，除了做好本职工作，如何让援藏的三年时间变得更有意义。和朋友讨论过程中，我产生了一个想法：引入内地的学术资源，开办"西藏 2050 发展论坛"。2049 年是中华人民共和国成立 100 周年，2051 年是西藏和平解放 100 周年，两个"100 年"叠加，2050 年正是西藏发展重要的历史节点。因此有必要深入研讨西藏 2050 的愿景，进而为每五年一届的西藏工作会议、西藏五年规划和年度计划提供参考。研讨西藏发展的历程，解读当代西藏，勾勒西藏 2050 的远景蓝图具有重大意义，在此基础上，可以形成科学的行动规划，消除国内外对于当代西藏的不解和误读。这是本书研究选题的源起。

　　正式入藏工作一段时间后，亲身体验让我深感西藏社会科学研究存在"历史研究厚重、当代研究零散、未来研究空白"的现象。研究当代和未来西藏的学者十分缺乏，当代西藏研究缺乏科学方法、完备数据和团队协作，难以对国家和西藏当下发展的重大需求提出科学建议，对西藏未来的研究几乎是空白，大多满足于为五年规划和年度工作进行调研。这让之前引内地学术资源入藏的想法，升华为我的一种使命。我相信西藏具有独特的选题、素材和资源优势，如果深入研究，一定可以产出具有时空穿透力的成果。

说了就干，马上就干，干就干好。为了服务当代西藏发展需求，在西南财经大学和西藏大学的支持下，我们组建了珠峰研究院。自治区人大常委会副主任、西藏大学党委书记尼玛次仁同志和十三届全国政协常委、经济委员会副主任、国务院参事、北京大学新结构经济学研究院院长林毅夫教授给予极大支持，亲自为研究院剪彩。林毅夫教授为了支持西藏大学的研究，还多次入藏，以天下情怀，在西藏大学成立了北京大学新结构经济学研究院西藏分院。珠峰研究院从成立伊始，就立志"做具有世界平面的广度，中国本土的深度，西藏未来高度的研究，成为西藏研究第一智库"，并深入开展珠峰学术活动、珠峰研究报告、珠峰决策参考、珠峰企业家训练营四大系列活动和研究，在雪域高原营造了浓厚的学术氛围。

在这样的氛围下，之前的想法逐渐成形。《西藏2050》一书作为珠峰系列研究报告之一开始酝酿。同时，宏观趋势的持续发展和我在西藏亲身经验的不断深入，也最终促成《西藏2050》的写作。援藏工作期间，适逢党的十九大胜利召开。党的十九大勾画了全国2020年全面实现小康，2035年基本实现现代化，2050年全面建成富强民主文明和谐美丽的现代化强国的宏大愿景。党的十九大报告指出实现中华民族伟大复兴是近代以来中华民族最伟大的梦想，并把伟大梦想作为伟大斗争、伟大事业、伟大工程的逻辑起点，以此构建新时代社会主义愿景实现的理论框架，引领中国未来发展。

基于这个愿景，西藏需要和全国人民共同科学系统地展望未来，创造未来。个人援藏的体验让我深感为西藏的未来多做贡献义不容辞。担任西藏大学驻村总领队，让我有机会深入最高海拔4900米以上的五个那曲驻村点，和驻村队员同吃同住同工作。我生长于少数民族聚居的边疆高原地区，对高原的艰苦并不陌生。但看到西藏农牧村的老乡和驻村队员仍然生活和工作在比我小时候所在的云贵高原更加艰苦的当代西藏农牧区，我被深深地震撼和打动，从心底里体会到藏北高寒草原生活工作的大不易；体会到西藏要在 2020 年和全国一道同步实现小康，到 2035 年基本实现现代化，到 2050 年全面实现现代化将是多么地不易！西藏需要尽快形成科学系统规划、持续高强度投入和有效的机制体制创新，但是相关的研究成果匮乏，这也让我在使命感和责任感以外，又多了一份紧迫感。

西藏需要梦想。青藏高原是世界上离天最近的地方，是一个应有梦、可追梦、能圆梦的地方。但是由于自然环境、思想观念和体制机制的约束，许多人不善于有梦，也不敢追梦。每当有人提出一个比较宏大设想的时候，有些人总是把困难和风险想得很多，有时候甚至忽视设想的重要性和合理性，想象力和创新力受到抑制。西藏自治区主席齐扎拉同志把这种心态形象地称为："做成事情的理由少，做不成事情的理由多"。但我还是相信西藏应该有梦，并且可以追梦，能够圆梦。《共产党宣言》1848 年发表，70 年后才有第一个苏维埃政权，列宁说："没有革命的理论就没有革命的实践"。如果没有宣言宏大的理想，就不会有现实的革命。丘吉尔有句名言："你能看到多远的过去，就能看到多远的未来"。我想补充一句："你能看到多远的未来，决定你能走多远"。援藏工作两个月以后，我的二女儿出生，襁褓中的婴儿也给我启示：预测她未来的标杆不应该是嗷嗷待哺的现在，而是窈窕淑女的未来，未来才是标杆！用现在决定未来注定没有革命性创新，用未来引领现在才能实现突破性发展。因此我在本书的扉页上提出：理想要改变未来，不能屈从于现实。从 2050 年看西藏，很多约束条件可能都没有了，比如驻村驻寺可能不会再有了，援藏干部也可能成为历史名词，如十四世达赖分裂集团届时已消逝在历史的洪流中。彼时，我们会不会因为当前的约束，忘记了我们未来的梦想，甚至当我们的脚步已经远走的时候，灵魂还停留在过去？

勾画未来的西藏，需要在全球趋势、国家战略和历史逻辑中重新定义"新时代社会主义西藏"。对比西藏的现实，我们认为未来的西藏应该具备"和谐、绿色、开放、现代化"的特点，这是我们正在全力推进的事关全局的重要领域。只有处理好人与人、人与自然的关系，积极融入世界的发展，以全面现代化目标为引领，才能把握西藏发展的大势。应该从环喜马拉雅和世界第三极合作发展的全球视野来看待西藏发展，西藏发展也会重塑这个地区的发展格局和世界秩序。因此，我们最后把书名定为"西藏2050：和谐、绿色、开放、现代化的世界第三极"。

2050的总体愿景，需要从时间和领域两个维度进行解构。从时间维度看，我们认为，西藏在不同历史时期应该有不同的发展主线，从现在到2020年的关键词是"稳定"，2020年到2035年的关键词是"发展"，2035年到2050年的关键词是"引领"。2020年是西藏各族人民与全国各族人民同步全面建成小康社会的重要时点，2020年到2025年是西藏全面小康巩固提升阶段。基于西藏小康社会建设主要靠政府驱动的事实，在与全国一道全面建成小康社会之后，由于基础差、底子薄，西藏还需要进一步强化已有的改革成果，增强内在发展动力，转换发展动能，提高发展质量，实现全面可持续发展。2025年以前，西藏以稳定为中心，兼顾全面发展。2025年以后，将深入落实新发展理念，推动全面现代化。2035年西藏自治区成立70周年之际，现代化西藏将基本建成。2050年，既是西藏和平解放100周年，民主改革90周年的重要年头，也是全国各族人民实现第二个百年目标，实现中华民族伟大复兴的重要时点。彼时的西藏，将会是全面建成现代化的西藏。从分领域发展愿景看，我们按照新发展理念和社会经济发展的主要领域，提出了十大分愿景，分别是：富强西藏、人文西藏、民生西藏、美丽西藏、开放西藏、和谐西藏、科技西藏、健康西藏、法治西藏和党建西藏。按照这些领域，提出具有国际视野、中国特色、西藏特点的发展分愿景，提出具有想象力和可行性的发展路径和保障措施。

本书采取"总论＋专题"的形式进行论述。总论首先梳理了西藏未来发展的"历史必然""西藏机遇"和"现实挑战"，在此基础上提出西藏 2050 愿景并进行解构，提出实现分愿景的路径与保障。本书力图突出以下几个特点：第一，具有世界平面广度。融入发展经济学和新结构经济学等理论范式，将未来学的研究方法应用于西藏研究。从方法论和西藏发展视野上都与国际接轨。第二，拥有中国本土深度。以习近平新时代中国特色社会主义思想为指导，从中国梦的实现审视西藏未来。梳理了西藏自象雄文明以来经济和社会发展历程。延续历史脉络，体现历史纵深感，立足中国特色，增强政策指导性。第三，立足西藏未来高度。西藏未来发展必将是中国梦实现的重要部分，也将具有浓厚的本土化特点。本书从西藏发展的历史逻辑展示未来西藏的全面发展图景，传递梦想的正能量。

为了完成这个跨学科、宏大叙事的研究任务，我们组织了西南财经大学、西藏大学、北京大学、天津大学、武汉大学等高校近 40 位专家参与其中。从 2017 年 1 月启动，经历了撰写、修改、定稿、出版等环节，历时一年多时间最终付梓。写作期间，各位专家都投入了极大的热忱和精力。2017 年 3 月，在成都召开研讨会，征集了来自政府部门和各高校的专家意见，形成写作思路，初步组建了各章节的撰写团队。2017 年 9 月，来自西南财经大学、西藏大学、北京大学、天津大学、中央党校等高校共 30 余人在西藏大学召开研讨会，丰富和完善了书稿提纲。2017 年 10—12 月，撰写组进行了实地调研和资料收集工作，在此基础上形成初稿。初稿完成后，2017 年 12 月，在成都召开组稿会，进一步完善和丰富初稿。2018 年 1 月，在充分征求各方专家意见和多次修改之后，撰写组在成都再次召开组稿会。2018 年 3 月，撰写组在拉萨召开提交出版社前的定稿会，又经过多次研讨和修订，最终形成书稿第十稿交付出版。

本书由杨丹提出选题、撰写提纲、组织实施并负责书稿总撰。毛中根、李文勇、伍骏骞、曾攀协助具体组织实施和各章撰写。各章分工如下：0 总论：杨丹、毛中根、伍骏骞；1 富强西藏：尕藏才旦、巩艳红、杨阿维；2 人文西藏：李文勇、程东亚、阿贵、洛桑扎西；3 民生西藏：徐爱燕、杨帆；4 美丽西藏：吕学斌、张汉鹏；5 开放西藏：逯建、巩艳红、丁如曦；6 和谐西藏：扎西；7 科技西藏：尼玛扎西、王鹏、张伟；8 健康西藏：江泳、扎西达娃；9 法治西藏：高大洪、李珂、次仁片多；10 党建西藏：贾国雄、曾燕。

本书得到西南财经大学的大力支持。赵德武书记亲自带队到拉萨签署两校战略合作协议，西南财经大学党委副书记曾道荣同志专程到西藏看望援藏干部，学校还派遣干部到西藏大学协助我开展工作，为珠峰研究院提供经费和研究资源支持。中共西藏自治区党委常委、组织部部长曾万明同志，西藏自治区人大常委会副主任、西藏大学党委书记尼玛次仁同志，西藏大学校长纪建洲同志基于他们多年的在藏工作经验和研究心得，对课题研究给予了指导。西藏大学的同事们给予我的工作大力支持并且毫无保留地分享对西藏发展的研究心得，他们是娄源冰、白玛卫东、白玛次仁、张兴堂、张济民、央珍、崔能飞、图登克珠、拉巴次仁等。中组部援藏的同志，包括中组部第八批援藏干部人才总领队、自治区组织部副部长郭强同志，副部长张咏合同志，副部长李凤学同志，以及陈向东同志都高度肯定课题研究价值，并分享了很多关于西藏发展的真知灼见。同为援友的西藏自治区党校副校长孙向军教授、西藏自治区区直机关工委副书记李海翔同志、中共西藏自治区统战部副部长吴庆军同志、西藏自治区审计厅副厅长刘世新同志、西藏自治区金融办副主任杜伟同志、新华社新闻信息中心西藏中心主任田丰同志多次参与课题讨论，分享他们的智慧和感悟。第七批援藏干部、时任西藏大学副校长、现任四川大学副校长的侯太平教授，天津大学谭欣教授在我们入藏之初就与我们分享了宝贵的研究和工作经验。第八批援藏干部、大连理工大学副校长李俊杰教授和我一同在西藏大学工作，朝夕相处，结下了深厚的友谊，他的智慧、经验、能力以及对西藏发展的思考都给我很多启迪。西南财经大学赵曦教授、西藏日报社高级编辑韩勉、新华社西藏分社副总编薛文献、西藏大学科研处副处长蔡秀清对书稿做了认真仔细的审稿工作，提出了具有针对性的宝贵意见。西南财经大学王玉荣老师对于本课题研究给出了富有创意的建议。武汉大学刘星教授，西南财经大学王新教授、刘忠教授，西藏大学美郎宗贞教授、久毛措教授、贡秋扎西教授、占堆副教授、拉巴桑珠博士也参与了本课题讨论。

在这里，向这些提供支持和关怀的领导和同志们表示深深的谢意！

同样要感谢我的家人。支持和关怀我的妻子以 42 岁高龄在我援藏两个月后生下二女儿，独自含辛茹苦照顾老人和两个孩子，为英雄妈妈点赞！另外，参与写作的很多学者是来自内地各高校的优秀教授，他们远离家人赴藏工作，也感谢家人给予我们支持和温暖。

人民出版社曹春编审参与组稿的全过程，给出她专业独到的建议。在此一并表示深深的谢意！

当然，由于未来发展的无限可能、预测未来的巨大挑战以及我们的认知局限，本书不可避免存在各种偏差甚至错误，我们文责自负。

激励我们完成本书的还有开朗、包容、敬业、胸怀天下的援友们。中组部第六、第七、第八批援藏干部、复旦大学钟扬教授是援藏干部的优秀代表，逝世后被追认为"时代楷模""优秀共产党员""全国优秀教师"，他以种子的精神扎根西藏大学十余年，搜集了青藏高原 4000 多万颗种子，为国家生物安全作出重要贡献。我们同住在西藏大学纳金校区北大中坤专家公寓，花园紧邻，他的花园也是实验园地，种着他最新发现的高原植物变种，郁郁葱葱，生机勃勃。每当看到远处雪山映衬下花园里的绿茵，都觉得那代表的是不论环境如何都要绽放生命的援藏精神。他说过："不是杰出者才有梦，而是善梦者才杰出。"希望我们宏大的梦想能够帮助构建西藏美好的未来。

在钟扬教授逝世不久，我的妻子刘俊来拉萨探望，听到钟老师的事迹，十分感动，我们共同写下了一首歌以纪念钟扬老师，这首歌原名《我的邻居叫钟扬》。西藏大学艺术学院院长、中央音乐学院博士、西藏著名音乐家觉嘎教授专门为这首歌谱曲。我把这首歌更名为《种子》，以此纪念钟扬老师，也献给所有在藏、援藏的干部人才，献给以健康和生命为代价扎根西藏，奉献西藏，散播希望的所有人。

一颗种子慢慢生长
那是晨光
那是希望

一朵花儿悄悄开放
那是坚韧
那是芬芳

一种情怀深深酝酿，
那是离别，
那是担当。

一个故事在高原收藏，
那是感恩，
那是成长。

一个名字在心中回响，
那是信仰，
那是力量。

我的思念，
像雅鲁藏布一样的悠长，
我的灵魂，
和你同在人间天堂。

在格桑花盛开的地方，
我们续写种子的梦想。

　　谨以此书致敬西藏人民不懈努力创造的"西藏奇迹"，以理性梦想服务西藏未来发展，也献给那些长眠在雪域高原的援友们。

杨 丹

教授、博士生导师

中组部第八批援藏干部

西藏大学副校长、西南财经大学常务副校长

2018 年 3 月于拉萨

责任编辑：曹　春　李琳娜

图书在版编目（CIP）数据

西藏 2050：和谐、绿色、开放、现代化的世界第三极 / 杨丹　等　著 . —北京：
　　人民出版社，2019.5
ISBN 978 - 7 - 01 - 020137 - 5

I. ①西…　II. ①杨…　III. ①区域经济发展 - 研究 - 西藏②社会发展 - 研究 - 西藏
　　IV. ① F127.75

中国版本图书馆 CIP 数据核字（2018）第 282311 号

西藏 2050

XIZANG 2050

——和谐、绿色、开放、现代化的世界第三极

杨　丹　等　著

人民出版社 出版发行

（100706　北京市东城区隆福寺街 99 号）

北京盛通印刷股份有限公司印刷　新华书店经销

2019 年 5 月第 1 版　2019 年 5 月北京第 1 次印刷
开本：710 毫米 ×1000 毫米 1/16　印张：22
字数：293 千字

ISBN 978 - 7 - 01 - 020137 - 5　定价：79.00 元

邮购地址 100706　北京市东城区隆福寺街 99 号
人民东方图书销售中心　电话（010）65250042　65289539